Gabriele Quinque

Tempelschlaf

Reinkarnationsmythen als Schattenintegration

Einblick

1. Auflage 1993

Produktion: Einblick-Verlag
Umschlaggestaltung: Liliane Gregorius
Druck: Koziol GmbH, Erbach

ISBN 3-9803324-0-3

Dem Sonnenlogos
zur goldenen
Morgendämmerung
gereicht.

Inhalt

Die Zeit kommt aus der Zukunft, die nicht existiert, in die Gegenwart, die keine Dauer hat, und geht in die Vergangenheit, die aufgehört hat zu bestehen.

Augustinus

1. Zeiträume der Seele

Lieber Leser, wenn Sie dieses Buch in den Händen halten, dann sind Sie von dem Wort "Tempelschlaf" seltsam berührt und angezogen worden.

Ebenso, wie alle Worte unseres gemeinsamen Weltenspiels bestimmte Resonanzen anklingen lassen, erschließt auch das Wort "Tempelschlaf" ein definierbares Gebiet in der weitläufigen Seelenlandschaft des Menschseins. Tief im Inneren Ihrer Rückbindung an die allgemeine menschliche Erfahrung findet dieser Begriff einen vertrauten Widerhall, sonst wäre der "Tempelschlaf" nicht in Ihren Wahrnehmungsradius gelangt. Ein verborgener Wesensanteil Ihrer Seelenpersönlichkeit muß also schon einmal mit diesem heiligen Schlaf der Mysterienkulte in Berührung gekommen sein. Daraus läßt sich ableiten, daß Sie ein Mensch sind, der den stützenden Wanderstab der Selbsterkenntnis bereits mit beiden Händen fest umschlossen hält. Da auch ich mich auf der langen, sich um den Berg der höheren Einsicht windenden Straße befinde, begrüße ich in Ihnen den Weggefährten und gebe Ihnen mit diesem Buch eine geheimnisvolle Nahrung, die Ihnen in den Stunden des entspannten Lesens neue Kraft für den steileren Anstieg unseres gemeinsamen Pfades verleihen kann.

Ich empfehle Ihnen, sich in jene geheime Kathedrale ihres Herzens zurückzuziehen, die Sie sich selbst bereits aus dem unzerstörbaren Gewebe Ihrer spirituellen Sehnsucht erbaut haben, und das vorliegende Buch am besten in der Obhut dieses ruhigen Ortes zu lesen. Meine Gedanken richten sich nicht so sehr an Ihren äußeren Intellekt, sie sind vielmehr Ihrer zeitlosen Erkenntnisfähigkeit zugedacht, damit Sie den uralten Faden Ihrer Tempelschlafarbeit wieder aufgreifen können, um die in einem anderen Zeitraum begonnene Bewußtwerdung auch heute fortzusetzen. Davon ausgehend, daß Menschen, die zu diesem Buch greifen, eine authentische Resonanz zu der mystischen Schwingung des Tempelschlafes mitbringen, habe ich den Text teilweise in der bildhaften Sprache der Mysterienkulte abgefaßt. Mit dem Hinweis darauf möchte ich gleich zu Beginn deutlich machen, daß dieses Buch sich in erster Linie handreichend an jene Menschen wendet, die bereits eine gewisse Wegstrecke des geheimen Pfades gegangen sind und schon Genuß empfinden, wenn sie mit der bildhaften Kultsprache in Berührung kommen.

Als ich das Wort "Tempelschlaf" vor vielen Jahren das erste Mal in einem Buch fand, zogen mich seine Buchstaben saugend in eine warme, weiblichblaue Urtiefe hinein. Und das Aussprechen dieses besonderen Wortes wirkte auf mich wie ein raumergreifender, von ritualgewöhnter Hand angeschlagener, sanft vibrierender Gong im rituellen Ablauf einer magischen Zeremonie. Der Gong in meinem Herzen ließ mich aufhorchen, und bald danach suchte ich die Wesenheit mit dem verheißungsvollen Namen "Tempelschlaf" in vielen Schichten von Zeit und Raum. Es glich dem Erinnern an eine uralte Freundschaft, und gottlob war mein Wiedersehenswunsch nicht einseitig, denn das Wunder geschah: Auf der anderen Seite der Wirklichkeit schien der Tempelschlaf geduldig auf mich gewartet zu haben und streckte nun ebenfalls seine Arme nach mir aus. So kam es zunächst zu sehr feinstofflichen Berührungen zwischen mir und dem Tempelschlaf. Ganz behutsam näherten wir uns einander an. Ich zog ihn durch mein Suchen herbei. Und er legte mir "Weiße Lilien" in Form von Büchern, Menschen und Erlebnissen in mein Leben, bis der erste bleibende Schimmer seiner nächtlich weihenden Bläue unmißverständlich auf meinem Weg sichtbar wurde und unser Bündnis sich langsam verfestigte. Zu meiner großen Freude hielt mein vertrauter Freund nicht nur vieles von dem, was er mir anfänglich versprach, er brachte mir auch noch außergewöhnliche Geschenke mit, von denen ich einen Teil an Sie weitergeben möchte.

"Tempelschlaf" ist eine der bekanntesten Bezeichnungen für den zu allen Zeiten existierenden Mysterienschlaf. Um welche Art von Schlaf es sich in diesem Fall handelt, möchten Sie wissen? Die Antwort ist einfach: Sie verstehen doch unter einem "Mysterium" jeweils ein wohlgehütetes Geheimnis, das mit der rechten Gesinnung und einiger Mühen aufgedeckt werden kann, und "Bruder Schlaf" schenkt Ihnen allmorgendlich ein neues, erfrischtes Erwachen, das Ihnen die Kraft gibt, die täglichen Anforderungen zu bewältigen. Befinden sich nun beide Worte in einer engen Verbindung, so könnte man vermuten, daß der Mysterienschlaf sozusagen "im Schlaf" in die "Geheimnisse" hineinführt und neue Energiequellen für den weiteren Weg erschließt. Und so ist es auch. Nur handelt es sich hierbei nicht um einen natürlichen Schlaf, in den jeder Mensch des Nachts wie von selbst gleitet, sondern vielmehr um einen hypnotischen Schlaf, der mit Hilfe eines Therapeuten - der in früheren esoterischen Traditionen unter anderem auch "Mystagoge" genannt wurde - willentlich eingeleitet wird.

Im echten Mysterienschlaf läßt man den Menschen körperlich einschlafen, jedoch spirituell erwachen. Der begleitende Mystagoge löst die Vorstellungskraft seines Schützlings aus der vertrauten Kammer der Ich-Identifikation und führt die federleichte Imagination in sonst schwer zugängliche Räume des feinstofflichen Bewußtseinsgebäudes. Zu früheren Zeiten war es eine Astralreise, und heute ist es ein der vordergründigen Realität entrückter Zustand, der mit dem luziden Träumen verwandt ist, bei dem sich die inneren Augen des Kandidaten öffnen. Sein überpersönlicher Geist holt dann wertvolle Schätze aus der tiefen Urfeuchte der Seele herauf.

Aufgrund dieser Möglichkeit des inneren Bilderlebens stellt der Mysterienschlaf zu allen Zeiten ein ebenso großes wie auch in Ehren gehaltenes Initiationswerkzeug dar, das in der altägyptischen Kultur jenen Menschen hinter verschlossenen Tempeltüren zur Verfügung stand, welche den mystischen Drang verspürten, in die phantastische Bilderwelt der transzendenten Wirklichkeit einzutreten. Und weil diese besondere Bewußtseinsarbeit immer in Tempeln unter der Aufsicht von Hohepriestern und deren beauftragten Mystagogen durchgeführt wurde, nannte man den hypnotischen Mysterienschlaf meistens "Tempelschlaf".

Was ist der Tempelschlaf? Wo kam er einst her, wo will er heute hin? Dieser Frage können Sie mit Hilfe dieses Buches selbst nachgehen. Sie werden hier erfahren, wo der Mysterienschlaf seinen geheimen Wohnort hat, worin sein Sinn besteht und in welchen Masken er sich in unserer Zeit präsentiert. Aber was genau der Tempelschlaf in *Ihrem* Bewußtsein initiieren würde, das erkennen Sie erst, wenn Sie diese Arbeit *an* und vor allem *in* sich erfahren haben.

Doch auch bei dem Lesen dieses Buches kommen Sie bereits mit dem okkulten Geist und den typischen Kriterien des Tempelschlafes in Berührung. Der Text führt Sie nämlich in verschiedene Identifikationsebenen hinein, und auf diese Weise kann schon ein wenig die schrittweise Ausdehnung Ihrer existenziell bedingten Ich-Grenze erfolgen. Und genau das geschieht dann (allerdings wesentlich intensiver) auch im praktizierten Tempelschlaf, wie er in der heutigen Zeit durchgeführt wird. In diesem heiligen Schlaf lernt der Mensch, für die Dauer einer induzierten Trance die lineare Vorstellung der Zeit zu verlassen, und er findet daraufhin Zugang zu einem ganz neuen Zeit- und Raumbegriff. Während des Tempelschlafes lassen sich die Zeiträume nicht mehr so hintereinander aufreihen, wie man sie im Geschichtsunterricht oder im Lexikon vorfindet. Zeit fängt also nicht mehr irgendwo an, um ad infinitum weiterzulaufen. Denn auf einmal wird es möglich, mühelos in die Qualität einer anderen Zeit einzutreten und wirklich zu erleben, wie es sich anfühlt, in einem antiken Tempel die Opferbrände zu schüren oder in einem mittelalterlichen Rittertournier mitzukämpfen. Dabei entdeckt man dann: Die Zeit existiert nur auf der Ebene des Alltagsbewußtseins. Der menschliche Geist befreit sich in einem veränderten Bewußtseinszustand recht schnell und sehr gerne von der gewohnten Bindung an den Zeitfaktor. Der Mensch lernt in der Zeit ein Hilfsmittel zu sehen, das er nur benutzt, um sich in seinem physischen Leben am Faden einer verläßlichen Kontinuität orientieren zu können. Im Tempelschlaf tritt er einmal bewußt aus diesem Konzept aus und erlaubt sich - zumindest auf einer mentalen Ebene - allmählich in seine unbegrenzte Natur hineinzuwachsen.

Im Mysterienschlaf befinden sich die sogenannten "vergangenen" Kulturen nebeneinander wie die verschiedenen Zimmer eines großen Gebäudes. Jeder "Raum" in diesem Bewußtseins-"Haus" dient jeweils einem anderen Lebens- und Erfahrungszweck. Da gibt es Räume zum Schlafen, Räume in denen man sich ankleidet, Speisezimmer, Badezimmer und so weiter. Sucht man einen passenden "Raum" in der "Zeit", der unsere heutige Kultur charakterisiert, so könnte man diese als großes Arbeitszimmer mit Fitness- und Fernsehraum bezeichnen, denn sehr viel Tiefsinnigeres findet in dem aktuellen Lebensmythos unserer Gegenwart inhaltlich nicht statt. Und als Metapher für den "Zeit"-"Raum" der Antike wäre eine riesige Tempelanlage mit geheimen Kammern in den unterirdischen Gewölben wohl am besten geeignet, denn in dem Raum mit der Aufschrift "vor fünftausend Jahren" sind die Prioritäten ganz anders gesetzt als in dem Bewußtseins-Zimmer mit dem Signum "heute". Die Menschen erleben sich in dem Zeit-Zimmer "vor fünftausend Jahren" vollkommen magisch-mystisch und kultisch verankert, sehen sich also in erster Linie eingebunden in der großen Dramaturgie der gesamten kosmischen Bühne, da sie hier direkt mit den numinosen Ebenen in Kontakt stehen. Die Bewohner des antiken Zeit-Raumes haben nicht so sehr wie jene des

Zeit-Raumes "Heute" das Bedürfnis, ihre sichtbare Welt zu begreifen, da sie in dieser nur eine relativ unwichtige Durchgangsstation sehen. Die fixierte Weltverhaftung, an der wir im Zeit-Raum der Gegenwart schwer erkrankt sind, kann es also dort gar nicht geben.

Ähnlich wie die verschiedenen Zimmer eines Hauses jeweils anderen menschlichen Neigungen dienen, so haben auch alle Kulturen ihre eigene Besonderheit, und jedes Menschenleben gleicht dem Verweilen in einem speziell ausgewählten Raum eines gigantischen kosmischen Bewußtseinsgebäudes.

Im Idealfall kennt man das *ganze* Haus, in dem man wohnt, doch leider braucht der Mensch furchtbar lange, bis er *alle* Räume seiner Bewußtheit gesehen hat, und noch viel länger, bis er sich darin überall heimisch fühlt. Da der Prachtbau des menschlichen Gewahrwerdens so groß ist, haben die meisten das eine "Zimmer" wieder vergessen, wenn sie das "Stockwerk" wechseln und sich in einem anderen aufhalten. Und auch in seinem Bewußtseins-"Haus" vernachlässigt der Mensch meistens den Keller und die Dachkammern. Das ist einer der Gründe, weshalb auf dem esoterischen Weg so viel davon geredet wird, am menschlichen Bauwerk "arbeiten" zu müssen. Und genau hier möchte der Tempelschlaf einen wirksamen Dienst leisten. Das zwar meistens unausgesprochene, aber dennoch angestrebte Ziel des Menschseins lautet nämlich, *alle* "Zeit"-"Räume" eines Tages "auf einmal", also ununterschieden voneinander wahrzunehmen. Dies meint in letzter Konsequenz, die Mauern und Trennwände im gesamten Seelenhaus mit Hilfe des zu seiner wahren Ausdehnung gelangten Geistes zunächst durchschauen zu lernen und "am Ende der Zeit" vollends niederreißen zu können.

Aber davon sind die modernen Menschen genau so weit entfernt wie die antiken: Ein altgriechischer Mysterienkandidat, der sich in unseren Tagen der Aufgabe gegenübergestellt sähe, ein rasantes Automobil mit Höchstgeschwindigkeit über eine dicht befahrene vierspurige Autobahn lenken zu müssen, käme sicher in Schwierigkeiten. Er hätte es zwingend nötig, sich erst behutsam mit jenen Errungenschaften anzufreunden, die wir heute als Ausdruck unserer "kulturellen Höchstleistung" vorweisen können. Doch im umgekehrten Fall - wenn also wir es sind, die *seinen* Zeit-Raum durchwandern wollten - wären die metaphysischen Dimensionen eines altgriechischen Eingeweihten für uns auch nicht ohne weiteres nachvollziehbar. Und hier läge die Pflicht nun bei uns, langsam und geduldig vorzugehen, um irgendwann auch in dem Erkenntnis-Raum "altgriechischer Mysterienkult" Heimatgefühle zu entwickeln.

Doch wenn wir wirklich alles, was im universellen Bewußtsein vorhanden ist, überblicken, integrieren und die starren Grenzen unserer Wahrnehmungen mehr und mehr auflösen wollen, müssen wir uns auf den Weg machen, die Räume unseres gigantischen Bewußtseinskomplexes kennenzulernen. Dies hieße aber, von unserem kleinen "Ich" wegzugehen. Um wo anzukommen? Dies ist eine gute Frage, die sich sehr wohl mit einem einzigen Wort beantworten ließe, doch würde diese Antwort zu knapp erscheinen und unverständlich bleiben, weil man wirklich erst real von einem Standpunkt "weg"-gehen muß, um irgendwo anders anzukommen. Deshalb ist es besser, diese Antwort ausführlicher zu geben.

Darum gleiten Sie nun in die Obhut dieses Buches und lassen Sie sich vertrauensvoll darauf ein, ungewöhnliche

Sichtweisen zu erleben. Sollte Ihr derzeitiges Weltbild dabei manchmal ins Wanken geraten, so liegt das nur daran, daß es einmal wieder Zeit wird, die Art und Weise Ihrer Weltbetrachtung umzupolen.

Sie können wählen: Entweder Sie stellen sich selbst auf den Kopf - oder Ihre Welt tut es! Ersteres ist einfacher und auch ungefährlicher. Also führen Sie Ihre Standpunktveränderung besser persönlich durch. Das Buch, das Sie hier in Ihren Händen halten, läßt Sie dabei bestimmt nicht im Stich!

"Ich habe Hunderte von Körpern seziert und keine einzige Seele gefunden."

Prof. Virchow beschreibt mit wenigen, aber anschaulichen Worten das Kernproblem des zwanzigsten Jahrhunderts

2. Durch die Schleier der Zeit...

Nun können Sie gleich ein wenig hineintauchen in jene Trance, die den Tempelschlaf wie ein treuer Diener versorgt ... So gleiten Sie nun hinein in die Ruhe ... Eine Ruhe, die Sie einhüllt wie ein weicher Mantel aus Gelassenheit ... Sie machen es sich bequem und tauchen immer tiefer ein in das Meer der Ruhe und schauen sich um, im eigenen Land der inneren Mythen ... Genießen Sie es, einmal tief hineinzulauschen in die verhüllten Tiefen der Wahrnehmung ... Langsam lösen Sie sich von dem Sehenwollen, und Sie lernen jetzt einmal bewußt eine neue Form des Anschauens ... Und so gleiten Sie hinein in ein Erleben der inneren Bilder ... Diese neue Form des Schauens eröffnet Ihnen ganz andere Räume der Wahrnehmung ... Und so gleiten Sie hindurch durch die verschiedenen Räume des menschlichen Bewußtseins ... Große Räume ... Prächtige Hallen ... Kleine Kammern und stille, dunkle Gewölbe wechseln einander ab ... Sie aber gleiten durch all das hindurch ... Schwerelos ... Frei von dem Gewicht Ihres Körpers ... Und Sie beginnen zu reisen ... Es ist dies eine Reise in das verzweigte Land der Seele ... Sie lösen sich von allen Bindungen an Zeit und Raum und beginnen mit mir auf eine mystische Art zu leben ... Diese neue Wahrnehmung führt uns sanft und stetig durch die Schleier der Zeit ... Wir gleiten gemeinsam am Faden der Zeit zurück ... Denn Zeit ist nur eine Idee des menschlichen Gehirns ... Für uns jedoch verliert in diesem Moment die Zeit ihre Wichtigkeit ... Und wir lassen uns treiben durch das Meer der kollektiven Symbolsprache ... Vorbei an unzähligen wichtigen und unwichtigen Erlebnissen ... Um eine von den abertausend Möglichkeiten des Ankommens auszuwählen, verwenden wir das Wort "Tempelschlaf" als Landkarte und bitten die inneren Reiseführer, uns genau für diesen Begriff die passende Route zusammenzustellen ... Und so werden wir nun langsam an dem ersten Ziel unserer okkulten Exkursion ankommen ... Ganz allmählich gewöhnen wir uns an die Wahrnehmung, die wir jetzt hier haben ...

... Fein, daß Sie mitgekommen sind. Stellen Sie sich nun einmal bewußt auf Ihre Füße und betrachten Sie langsam den Fußboden, auf dem Sie stehen, damit Sie sich besser orientieren können. Jawohl, so sehe ich das auch, ein sehr heller Sandsteinboden liegt unter unseren Füßen, die mit schlichten goldenen Sandalen bekleidet sind. Wir tragen lange weiße Gewänder und fühlen uns umgeben von einer irisierenden Helligkeit. Ein kräftiger, sehr angenehmer jasminhaltiger Weihrauch erfüllt hier die Atmosphäre mit einem überirdischen Flair. Wir gehen jetzt ein paar vorsichtige Schritte und hören an ihrem weiträumigen Echo, daß wir uns in einer sehr großen, hohen Halle befinden. Langsam erweitert sich unser Wahrnehmungsradius, und die unermeßliche rituelle Großartigkeit dieses Ortes nimmt für uns Gestalt an. Eine eigentümlich erhabene Stimmung wächst deutlich spürbar in uns heran. So mögen es nicht nur allein die gigantischen Säulen sein, die uns beeindrukken, sondern hauptsächlich auch die außergewöhnliche Erfahrung, daß jeder Atemzug uns hier mit etwas, das größer ist als wir es selber sind, verbindet. Es scheint, als atmeten wir unsere kleine Natur aus, um Raum zu schaffen für eine weitaus größere, die wir wieder einatmen. Dieses Fluidum, das uns hier umgibt, fühlt sich wirklich gut an, die Wirbelsäule richtet sich auf, und unsere gesamte Körperhaltung gleitet ganz von allein in eine harmonische Ausgewogenheit.

Ein leises, aber dennoch kraftgeladenes Gemisch schwingender Töne erfüllt die Halle, und wir fühlen uns emporgehoben in weihevolle Sphären. Mit jedem Atemzug können wir den Charakter dieses Ortes besser verinnerlichen, und dies läßt uns den Schauplatz in seiner Ganzheit erfassen: Unsere mentale Reise führte uns in den Sonnentempel von Heliopolis. Wir sind in einem Zeit-Raum gelandet, in dem diese Stadt noch von dem altägyptischen Herzschlag erfüllt ist und den Namen Juno trägt. Die Hebräer nennen diese Stadt On. Wir werden aber besser bei dem Namen Heliopolis bleiben, den diese Stadt später von den Griechen verliehen bekommt. Heliopolis heißt "Stadt der Sonne" und beschreibt daher sehr gut die inhaltliche Qualität dieser großangelegten Tempelstadt, die hauptsächlich aus prächtigen sakralen Anlagen und wunderschönen Nebengebäuden besteht, in denen die Hohepriester, die Hierophanten, Mystagogen und andere Ritualbeamte beheimatet sind.

Hier muß die Erkenntnis selber wohnen, denn so klar und einfach sind die Dinge vielleicht nur an diesem heiligen Ort. Während unsere Augen umherschweifen, erkennen unsere Herzen, daß alle Fragen, die man in die großen Propyläen oder weitläufigen Vorhallen hineindenkt, umgehend beantwortet werden. Sogar das gleichmäßige Plätschern des Springbrunnens in der Mitte eines Atriums klingt wie leise murmelnde Weisheit.

Diese Erfahrung kann süchtig machen, sehen Sie sich vor, wir werden wieder zurück in die Gegenwart müssen, in der es all dies nicht mehr geben wird, deshalb sollten wir uns hier nicht einfach so verlieren, sondern an unser Thema denken, denn "Tempelschlaf" heißt jener Torbogen, den wir fragend durchschritten haben und der uns hierher führte.

Da stehen wir auch schon einem Mann gegenüber, der uns irgendwie sehr vertraut erscheint. Sogleich wird uns bewußt: Der größte Hypnomeister des Altertums blickt uns gerade und fest in die Augen, und die zahlreichen Sterne, die in seinen tiefschwarzen Schakalaugen aufleuchten, lassen uns zweifellos wissen, daß es sich bei ihm um eine Person handelt, die sich auf das engste mit dem Mysterienschlaf verwoben hat. Auch nicht einmal die allerkleinsten subjektiven Regungen stören das klare Wesentliche seiner ausgewogenen Erscheinung. Dieser Mann muß eine Manifestation des solaren Geistes sein, ganz im Amt, ganz im Dienst des Zusammenfügens seelischer Fragmente, alles und jeden verstehend, aber selbst adlerfrei von allen irdischen Verwicklungen und menschlichen Bindungen.

Doch, fühlen Sie das? Wie erstaunlich es auch sein mag, seine ungeheure Kühlheit bewirkt dennoch warme, sonderbare Empfindungen in uns, irgend etwas Schönes beginnt so leise in uns zu erklingen, als ob ein Windhauch die Saiten einer Harfe streifen würde. Kein Zweifel, er muß der größte und würdigste Hüter des Tempelschlafes sein, einer, der die Urtinktur des Seelenfluges, der Trance - oder wie immer man diese hypnotische Technik nennen möchte - in seinen Händen wie ein Juwel beschützt, um den kostbaren Glanz dieser Facetten für alle Zeiten zu bewahren.

Aus dieser hohen Berufung heraus übermittelt er uns seine Gedanken, und wir wandeln sie um in unsere eigenen, während wir uns an den ruhigen Kraftstrahl seiner Augen angeknüpft fühlen: Der Tempelschlaf existierte als treuer Pate der spirituellen Suche immer schon, doch wurde er ursprünglich niemals der großen Masse vorgestellt. In einer sehr reinen Form hatte er in den antiken Zeit-Räumen stets seinen würdigen Platz im Initiationsablauf der echten Mysterienschulen. Aufgrund der langen Vorbereitungen dieser verborgenen und elitären Schülerschaft fielen die Perlen seiner Patenschaft fast immer auf den angemessenen Boden. Doch leider geriet der Tempelschlaf in den vergangenen zweitausend Jahren unserer Zeitrechnung mehr und mehr in Vergessenheit. Sein Abglanz fristete nur in aller Stille ein ziemlich verwaistes Dasein in einigen überlieferten Mysterienschulen. So ist ein Hauch des Tempelschlafes noch zu ahnen in einigen Initiationsriten und Priesterweihen, in denen die Kandidaten für die Dauer von drei Tagen und vier Nächten in die Isolation gehen, oder dort, wo sie symbolisch "sterben" und "wiedergeboren" werden. Auch in Spiegelmeditationen, die in Trance führen, und in mystisch-magischen Ritualen, in denen der Tod gleichwertig neben das Leben gestellt wird, schwingt seine Technik noch mit hinein. Doch etliche alte Traditionen vergaßen den Tempelschlaf so sehr, daß er sich nur noch in scherzhaften Sprüchen manifestieren konnte. Als diese bedauernswerte Nachlässigkeit geschehen war, ließ sich der Tempelschlaf ziemlich traurig in den staubigen Schatten der Säulen seines Tempels gleiten, der ihm fortan nicht mehr als Heimat diente, und spann sich ein in seine eigenen Träume, die von großen Erfahrungen getragen waren. Bis er eines Tages von den mehrfarbig züngelnden Flammen einer initiatischen Fackel, die sich im Norden des Heiligtums von selbst entfachte, angestrahlt wurde. Dieses Mysterienlicht erweckte ihn wieder, er richtete sich langsam reckend auf und sah sich in seinem Tempel um. Was er dort sah, veranlaßte ihn, seinen ihm einstmals zugedachten Wohnort zu verlassen. Er schritt unbemerkt die Treppenstufen des altehrwürdigen Bauwerkes hinab, denn seine Bewohner hatten ihn aus Unachtsamkeit längst vollständig vergessen und hielten ihn deshalb nicht zurück. Also begann der Tempelschlaf "draußen" damit, seine uralte Technik in dem neuen Gewand der Reinkarnationstherapie wieder unter die Menschen zu bringen.

Allzulange hatte er nun selbst geschlafen, und er sah mit herzklopfender Betroffenheit, wieviel er jetzt zu tun haben würde. Unzählige Menschen, die ihn von früher noch kannten, haben ihn sehr vermißt und kamen in Scharen herbeigelaufen, denn der Tempelschlaf sollte die Menschen wieder lehren, jenen besonderen Schlaf zu finden, der allein ein höheres Erwachen ermöglicht.

Einer geistig fast schon verhungerten Menschenschar zuliebe streifte der große, weise Hypnomeister namens Tempelschlaf in unserer Gegenwart des zwanzigsten Jahrhunderts sein rituelles "Geheimgewand" von der Schulter und verließ die schützenden Tempelmauern, die schwarzen Granitkammern, die versteckten Höhlen und Einweihungsgrotten, um in unzählige Therapeuten einzudringen, die seine Methode - teils recht gut, teils aber auch sehr schlecht - kopiert haben.

Der Altmeister der Trance gab den materiellen Kräften der lunaren Welt ein solares Werkzeug in die Hände, und naturgemäß wurde daraufhin die eigentliche Bedeutung des Mysterienschlafes mißverstanden. Seine Technik verbreitete sich seit 1977 unserer Zeitrechnung als "neues" Heilungswunder, das Symptome wegzaubern kann, wie ein Lauffeuer in der esoterisch orientierten Therapieszene. Die Reinkarnations-Therapeutenschwemme griff rasch und intensiv um sich, und die sogenannten "Älteren Brüder" strichen sich hinter verschlossenen Tempeltüren verwundert über die langen Bärte, da sie tief im Inneren erahnten, daß es ihre Aufgabe gewesen wäre, den Mysterienschlaf im größeren Stil zu pflegen, als sie dies im Fischezeitalter getan haben. Doch hatten sie ihn fast ganz vergessen. Als er nun innerhalb einer sehr umstrittenen Esoterikbewegung seine rasante Sturzgeburt im neuen Kleid feierte, erinnerte sich ihre Seelenstruktur an die versäumte Pflicht, und ihre Herzen schlugen wieder schneller und aufmerksamer.

Die "Männer der inneren Kreise" sahen die Entwicklung und konnten sich nicht vorstellen, was daraus Gescheites werden könnte. Folgende Sorge erfüllte sie nun: Was um Himmels willen würden unvorbereitete Menschen mit dieser wirksamen Initiationstechnik, die seit alters her im Dienste der Selbsterkenntnis steht, im profanen Leben anstellen? Ganz und gar recht hatten sie mit ihren Befürchtungen! Von den ersten Pionieren der "Seelenflieger" waren einige wenige noch geistvoll genug, um irgendwann in ihrer "gefundenen Technik" das kluge, wahre Gesicht des heliopolischen Mysterienschlafes zu erkennen. Und sie versuchten ihre scheinbar "neue Therapieform", die bei genauerer Betrachtung doch eher einem alten Einweihungsinstrument entsprach, aus den funktionalen, symptomheilenden Konzepten wieder herauszulösen. So bemühte sich ein neuzeitlicher "Erfinder" dieser Methode im letzten Drittel seiner Amtsperiode dann ernsthaft und mit außerordentlich hierophantischer Kühle darum, die wallende Robe des Hohepriesters wieder darüberzulegen, um die schöne alte Tempeltechnik der Regression in frühere Leben nicht vollends in den Abyssos verirrter, hysterischer Lichtarbeiter fallen zu lassen. Doch zu spät! Schon seine zweite Generation machte in lebensbejahender Diesseitsfreude aus der Trancearbeit eine wunderhübsche Duftessenzen- und Healing-Party im Dienste des Alltäglichen, indem sie die Reinkarnationstherapie an Heilungskonzepte knüpfte. Viele Therapeuten pressen das "neue" Konzept in die alte Zwangsjacke der Mediziner und Psychotherapeuten, obwohl es eigentlich viel zu groß ist, um dort wirklich hineinzupassen. Sie wenden sich also hauptsächlich dem Bedürfnis des "Unten" zu. Sie therapieren, aber erheben nicht immer in eine höhere Dimension.

Dem wahren Anspruch des Mysterienschlafes wird ein solcher Ansatz aber gar nicht mehr gerecht. Der eigentliche Wert der antiken Mystagogen bestand immer darin, *sich selbst* als Station so stabil und ehern zu errichten, daß sich die paradiesische Schlange, die in den morastigen Trauersümpfen der zeitlichen Natur ihr unzufriedenes Dasein fristet, daran dann auch wirklich und wahrhaftig bis in die zeitlose Natur emporwinden konnte. Aber leider sind die meisten Therapeuten keine initiierten Mysterienschüler und schon gar keine Hohepriester. Also verknüpfen sie die Reinkarnationstherapie mit kurzgeschlossenen neurolinguistischen Programmen und vielen anderen therapeutischen Bemühungen.

Oh, welch eine Verkennung der mystischen, einweihenden Kraft des Seelenfluges! Hätte der kluge, alte Hypnomeister denn eine derartige Trivialisierung des Mysterienschlafes nicht verhindern können? Diese Frage stellen wir nun direkt in die skorpionischen Augen des Altvaters der Trance. Er hebt besänftigend die Hand und gibt uns mental zu verstehen, daß all diese Vorgänge ihre absolute Richtigkeit haben. Die Saat mußte möglichst breit ausgestreut werden und ganz groß aufkeimen, da für die Menschheit am Ende des zwanzigsten Jahrhunderts der tiefste Punkt der geistigen Armut erreicht war und sie nun erst wieder umkehren darf.

Wir bitten ihn jetzt am besten um eine Erläuterung, was er genau mit diesem "tiefsten Punkt" meint! Sehen Sie, die Frage ist schon bei ihm angekommen, und statt zu antworten, fordert er uns nun auf, ihm zu folgen. Er dreht sich um und es flammt im Bruchteil einer Sekunde jener schelmisch-fröhliche Funkenregen in seinen Augen auf, den man oft bei inspirierten, überpersönlichen Wesenheiten vorfindet und der denjenigen Menschen so mysteriös und angstauslösend erscheint, die ein solches Feuerwerk in ihrem eigenen Inneren noch nicht entwickeln konnten und folglich auch keine Ahnung haben, von welcher Natur diese mysteriösen Leuchtfeuer in manchen Augenpaaren wohl sein könnten.

Sehr schön ist die Wegstrecke, die wir nun gehen. Der Meister schreitet mit wehendem Gewand voraus und führt uns über sonnige Plätze mit pastellfarbenen Bodenmosaiken, durch schattige, würzig duftende Gärten, über breite, von Sphinxen flankierte Alleen, unter weißen, efeuberankten Arkaden hindurch und entlang an imposanten Tempelfassaden mit säulenflankierten Portalen, die sehr viel von der Würde ihres inneren Heiligtums ahnen lassen, in das sie hineinführen. Jeder Schritt, den wir hier machen, läßt uns lieber ankommen in dieser prachtvollen Stadt, in der die sakralen Gebäude zur Ehre der Götter in den blauen Himmel greifen.

Schließlich befinden wir uns vor einem entlegenen Bau, der keine Fenster hat und anscheinend bewacht wird, denn etliche junge Priester gehen hier in einer ordentlichen Formation laufend auf und ab. Begleitet von einem vielversprechenden Blick aus seinen glanzvollen Augen zeigt uns der ehrwürdige Mystagoge einen weiteren Aspekt von Heliopolis. Doch hier herrscht nicht diese glorreiche Helligkeit. Und auch die rituelle Pracht fehlt gänzlich. Spüren Sie - wie ich - diese Kälte bei dem Eintreten in den düsteren Gebäudekomplex? Wir gelangen mehr und mehr in eine dunkle, morbide Atmosphäre, und langsam baut sich ein Raum um uns herum auf, der sich nicht gut anfühlt. Es "riecht" hier unangenehm nach Stagnation und einer gewissen Lethargie, die man bisweilen als Mensch erlebt, wenn die Dinge im Leben "weder vor noch zurück" zu gehen scheinen.

Wir gewöhnen uns allmählich an die Dunkelheit und lernen in der traurigen Ausstrahlung einer beengten Räumlichkeit mit Hilfe der inneren Augen zu sehen. Merkwürdig! Wir müssen woanders hingelangt sein! Hier sieht es nicht aus, wie es sonst in Heliopolis aussieht. Diese für eine mystische Reise typische Unstimmigkeit muß man akzeptieren. Niemand kann sich vollends auf die Stabilität der inneren Bilder verlassen, manchmal verschwimmen die Zeiten ineinander und es kommt zu "unlogischen" Eindrücken. Schauen wir uns nur ruhig weiter um, irgendein Sinn liegt sicher in unserem Hiersein, soviel ist gewiß.

Nun erkennen wir bald ein Zimmer in dem brokatroten Schabrackenstil der Wende vom neunzehnten auf das zwanzigste Jahrhundert. Nußbaumfarbene, mit vielen Schnitzereien verschnörkelte Regale scheinen unter ihrer Last zu stöhnen, so voll sind sie mit Büchern und Ordnern angefüllt. Sehr viele Einzelblätter und Dokumentenmappen liegen in dicken Stapeln auf kleinen Schränkchen, deren Glastüren ebenfalls Bücher und Schriftstücke beherbergen. Mitten im Raum steht ein Schreibtisch, auf dem sich handschriftliche Notizen auf vergilbten Blättern im Schein eines schwachen, mattgelben Lichtes türmen. Rechts an der Wand sehen wir eine Couch mit einer weinroten Decke. Farblich dazu passend steht gleich daneben ein Ohrensessel, der ein sehr erfülltes Sesselleben gehabt haben muß, so verschlissen sieht er aus.

Natürlich begreifen wir in dieser Situation so lange nichts, bis zu unserer großen Überraschung der freundliche Hypnomeister sich wieder deutlicher in unsere mentale Wahrnehmung mischt und uns zu verstehen gibt, daß wir uns doch noch in seiner Sonnenstadt befinden. Der erfahrene Mystagoge erkennt deutlich unsere Konfusion, blickt uns jedoch gelassen und verständnisvoll an und gibt uns telepathisch zu verstehen, daß dies eines der Archive von Bruder Sigmund ist. Er ist einer der besten Hierophanten von Heliopolis, und er hätte die Aufgabe gehabt, am Ende des neunzehnten Jahrhunderts die Psychoanalyse zu begründen.

Ich bin überrascht: Sigmund Freud soll einer der Hierophanten sein? Hierophanten sind doch hohe Eingeweihte!

Aber Sigmund Freud?! Ob ich mich so sehr in ihm getäuscht habe? Aus meiner persönlichen Sicht konnte der wienerische Arzt den Sieg der geistigen Einsicht nicht vollumfänglich davontragen. Ich habe ihn selbst schon oft heimlich und respektlos als seine eigene größte "Freudsche Fehlleistung" oder sogar als "freudlosen Sigmund" bezeichnet, da seine Theorien sich bei genauem Hinsehen in Projektionsbrutkästen verwandelt haben, in denen Schuld zuweisungen auf nahe Verwandte großgezogen werden.

Und schlimmeres noch! Sigmund Freuds Auftritt in der Menschheitsgeschichte machte radikal Schluß mit der allerletzten Restahnung um die himmlische Wohnung der Seele. Die menschliche Psyche, die - wie Sie und ich heute wieder wissen - spiritueller Natur ist, wurde durch Freud und seine naturwissenschaftlichen Kollegen aus der Gehirnforschung zu einem biochemisch gesteuerten Hormonprodukt, dessen libidöse Qualität dem Niveau eines ländlichen Stallhasen entspricht. Meiner Meinung nach mußte Sigmund Freud einen Programmcode im Kopf haben, der es ihm unmöglich machte, sich einmal zu fragen, was eigentlich hinter dem Wunsch nach sexueller Vereinigung noch für Dimensionen stehen könnten. Ein wacher Blick in ein Alchemiebuch oder auch nur in die Mythen und Märchen aller Völker hätte ihm solche Perspektiven jederzeit eröffnen können. Aber diesen Blick hat er nicht gewagt. Statt dessen führte er ganze Scharen von Psychologiestudenten auf die falsche Fährte, und der resistente Virus seiner unfertigen Seelenlehre wurde bis in die Soziologie und die Medizin weitergereicht.

So kam es, daß bis in unsere Gegenwart hinein die abwegige Auffassung grassiert, die höheren Anteile des Bewußtseins gingen aus den niederen hervor. Das Unentwikkelte sei also *zuerst* dagewesen und bringe mit der Zeit das Höhere auf die Welt. Diese Lehre entspricht absolut nicht der Wahrheit, auch dann nicht, wenn die Mehrzahl der Menschen daran glaubt.

Der Hypnomeister empfängt meine Gedanken und lächelt mir verständnisvoll, ja eigentlich sogar brüderlich und liebevoll zu. Er gibt mir recht, jedoch bittet er mich zu bedenken, daß sein Bruder Sigmund eine Aufgabe erfüllt habe, die hier in Heliopolis geplant wurde, und die sich nicht mit der persönlichen Meinung des Amtsträgers deckt. Es war nötig, eine solche Lehre in die Welt zu setzen, damit die rationale Denkweise eine seelisch-geistige Verarmung hervorbringen konnte, und die individuelle Suche nach seelischer Wahrheit sich bei vielen Menschen gleichzeitig manifestieren konnte. Denn auch das Kollektiv befindet sich auf einem Einweihungsweg und wird von Heliopolis aus von Station zu Station geführt.

Die menschlichen Inkarnationen sind von einer höheren Warte aus betrachtet nichts anderes als großangelegte Mysterienspiele, die ein kosmisches Bewußtsein initiieren. Aus dieser Perspektive war die Einführung einer jungen, naiven Psychologie eine gute Idee. Denn auch die Uhr des Christentums, das ursprünglich die Sorge um die Seele allein bewerkstelligen konnte, war nach fast zweitausend Jahren abgelaufen und mußte sich langsam auf seinen Niedergang vorbereiten.

Schließlich hat genau dieser Freudsche Keim als Kirchenvernichter sein Unwesen getrieben. Die Kirchen wurden täglich leerer, weil der neue Besen der jugendlichen Psychoanalyse sich anmaßte, über die Seele des Menschen besser Bescheid zu wissen als die sogenannten berufenen Seelenführer innerhalb der beiden größten Konfessionen.

Der Typ des psychologisch orientierten evangelischen Jungpfarrers mit Jeans und kragenlosem Genossenhemd trieb - unter dem berechtigten Kopfschütteln der wenigen wissenden katholischen Geistlichen - ungefähr hier aus dem Boden. Die Psychologen begossen das reformierte Pflänzchen eifrig mit ihren dürftigen Kenntnissen über das "bißchen Gefühl", das sie in ihrer Naivität schon "Seele" nannten.

Und als der freundliche Jungpfarrer groß genug war, verabreichte er mit dem weltzugewandten Verständnis für die alltäglichen Bedürfnisse seiner täglich alltäglicher werdenden Gemeinde das schleichende Gift seiner kleinen nickelbrilligen Alltäglichkeit. Bis dann das letzte Restchen Einfühlungsvermögen für die anregende Kraft einer brükkenbauenden Sonntagspredigt verloren war.

Der momentan zuständige Mysterienkult, den der Nazarener vor zweitausend Jahren mit seiner Kreuzigung aufgeführt hatte, packte seine ohnehin nicht mehr richtig angewandten Ritualgegenstände ein und verließ die reformierten Kirchen, um sich flehend in den alten Kathedralen der magischen Baumeister eine goldbestickte Echtheit bewahren zu können. Eingehüllt in schimmernde , kostbare Gewänder und dicke, weiße Weihrauchschwaden gelingt es den Geistlichen vielleicht gerade eben noch in den geomantisch aufgeladenen Domen, etwas von der übernatürlichen Freude zu transportieren, die ein Hochamt hervorbringen müßte.

Die jüngsten Meßdiener, die schon im Kindesalter in einer katholischen Messe beamtet sind, spüren mit Sicherheit noch mehr numinose Schauder, als das die unzähligen lutherischen Friedenspfarrer, die Religion mit den irdischen Regeln einfacher Zwischenmenschlichkeit verwechseln und in ihrer Predigt oftmals mehr Ähnlichkeit mit Rudi Carell als mit einem Hierophanten haben. Das größte Kirchenglück liegt im zwanzigsten Jahrhundert auf der Seite der kleinen Meßdiener, die mit den weitgeöffneten Augen, in denen sich alle brennenden Kerzen spiegeln, an dem kultischen Geschehen teilhaben, ohne zu wissen, welche Trivialisierung den überlieferten Ritualen durch menschliche Worte und Meinungen schon angetan wurde.

Die Erwachsenen haben es nicht mehr so gut, denn zum Beispiel degenerierte die völlig falsch interpretierte Nächstenliebe, von der unsere Bibel spricht, zu der bekannten kleinbürgerlichen Sozialader aller Konfessionen. Sie kümmerten sich in den vergangenen Jahren zusehens mehr um den Umweltschutz und den Hunger in der Dritten Welt. Den Hunger des Geistes in der Ersten Welt und den Durst der Seele in der Zweiten Welt konnten sie jedoch leider nicht mehr stillen. Darum blieben alsbald die Kirchen leer.

Sogar die ganz alten Damen, die manchmal nur noch aus Gewohnheit auf der Kirchenbank saßen, nahmen ihr Gesangbuch zitternd, aber mutig in die Hände und verließen "die feste Burg" tief seufzend an jenem Sonntag, als das erste jugendanwerbende Popkonzert in den lutherischen Kirchen erklang.

Die Jugend aber kam dann doch nicht, sie floh mit einer Packung Räucherstäbchen in die Sekten, um wenigstens noch den Saum einer echten Mysterienrobe erhaschen zu können. Worauf die Kleriker tiefbeleidigt sich selbst den mühsamen Auftrag verliehen, die ausufernden Sekten zu beseitigen. Das Dilemma hat bis heute kein Ende genommen, da die Kirche das Thema der Seelenarbeit irrtümlicherweise an die Psychoanalytiker abgegeben hat und nicht weiß, wie sie ihre volle Ornatswürde für diesen Bereich zurückbekommen könnte.

Der alte Hypnomeister skizziert das Problem unserer Gegenwart sehr treffend. Diese Dinge haben mich immer schon ein wenig traurig und ratlos gemacht, und ich sehe, der Mystagoge versteht mich, denn er zwinkert mir aufmunternd zu und übermittelt mir, daß alles seine Richtigkeit habe. Diese Verkehrtheit mußte sein, um die Menschen in unserem Zeit-Zimmer von 1993 so verpolt und neurotisch zu gestalten, wie wir heute verpolt und neurotisch sind. Nur auf der Basis dieser unnatürlichen Seelenstruktur erwacht die Lust auf eine Suche nach esoterischer Wahrheit und echter Rückbindung an den Kosmos. In den mystischen Orden und Logen findet die Menschheit wieder, was ihr fehlt, denn dort wurde es über Jahrhunderte aufbewahrt.

Wir, Sie und ich, stehen jetzt mit dem alten Mystagogen in dem Archiv der Psychoanalyse und wissen plötzlich: Erst wenn der transzendente Hauch des alten Hypnomeisters endlich wieder in die Seelenarbeit eingedrungen sein wird, kann sich die Psyche des modernen Menschen aus der Gefangenschaft einer allzu bodenständigen Gefühlsstruktur befreien, um sich erneut ihrer eigenen spirituellen Reichweite bewußt zu werden.

Wenn die Menschen unseres Zeit-Raumes mit eigener Kraft aus der irdischen Verwicklung herausfinden, kann die hierophantische Klarheit von Bruder Sigmund sich ohne Verkleidung auf den Weg machen, in unseren Zeit-Raum zurückzukehren und den Menschen ein echtes Geschenk aus Heliopolis überreichen ...

... Möchten Sie jetzt auch lieber wieder über die sonnigen Straßen von Heliopolis wandeln? Schön, doch vergessen Sie nicht, wir befinden uns auf feinstofflichem Terrain, wo wir nicht an die "menschlich logische" Kontinuität gefesselt sind, sondern vogelfreie Eskapaden in verschiedenen Bewußtseinsräumen erleben können.

Deshalb müssen Sie sich auch nicht darüber wundern, wenn wir beide, Sie und ich, jetzt plötzlich nicht mehr in Heliopolis sind, sondern unsere wohlwollenden Reiseleiter als nächste Station eine Fußgängerzone in einer zeitgenössischen Großstadt ausgesucht haben. Unter unseren Füßen sehen wir das typische Mischbetonpflaster von heute, und unsere Schuhe entsprechen der Mode von 1993. Also, ich finde diese Lösung jetzt gut. Das erdet uns wieder, und wir könnten uns zusammen in ein Café setzen und die erlebten Dinge noch ein wenig nachklingen lassen.

Sicher haben Sie meine Idee schon empfangen, ich grübele bereits die ganze Zeit darüber nach, welche Rolle im weltlichen Verstofflichungsdrama der Schüler von Sigmund Freud wohl gespielt haben mag. Ach, Sie meinen, der unergründliche C. G. Jung ist wohl von niemandem so recht verstanden worden, da er dermaßen viel geschrieben hat, daß kaum jemand wirklich genau seine himmelgreifenden Gedanken vollständig überblickt? So muß es wohl sein, denn seine "Schüler" finden meistens keine ihrer eigenen Aussagen zu trivial, um sie treuherzig mit einem mehr oder weniger passenden C. G. Jung-Zitat zu bekräftigen. Hyperventilieren würde er im Tempelschlaf, wenn er miterleben müßte, was heute alles mit dem Gütesiegel "jungianisch" vorzufinden ist. C. G. Jung war den Mysterien näher als seine Schüler, weswegen man in seinen Büchern tatsächlich lesen kann, daß er die Archetypen als transpersonale Kräfte beschreibt, die *aus* der metaphysischen Welt *wirklich* in unsere stoffliche Welt *hineinwirken.*

C. G. Jung war anhand seiner mythologischen Studien zu der Erkenntnis vorgedrungen, daß die Götter des Olymp fleißige Vorposten des einen Gottes sind, die "ihr Wesentliches aus der immateriellen Welt in die materielle hineinweben", also *über* dem gefallenen Bewußtsein des Menschen stehen. Und es ist der Mensch, der sich in diese erhabenen Welten, die jenseits seines kleinen irdischen Fassungsvermögens liegen, erheben lernen muß. Darin liegt das Geheimnis echter Individuation und der kosmische Auftrag wahrer Menschwerdung. Diese metaphysische Perspektive lehrte Jung selber. Er war eine starke, schöne und belastbare Brücke zu den griechischen Mythen und der hermetischen Lehre. Vollkommen zu Recht erhielt er schon zu Lebzeiten unzählige Ehren. Eine, die seinen zeitlos großen Geist besonders gut beschreibt, möchte ich hier wiedergeben:

> Dem Wiederentdecker der Ganzheit und Polarität der menschlichen Psyche und ihrer Einheitstendenz, dem Diagnostiker der Krisenerscheinungen des Menschen im Zeitalter der Wissenschaften und der Technik, dem Interpreten der Ursymbolik und des Individuationsprozesses der Menschheit.
>
> *(Urkunde zur Verleihung des Ehrendoktorates der Eidgenössischen Technischen Hochschule Zürich)*

Diese wenigen Worte stellen eine Essenz dar, die einem Weltenlehrer inhaltlich durchaus das Wasser reichen kann. Doch ein solcher mußte schon immer mit einem dem folgenden Problem sehr ähnelnden leben: Auch C. G. Jungs anspruchsvolles esoterisches Wissen wurde durch verschiedene Düsen schlichterer Gemüter gepreßt, was es mit sich brachte, daß heutzutage viele jungianische Psychoanalytiker so tun, als könnte man die Archetypen zu einem Essen einladen und von Zeus und Semele persönlich klären lassen, warum der Schwerenöter Kiesebert Windhund nicht treu sein kann. Bleibt man in einem zu flach gedrückten, pseudo-jungianischen Weltbild sitzen, so wäre eine solche "Analyse" auch durchaus möglich. Aber die Mythen leben in einer viel höheren Dimension und reichen mit ihren göttlichen, starken Armen so weit hinunter, daß der Mensch sie ganz umklammern kann, um sich von ihnen erheben zu lassen. Es macht nur wenig Sinn, umgekehrt vorzugehen, nämlich die grandiosen Mythologeme in eine winzige Diesseitigkeit zu übersetzen und sie völlig "unergriffen" in den Dienst eines gewöhnlichen Lebensproblems zu stellen. Ein überlieferter griechischer Mythos will nicht in erster Linie in eine Familien- oder Büro-Situation transferiert werden, sondern läuternde Religion bleiben, also den Zusammenhang zwischen Gott und Mensch klarstellen und den Weg zu einer Vergottung des Menschen aufzeigen.

Die psychologischen Interpretationen mancher Jungianer hinsichtlich alter Mythen klingen ganz nett und auch nicht unintelligent, doch hat man nicht selten trotzdem etwas furchtbar Dummes getan, nämlich hohe Anteile der göttlichen Hierarchie auf die Erde und in die Komödien zwischenmenschlicher Beziehungen herabgeholt. Läßt man die Mythen dort, wo sie hingehören, dann stellen sie aus sich heraus eine Kraft dar, die erhebt. Man hat also echte erlösungbringende Prinzipien in die Knie gezwungen, in den Frondienst irdischer Gefangenschaft gestellt und Kleines mit Großem zu erklären versucht. Natürlich wiederholen sich die Götterstrukturen auch im Menschen selbst, das ist bekanntlich "wie oben so unten". Doch benutzt man die überlieferten Mythen nicht zu *mehr* als ein bißchen Gefühls- und Bauchnabelschau, dann fallen einfach die tieferen, vor allem die religiös-kultischen Schichten der Mythen einer abgrundtiefen Banalität zum Opfer.

Dann geistern die großen Urprinzipien wie Zeus, Athene, Aphrodite oder Hermes "vermenschlicht" ruhelos auf dem Boden der Erde herum. Die "kleine Schuhverkäuferin" entdeckt ein bißchen Aphrodite in sich, Fotomodelle posieren als Götter verkleidet für einen Brandy und der wohlhabende Herr Generalkonsul einer Bananenrepublik benimmt sich sowieso schon seit Jahrzehnten wie Zeus. Der kleine Mensch sieht keine Notwendigkeit mehr, sich selbst zu den großen Göttern hinaufzurecken, weil er es vorzog, die sakralen Uranfänglichkeiten der Schöpfung in seine Kurzsichtigkeit herunterzuholen. Damit kommen die Götter in seine kleine Welt *hinein*. Die Göttermythen wollten aber eigentlich den Weg *aus* der physikalischen Welt *hinaus*weisen. Aber wen interessiert das heute schon?! Alle wollen nur das eine: in die Welt hinein.

Das heißt aber nun leider: Ein Prometheus hat den Göttern vergeblich das Feuer entrissen und es in Myriaden von leuchtenden Flämmchen über den Erdball geworfen. Denn niemand sehnt sich jetzt mehr nach der höheren Erkenntnis der Götterflammen, weil der Mensch vergaß, mit welch erneuernder Kraft das zeusische Feuer in Wahrheit lodert. Niemand befreit den Titanen aus seiner Felsenmarter, da seine Erlösung nur mit der Erlösung "seiner" Menschen einher gehen kann.

Seit das olympische Pantheon so real "anfaßbar" zu sein scheint, spürt sich kein heldenhafter Herakles mehr in eine ehrfürchtige Gänsehaut gehüllt, wenn er einen Wimpernschlag hinauf zu den Göttern gewagt hat und in Anbetracht deren überirdischen Glanzes nun nicht eher zu ruhen vermag, bis er all die löwenmutigen Arbeiten getan hat, die ihm ein Recht zum Aufstieg in die göttliche Domäne verleihen.

Dank diesseitsbezogener Jungianer, die ihren eigenen Meister leider nicht verstanden haben, bemüht sich nun kaum noch ein Mensch um die Erlösung aus dem irdischen Moloch, um sich in höhere Gefilde des Bewußtseinspalastes aufzuschwingen. Die meisten wollen nur noch das kleine Leben der "Wie-du-und-ich"- Menschen verstehen und - was noch viel, viel schlimmer ist - in ihrem Sinne "verbessern". Die Archetypen sind um ihr numinoses Kultgeheimnis gebracht worden, das einen verlockenden Anreiz zur Ergründung der kosmischen Weite geboten hätte. Und da es keine erhabenen Götter mehr gibt, die über der menschlichen Natur stehen, sondern nur noch solche, die "kleine Götter in uns" sind, kann es auch den einen großen Gott nicht geben.

Der Mensch hat vergessen, daß er eine unsterbliche Idee des Ältesten der Alten ist, und so glaubt er nun, Gott sei eine phantasievolle und überflüssige Erfindung von ihm, die er lediglich benutzt, um sich und seinen Mitmenschen das kurze Leben in der steinernen Schlucht der Manifestation ein wenig verständlicher oder erträglicher zu gestalten.

Und weil das ganze Leben auf eine lächerliche achtzigjährige Kurzlebigkeit in einem einzigen Zeit-Raum beschränkt ist, wollen die Menschen das begrenzte Rieseln ihrer irdischen Sanduhr richtig genießen können. Darum ziehen sie ihre Aufmerksamkeit und ihre Gelder aus den Kirchen zurück und investieren diese in Micky-Mouse-Freizeitparks und andere hübsche Dinge, von denen sie glauben, daß sie mehr Sinn haben als religiöse Leitbilder. Teure und prachtvolle Tempel werden nicht mehr gebraucht, denn das geistige Leben reduziert sich auf die barfüßige Bescheidenheit einiger Betschwestern, die in verstaubten Bruderschaften ihre Armut pflegen, während die Menschen draußen gigantische Messehallen bauen, in denen alles andere als eine "Messe" stattfindet.

Hochaufgetürmte Versicherungen und Banken mit Marmorfoyers und Säulenportalen greifen in unserem Zeit-Raum zur Ehre der Materie in das Blau der städtischen Himmel. Ein großzügiges heliopolisches Templum zu Ehren der Götter braucht niemand in unserem Zeit-Raum, denn die kleinen Götter, die "wir" uns ausgedacht haben, sind ja nur allein deshalb "in" uns, damit wir jeden Mittwochnachmittag zur jungianischen Stunde Kiesebert Windhunds Charakter analysieren können.

An dieser gründlichen Entmythologisierung, die in Wahrheit noch viele ungeahnte und absolut verheerende Konsequenzen brachte, hat C. G. Jung (ungewollt oder ebenfalls heliopolanisch beamtet?) kräftig mitgewirkt, als er es kühn wagte, ein großes esoterisches Thema dem kleinen Gefäß der Psychologie anzuvertrauen. Diese allerjüngste Schwester der Weisheit ist jedoch in all ihren Auswüchsen nur eine neurotische Buhlerin des - aus kosmischer Dimension betrachtet - ohnehin kurzatmigen Materialismus. Die pseudo-jungianische Kastrierung der antiken Mythen wurde zu einem traurigen Begleitsymptom der menschlichen Involution, über das sich noch sehr viel sagen ließe, doch wir beide, Sie und ich, wissen ja, diese unglückseligen Zusammenhänge waren vorsorglich von den Priestergeschlechtern in Heliopolis geplant, um der Menschheit die Chance zu geben, die eigene Rückbindung an der Wendeboje einer geistlosen Diaspora endlich wieder selbst in die Hand zu nehmen.

Zum großen Erstaunen aller Leser werde ich in diesem Buch über Schattenmanifestationen ohne Zitate von C. G. Jung zurechtkommen, denn der große Analytiker war nicht etwa einer der Ersten, die etwas über den Schatten im menschlichen Dasein ausgesagt haben, sondern so ziemlich einer der Letzten ...

... Irgendwie spüre ich, daß Sie - ebenso wie ich - vermuten, daß Freud und Jung doch nicht allein die ganze Menschheitsgeschichte in den Abgrund einer trüben, seelenlosen Weltverhaftung gelenkt haben können? Ja, genau, in dieser Thematik muß es zwingend noch viel tiefere Seelenschichten geben, denen wir auf den Grund gehen sollten. Doch für heute ist es genug. Kommen Sie langsam aus der Trance zurück. Morgen reisen Sie wieder durch die Schleier der Zeit, aber jetzt atmen Sie sich bitte zurück in Ihre aktuelle Gegenwart.

Die Wahrheit kam nicht nackt in die Welt,
sondern sie kam in Gleichnissen undAbbildern.

Nag Hammadi: Apokryphe Evangelien

3. Die Grabkammer des Materialismus

Gut, wir gehen gleich in Trance ... Sie müssen es sich nur bequem machen, und schon erleben Sie ihn wieder, diesen Zustand der Ruhe, den wir von heute an Trance nennen wollen ... Der Körper schläft ein, doch die Seele und der Geist wachen auf ... Das ist Trance ... Auch heute reisen wir wieder gemeinsam ... Der Tag wird kommen, da gelangen Sie allein in Ihr Land der inneren Bilder ... Aber heute reisen wir gemeinsam in die zeitlose Weite des Daseins ... Wir verwenden heute das Wort "Materialismus" als Landkarte für unsere innere Exkursion ... Wir lassen uns zu den Wurzeln der konkreten Verstofflichung des Menschen lenken ... Und wir erfahren mehr über den Materialismus und die Ausbildung der Ich-Kräfte im menschlichen Bewußtsein ...

... Gleichsam aus den Nebeln der subtileren Wahrnehmung taucht ein dunkelgrüner, hellgrün gemaserter Granitstein von ungefähr einem Meter im Quadrat vor unseren inneren Augen auf. Er hat eine stark polierte Oberfläche, die spiegelglatt aussieht.

Sehen Sie das auch? Bei dem Betrachten der grünen Fläche entstehen dort Bilder, die sich auf der Ebene unserer Gedanken in Einsichten umformulieren. Merken Sie das? Wenn wir unseren Blick gelassen dort hineinversenken, gelangen wir mühelos in ein Land der inneren Bilder, in dem uns wie von selbst ungewöhnliche Zusammenhänge entschlüsselt werden. Eine Erkenntnistiefe von brillianter Klarheit wird uns versprochen. Wir müssen nur hinschauen und die Wurzel der materiellen Entwicklung der Menschheit wird sich uns offenbaren, wenn wir das Farben- und Formenspiel auf dieser glänzende Fläche betrachten.

Wir sind bereit und sehen unzählige Pharaonengräber mit mumifizierten Körpern, die in mehrschichtigen Sarkophagen liegen, in schneller Abfolge wechselnd. Dann ändert sich das Bild, und eine riesige Menge ägyptisch aussehender Menschen fleht inbrünstig darum, das Privileg der Mumifizierung, das bislang nur den Pharaonengeschlechtern erlaubt ist, auch zu erhalten. Offenbar geben die Herrscher nach, denn der Jubel ist groß, als endlich jeder Ägypter, der es sich leisten kann, seinen Körper für die vermeintliche Ewigkeit präparieren lassen darf.

Was hat das denn mit unserem Materialismus zu tun? Doch halt! Erfassen Sie das gleiche wie ich? Haben Sie nicht auch den Eindruck, daß der Mensch unseres zwanzigsten Jahrhunderts sich tatsächlich in einem rauschähnlichen Todesschlaf befindet und fortwährend so etwas Ähnliches macht wie "seine einbalsamierte Mumie zu betrachten". Die Oberfläche des polierten Steines läßt uns erkennen, daß dieses besonders für all jene gilt, die das von sich niemals glauben würden, da sie dem Irrtum unterliegen, vollauf wach zu sein. Dabei ist gerade der sogenannte Realist der unrealistischste unter den modernen Zeitgenossen, weil er sein Augenmerk ausschließlich auf die äußeren Attribute "seiner Mumie" lenkt. Der materiell erstarrte Mensch kennt das Material seines Körpers sowie dessen Anatomie. Und er weiß sogar alles, was es über die Beschaffenheit der "verschiedenen Grabbeigaben" zu wissen gibt, die seinen "Mumienalltag" verschönern, denn er hatte genügend "Zeit", die sichtbaren Dinge seines "Raumes" präzise zu erforschen. So ungefähr übermittelt uns der Stein seine Botschaft.

Was für obskure Ideen vermittelt uns dieser Stein denn hier? Es ist eine recht merkwürdige Sichtweise, den aktiven, joggenden Menschen unserer Tage, dessen Hauptanliegen doch gerade seine Beweglichkeit und die Dynamik seines Handelns ist, mit einer fest eingewickelten Mumie zu vergleichen.

Aus spiritueller Sicht sei der materialistische Mensch mausetot, reflektiert die glatte, grüne Granitfläche direkt in unser Bewußtsein. Und sogleich sehen wir neue Farben und Formen, die uns folgendes mitteilen: Jene Gründlichkeit der Weltbetrachtung, die zum Materialismus führte, hat die Menschheit in Ägypten gelernt. Doch dieses "Ägypten" ist nicht bloß ein Land in Nordafrika, das über eine bemerkenswerte Vergangenheit verfügt. "Ägypten" ist eine geheime Metapher für einen wichtigen Aufenthaltsort in der menschlichen Seele. Das konkrete, viel bereiste Land am Nil ist hierbei nur die grobstoffliche Trägersubstanz eines feinstofflichen Planes, der den Menschen über die materielle Strukturierung in die Zweiheit leiten sollte. Denn das "Alte Ägypten" steht synonym für die Erkenntnis, daß der Mensch ein gespaltenes Wesen ist.

Ägypten symbolisiert auch in der Bibel die Zweiheit. Die "gefüllten Fleischtöpfe", also der Materialismus, steht ganz im Gegensatz zu der Einheit des "Gelobten Landes", in das Moses die Menschen im alten Testament führt. Deshalb begegnen wir in Ägypten überall dieser stofflichen Polarität. So trennt der Nil das Land in zwei Teile. Denken Sie nicht auch sofort an den Balken, der die beiden Hirnhemisphären voneinander abgrenzt? Das Land der alten Ägypter war ebenfalls unterteilt in einen oberen und einen unteren Teil, und wir fühlen uns deutlich an unser Tag -und Nachtbewußtsein erinnert.

Unsere kulturelle Gegenwart des zwanzigsten Jahrhunderts hat "Ägypten" vollständig verinnerlicht, denn wir leben voll und ganz in unserem Materialismus, den wir alle während unseres Aufenthaltes in dem Zeit-Raum: "Ägypten vor zwei- bis viertausend Jahren" gelernt haben. Seine eigene Verhaftung an die Materie und das Wissen um die Heimat dieser Eigenschaft zieht die modernen Menschen heute in großen Reisegruppen in das nordafrikanische Land, dessen monumentale Prachtbauten sich stur und steinern an den beiden Nilufern gegen das zeitliche Vergehen auflehnen.

Der Mensch unseres Zeit-Raumes hat das vage und feierliche Gefühl, die Erlösung aus der Dichte seines Weltbildes im Herumstreifen in den Tempeln von Karnak finden zu können. Er hofft, hier in der sandsteinfarbenen alten Pracht seinem eigenen existenziellen Geheimnis auf die Spur zu kommen. Liegt hier zwischen den phallischen Säulen, die mit beständiger Atlaskraft den Himmel von der Erde wegspannen, eine Lösung seiner inneren, unaussprechbaren Rätsel verborgen? Hat er nicht am Ende gar vergessen, daß er etwas vergessen hat? Sind es vielleicht die Pyramiden, die ihm etwas von seinem eigenen quadratischen Fundament erzählen wollen? Wie kommt man hinauf zu der Spitze, in der sich das ganze Urlicht der Welt in den goldenen Strahlen der Sonne zu treffen scheint? Die Augen des Reisenden blicken auch hinauf zu der stabilen Festigkeit des Obelisken, den eine Pharaonin für ihren Geliebten aus einem Stück anfertigen ließ. Und ein wohliger Schauder breitet sich in Anbetracht einer solchen granitenen Beständigkeit in seinem Körper aus. Die ungeheure Haltbarkeit eines Obelisken spiegelt ihm die eigene Hoffnung auf Beständigkeit wider. Das Männliche wurde in eine beständige Form gebracht und damit zum Weiblichen umgewandelt. Der Formaspekt im Universum ist das Weibliche, und das Weibliche ist stark in Ägypten: Hatschepsut trägt einen künstlichen Bart und die kuhgehörnte Hathor versinnbildlicht die Bodenständigkeit des Stierzeitalters.

Wir alle haben den Umgang mit dem Stofflichen während unseres Aufenthaltes in Ägypten gelernt. So sind es zunächst nicht die Mysterienkulte und die Jenseitsvorstellungen, die uns nach Ägypten pilgern lassen, sondern unsere Lust an der weltlichen Greifbarkeit. Bevor der Mensch die ägyptische Kultkammer mit der Aufschrift "vor viertausend Jahren" durchlebt hat, befand er sich noch in einem Bewußtseins-Zimmer, in dem er dominant mit der Welt des Feinstofflichen in Verbindung stand. In diesem Zimmer des Zeitgebäudes galt das irdische Leben als eng verknüpft mit den himmlischen Hierarchien, denn hier waren die spirituellen Augen viel weiter geöffnet als die stofflichen. Und so glich das physische Leben eher einem Gottesdienst, denn das ganzes Sein war in diesem Zeit-Raum in ein mythologisch verankertes Handeln eingewoben wie eine mystische Zeremonie. Da hier das Numinose wesentlich vertrauter erschien als die sichtbare Erde, waren die Menschen noch sehr wenig mit der konkreten Physis verhaftet.

In der Materie sahen die magisch-mytischen Menschengeschlechter das, was sie in Wirklichkeit auch ist: die allerletzte Ausformung einer Gerinnung des göttlichen Geistes, *inhaltlich* nicht mehr lenkbar und veränderbar und von daher kaum der Rede wert. Dennoch waren sie - als materiell-menschliche Verkörperungen - bereits genau hier in der Materie ansässig.

Die mythisch verwurzelten Menschen lebten also im Stoff, ohne allzu viel von ihm zu wissen, da er sie nicht so sehr interessierte wie das Spirituelle. Sie wußten um das Weben der mayatischen Schleier, die in der geistigen Dimension der "anderen Seite" hergestellt werden, noch besser Bescheid als über die physikalischen Gesetze der Naturkräfte. Deshalb schwelgten sie in den herrlichsten mythologischen Gleichnissen und Götterstrukturen, konnten jedoch vorerst keinen festen Bezug zu ihren eigenen "Ich"-Kräften und ihrem freien Willen herstellen. Darum waren sie den Göttern noch näher, aber auch gleichzeitig weiter entfernt als wir Menschen des zwanzigsten Jahrhunderts. Denn sie befanden sich noch auf dem Weg der schrittweisen Ablösung von den himmlischen Gefilden. Sie hatten den luziferischen Abstieg noch nicht ganz geschafft. Doch heute, in unserem Zeit-Raum, ist es soweit: wir dürfen an den erneuten Aufstieg denken!

Die großen geheimen Meister und Priester, die im verborgenen ihr wichtiges Werk für die Bewußtwerdung des ganzen Menschengeschlechtes verrichteten, wußten um die Notwendigkeit des tiefstmöglichen Eintauchens in die sichtbare Welt. Sie wußten: Erst wenn die Seele sich vollständig "in der Physis verwickelt" haben würde, könnten ihre Versuche, sich zu entwickeln, auch wirklich greifen. Die okkulten Mystagogen der Menschheit besaßen den Schlüssel des hermetischen Gesetzes, welcher besagt, daß der Pendelschlag erst wieder in eine andere Richtung zurückfindet, wenn er ganz am äußersten Punkt angelangt ist. Also wurden Schritte notwendig, um die Einkörperungen der Menschen zu festigen. Der Sturz war noch immer nicht tief genug, die Menschen mußten lernen, ihren überwiegend himmelwärts gerichteten Blick fest und sicher hinunter auf die Materie zu lenken.

Darum sollte die große Allseele der Menschen in dem geheimnisvollen Zeit-Raum "Ägypten" das Prinzip der Dualität erlernen. Sie mußte nachhaltig in das saubere Trennen von "oben und unten" eingeweiht werden. Denn erst von dort aus, an der Nabe der dunkelsten Nacht im schwarzen Grab des dichtesten Lebens, kann tatsächlich der Weg zurück in das Licht der Erkenntnis gefunden werden. Das "Ich" und der Stoff sind nun einmal die Materialien, die im Schmelzofen der mentalen Alchemie umgeformt werden müssen. Für diesen Zweck ist es natürlich wichtig, daß man diese beiden Vehikel des Geistprinzips auch bis auf den Grund kennt.

Vor dem Aufenthalt in ägyptischen Inkarnationen war unsere Seele noch nicht "ganz unten" im irdischen Königreich der vier Elemente angekommen. Die Astral- und Mentalschichten besaßen nur lose Verbindungen mit dem physischen Körper und ließen keine wahre Individuation des einzelnen zu. Die Hellsichtigkeit, die Intuition und die vertraute göttliche Schau des mythischen Menschen mußten jedoch vorübergehend verkümmern, denn die führenden Meister der Menschheit wußten, nur so würde der Rückweg der Seele von den Menschen selbsttätig gefunden werden können. Also wurde der Mensch in Ägypten auf die konkrete Verdichtung seiner materiellen Seite vorbereitet. Kluge Seelenbegleiter erfanden eine "Mode", die dazu führen sollte, das Interesse des Menschen hauptsächlich auf die sichtbaren Dinge im Spektrum seines Bewußtseins zu richten: das Mumifizieren der Körper!

Aufgrund dieser Praktik war die körperlose Seele nach dem Tode gezwungen, in unmittelbarer Nähe der mit Harzen und Bandagen konservierten Mumie zu verweilen. Mit der Zeit wurde diese Technik immer perfekter, und einige späte Pharaonen kamen sogar auf die wahnwitzige Idee, sich in Pyramiden zu dieser gespenstischen Ruhe betten zu lassen. Die Pyramiden symbolisierten ursprünglich den "Weltenberg", in dem der begrabene Geist auf seine Befreiung wartet und dienten ausschließlich einer ganzen Reihe von Einweihungsritualen.

War die Mumifizierung auch zunächst nur den Pharaonengeschlechtern vorbehalten, so ließ sich später das ganze Volk mehr oder weniger konservieren. Wer die Mittel dazu aufbringen konnte, baute sich schon zu Lebzeiten eine schöne geräumige Grabkammer und sorgte für eine luxuriöse Haltbarmachung seiner körperlichen Überreste in einer der Nekropolen Ägyptens. Im "Haus der Kraft" wurde der Körper siebzig Tage lang präpariert und durch Flüssigkeitsentzug "fix"-gemacht, verdichtet und materiell erstarrt. Fernab jeglicher Erlösungsidee versinnbildlichte diese Praktik das totale Ankommen im festen Stoff, also im Prinzip des Saturn. Sogar die mit Hilfe von Natron ausgetrockneten Innereien wurden in vier Kanopenkrügen aufbewahrt, die bei den wohlhabenden Verstorbenen dann in einem von vier Göttinnen bewachten Schrein in der Grabkammer lagerten. Auch diese Art der Erhaltung bindet auf vielfache Weise an den Stoff. Denn die Vier ist die Ziffer der vier Elemente - Feuer, Wasser, Luft und Erde - , also ein Symbol für das Konkrete.

Zudem gab es noch viele Bandagenlagen, die um den präparierten Leichnam gewickelt wurden und an die Verwicklung der menschlichen Seele mit der formalen Welt erinnern sollten. Das Ganze glich dann einem Kokon, dessen Verstrickung dem Zweck der Verwandlung einer Raupe in den Schmetterling dient, wohl damit die Seele nicht vollends vergessen sollte, daß diese Gebundenheit ein vorübergehender Zustand sein *muß*, aber niemals die Endlösung zu sein braucht.

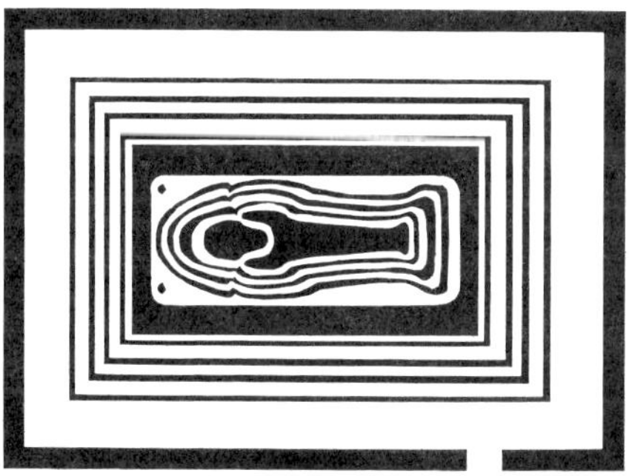

Drei kunstvoll verzierte Hüllen, die jeweils ein realistisches Gemälde des idealsten und schönsten Gesichtes des Verstorbenen trugen, wurden in weitere vier ineinander geschachtelte Sarkophage gelegt. Diese insgesamt sieben Schichten erinnern deutlich an die sieben Prinzipien, in denen es der Mensch zu einer Meisterschaft bringen muß, um sich in das Gesetz des Weltgeistes einfügen zu können.

Die Menschen im Zeit-Raum "Ägypten" liebten die Materie so sehr, daß sie auch im Jenseits nicht von ihr lassen wollten, und rüsteten sich ein Leben lang für ein schönes Totsein in aller Pracht. Viel Vergnügen hatten sie dabei nachher freilich nicht. Aber sie übten ein wichtiges "Amt" für die Involution (= Verwicklung) der Menschheit aus. Denn sie legten den notwendigen Keim des Materialismus in die gemeinsame Substanz des Bewußtseins aller Menschen.

Sehen wir uns einmal an, was nach der aufwendigen Bestattungszeremonie geschah. Von der untersten Astralebene aus starrte jetzt der Verstorbene in seiner präparierten Grabkammer auf die "abgestreiften Kleider". Durch die Konservierung der stofflichen Überreste war seine Erdgebundenheit besiegelt, denn er konnte die nächsten Schritte nicht vollziehen, die darin bestanden hätten, in einem zweiten Sterben auch den Astralkörper abzustreifen, sich in das Elysium des Vergessens zu begeben und auf einen neuen Lebenstraum vorzubereiten. Festgebannt in seiner eigenen Grabkammer konnte er das soeben geführte Leben nicht loslassen. Zumal ihn auch die mitgenommenen Requisiten, die er sich selbst in vielen Jahren für diesen Zweck hatte anfertigen lassen, in den herrlichsten Erinnerungen schwelgen ließen. Er schaute sich in seiner Grabkammer um und dachte an seine Macht, seine ehrwürdige Gemahlin und die glutäugige Geliebte mit den zarten Händen. Er träumte von den herrlichsten Speisen und von den Fähigkeiten seines Arztes, seine Gesundheit immer wieder herstellen zu können. Er sah seinen Palast und schwärmte für die Perfektion seiner Architekten. Die herrlichen Roben und sein Schmuck blieben ihm im Gedächtnis. Und sogar die Züge seines Gesichtes konnten nicht in Vergessenheit geraten, waren sie doch in haltbaren Farben sorgsam auf die hölzernen, körpergerechten Schatullen, die seinen verwickelten Leichnam bargen, gemalt.

Manchmal kam es auch vor, daß das Pharaonen-Antlitz als goldene Maske in blühender, idealisierter Schönheit auf den äußeren Hüllen erstrahlte, und man kann sich leicht vorstellen, welchen ästhetischen Genuß das gebundene Astralwesen bei der Betrachtung seines kostbaren goldglänzenden Gesichtes hatte. Wieder und wieder durchlebte der tote Pharao seinen königlichen Zug durch die jubelnden Massen, denn alles hier in der Grabkammer erinnerte ihn an das vergangene Leben. Und so merkte er kaum noch, daß er eigentlich nur die Imaginationen seiner bereits abgelebten Bilder wahrnahm. Die große überlieferte Weisheit der Atlanter verließ ihn mehr und mehr. Die kosmischen Kräfte, mit denen die Seele einstmals in Berührung gekommen war, wurden unter dem glitzernden Tand der Grabbeigaben erstickt.

Der Aufenthalt in der Nähe ihres unverweslichen Kokons entspann sich der gebundenen Seele zu einem fantastisch inszenierten Psychodrama. Bis es eines Tages als "Bühnenstück" entlarvt wurde. Dies geschah, als irgendwann im Laufe der Bannung wieder etwas passierte, das dem Schattenwesen jene Befreiung ermöglichte, die dazu führte, den leblosen Ort der kalten Erinnerungen endlich wieder verlassen zu können.

Was für ein schmerzender jäher Riß muß das erdgebundene Astralwesen eines ehemaligen Pharaos erschreckt haben, als plötzlich leichenfledderische Grabräuber und sensationslüsterne Archäologen in sein goldbestücktes Refugium einbrachen und die kleine, enge Welt seiner sich nur noch wiederholenden Träume aus den Angeln hoben.

Die pharaonische Seelenpersönlichkeit sah sich plötzlich sehr unsanft mit einer ganz anderen Realität konfrontiert. Doch hatte dies auch sein Gutes, denn das leblose, festgebundene Dasein geriet endlich wieder in Bewegung.

Die Eindringlinge zerrten die unwahrscheinlich kostbaren Gegenstände gierig aus der Grabkammer. Und noch der letzte Sarkophag wurde pietätlos - je nachdem, entweder vorsichtig oder rigoros - geöffnet. Bis schließlich sogar die Verwicklung der Mumie entwickelt wurde. War dieser Akt auch zunächst unwillkommen und kam einer enormen Grenzverletzung und rücksichtslosen Ruhestörung gleich, so erlebte das Astralwesen doch eine kolossale Erleichterung von Bandage zu Bandage, die morsch und staubig zu Boden sank. Man stelle sich einmal plastisch vor, wie dramatisch erregt die Seele diese "Ent-Wicklung" ihrer Mumie miterlebte. Am gnädigsten müssen sich hierbei die illegalen Grabräuber gezeigt haben, denn diese "fackelten" nicht lange, rissen die alten Stoffetzen entzwei und nahmen die goldenen Kleinodien an sich, welche seit vielen Jahrhunderten zwischen den Stofflagen geruht hatten. Ohne sich darüber weiteren Skrupeln hinzugeben, gaben sie zum Schluß ihrer Plünderei den organischen Pharaonenrest dem Staube anheim. Für die astrale Seelenpersönlichkeit war diese vordergründig verwerfliche Tat der Räuber vermutlich viel besser als die im Zeitlupentempo vollzogene akribische Arbeit der legalen Archäologen, zumal diese die Mumien dann teilweise in den Museen zur Schau stellten. Das schuf den astralen Wesenheiten und ihres notwendigen zweiten Sterbens sicher noch ein paar unangenehme Zusatzprobleme.

Doch in den meisten Fällen hatte sich der "Kokon" aufgrund dieser veränderten Situation gelöst, denn die Fesseln waren entbunden. Jetzt konnten die höheren Bewußtseinsanteile der Seele wieder zu dem gebannten Astralwesen vordringen und ihm helfen, seine scheinbar ausweglose Situation zu verlassen und sich auf höhere Gefilde einzuschwingen. Die Subjektivität, die im Astralen noch sehr stark vorhanden ist, löste sich daraufhin in dem zweiten Tod - dem astralen Tod - im Meer der großen Seelensubstanz aller Menschen auf und trank endlich von dem Wasser des Vergessens. Die Allseele war jetzt um die Erfahrung der körperlichen Dauer und der materiellen Dichte bereichert und brachte neue Seelenwesen hervor. Diese konnten sich in einen Lebenstraum begeben, der die Individuation der Persönlichkeit zuließ, da sie das Prinzip der Verfestigung und Abspaltung wesentlich intensiver beherrschten.

Aber durch das Mysterium der Mumifizierung war gesichert, daß - wie tief die menschliche Bewußtheit auch stürzen würde - die empirische Erfahrung der Metamorphose unauslöschlich in der überpersönlichen Energiequelle impliziert war. Die Stoffzugewandtheit der Ägypter floß auf diese Weise in die große gemeinsame Seelensubstanz der heutigen Menschen. Dies führte dazu, daß die Ich-Kraft eines Menschen unserer Tage stabil und willensstark ihr Recht fordern kann. Das ist zwingend notwendig, um den wissenden heldenhaften "ersten Schritt" zurück in den göttlichen Ursprung machen zu können. Denn das Geheimnis der menschlichen Wiedervergottung liegt im individuell *bewußten* Heimkommen der einzelnen in das Haus des Ältesten der Alten.

Anhand der Mumifizierungs-Allegorie, die der Menschengeist in einem bestimmten Zeit-Raum namens "Ägypten" erleben mußte, verfügt nun auch das irdische

Ich auch über den geheimen Schlüssel, wie es möglich sei, sich wieder aus den festgreifenden Fangarmen materieller Dichte und Verwicklung herauszulösen. Dieser metaphorische Code lautet: **Man muß sich entwickeln!**

Ungeheuer tief sitzt dieser Satz allen lebendigen Menschen im Bewußtsein, doch wir haben es allzu lange auf der äußeren Ebene versucht, ganz so, wie es sich die kosmischen Mystagogen ausgedacht haben. Deren vorausschauende Mission ist hinsichtlich der ersten beabsichtigten Phase prächtig gelungen. Wir haben den Höchststand äußerer *Ver*wicklung erreicht und spüren das Bedürfnis, den zweiten und wichtigsten Schritt zu erleben: Uns wieder zu *ent*wickeln. Das ist der Schritt in die versteckteren Kammern des Bewußtseins, der eines Tages, wenn alles Gewordene gesehen und erkannt wurde, die Jakobsleiter sichtbar macht. Diese schreitet das erwachte Individuum dann Stufe für Stufe mit feierlichem Herzschlag hinauf. Bis die Verschmelzung mit der ungeteilten Vollkommenheit zu einem krönenden Abschluß des Daseins wird und alles in die zeitlose Ewigkeit zurückfließt.

Ein Mensch, der in dem Zeit-Raum "Ägypten" bereits verweilt hat, dort also unweigerlich mit den Sinnbildern der Mumifizierung in Berührung kam, hat gelernt, was er in der Grabkammer der Mumie lernen sollte. Er lebt vielleicht heute in einer reichen, westlichen Großstadt und hat sich hier eine neue riesengroße "Grabkammer" mit wunderschönen Dingen darin erschaffen, die er nun auch wieder ständig anstarrt. Alle Stoffe sind bis in mikrofeine Bereiche hinein analysiert und in genialer Form verändert und genutzt worden. Die sichtbare Welt des zwanzigsten Jahrhunderts strahlt auf Hochglanz. Der Mann von Welt denkt heute vorwiegend an seine eigene Macht, seine ehrwürdige Gemahlin und die glutäugige Geliebte mit den zarten Händen. Er verzehrt die herrlichsten Speisen, und er ist tief beeindruckt von den Fähigkeiten seines Arztes, seine Gesundheit immer wieder herzustellen und so die Lebenserwartung zu verlängern. Der moderne Zeitgenosse liebt die Prachtbauten der Stadt und schwärmt für die Perfektion seiner Architekten. Seine Kleider und der Schmuck seiner Frauen sind ihm als Statussymbol sehr wichtig. Wieder und wieder erlebt er die befriedigende Lust, von anderen gesehen zu werden. Und deshalb merkt er kaum noch, daß er eigentlich nur die Imaginationen seiner bereits abgelebten Bilder wahrnimmt. Die große überlieferte Weisheit der Atlanter verließ ihn mehr und mehr. Die kosmischen Kräfte, mit denen die Seele einstmals in Berührung gekommen war, wurden unter dem glitzernden Tand der Grabbeigaben erstickt. Der moderne Mensch erlebt sich als herrschender König im eigenen Reich, denn er hat jetzt ein richtig großes "Ich", mit dem es sich zunächst einmal gut leben läßt. Sogar die Zeit ist ein meßbarer Faktor geworden und wird furchtbar ernst genommen, denn das Gros der Menscheit merkt nicht, daß diese Zeit bloß ein Kunstprodukt des irdischen Bewußtseinsausschnittes ist.

In Wirklichkeit liegt der heutige Mensch in dem Sarkophag des Stoffes und träumt gerade Leben ... oder Lieben ... oder Grundlagenforschung ... oder Marketing ... oder Lichtarbeit ... oder ... oder ... oder ... oder. Jedoch die erlösungbringende geistige Metamorphose steht ihm noch bevor. Leider sind die Antennen, mit denen die Seele einst in Berührung mit den kosmischen Hierarchien gekommen war, unter dem vergoldeten Tand der Grabbeigaben vollends vergraben, was es nicht einfach macht, sie wieder zu erwecken. Der Kokon der Verwicklung schnürt die Körper der Menschen ein und verhindert ihren nächsten Schritt, der darin bestünde, ein zweitesmal auf einer geistigen Ebene geboren zu werden.

Die spürbar festgeknüpfte materielle Dichte unseres Zeit-Raumes hat die Seelenmarter der mumifizierten Ägypter ermöglicht. Entgegen der zu erwartenden Vermutung war dieser Umstand recht sinnvoll für die notwendige Kristallisation der Materie und einer Subjektivierung des gesamten Menschengeschlechtes. Durch die mit eigener Hand an die Physis gebundenen Ägypter bekam die Gruppenseele die richtige Impfung für eine überwiegend grobstofflich orientierte Existenz. Dieser Prozeß ist wichtig gewesen, um die Individuation des Einzelnen zu ermöglichen. Das symbiotische Ganze mußte sterben, damit die "Ich"- Kräfte geboren werden können. Dazu braucht man eine klar voneinander abgegrenzte Polarisierung.

Diese Polarität, also die Trennung zwischen Geist und Stoff, Himmel und Erde, Licht und Schatten wurde in der Epoche der ägyptischen Kultur deutlich herausgebildet. Als später diese Kultur der Ägypter zugrunde ging, war alles geteilt, was vorher noch zusammenhing: Der Pharao verkörperte nicht mehr die vereinte priesterliche und weltliche Kraft. Gott wurde in den Himmel verbannt und verlor die Urprinzipien, die früher als personifizierte Götter seine emanierten Aspekte dargestellt hatten. Die Körper und die Seelen teilten sich im späten Ägypten schließlich in zwei voneinander getrennte Bereiche. Die "Ich"-Kräfte waren nun stark und stabil wie das Fundament der großen Pyramide. Jetzt war der Weltenberg im Menschen vollständig errichtet und die menschliche Vernunft konnte endlich langsam beginnen, die Erlösung davon selbst herbeizuwünschen.

Durch diese konsequente "Separatio" der ägyptischen Inkarnationen individualisierte sich die Menschheit im Laufe der nächsten drei Jahrtausende so stark, daß das menschliche Bewußtsein sich ganz auf die stoffliche Form konzentrierte und den dahinterstehenden Inhalt mehr und mehr vergaß. Mit der absoluten Hinwendung der gebundenen Seele zur Erde entstand der Materialismus.

In diesem leben wir heute, und im übertragenen Sinne sind wir wie die eingewickelten Pharaonen an die leblose Mumie unseres biochemischen Weltbildes gebannt. Wir erkennen es jetzt deutlicher denn je: Die Menschheit als Ganzes ist genau dort angekommen, wo die geistigen Führer sie hinhaben wollten.

Doch ich glaube, Sie und ich, wir vermuten das Gleiche. Bestimmt ist es nun an der Zeit, auch die anderen Dinge zu verstehen, die dank unserer gemeinsamen ägyptischen Wurzel auch heute noch sehr gut gedeihen, so daß wir, wohin wir auch schauen, kleinere und größere Ableger davon finden. Wir denken dabei an das riesengroße Interesse der vergangenen fünfzehn Jahre an den esoterischen Lehren. Es scheint, als wolle der spirituelle Geist aus dem Zeit-Raum "vor fünftausend Jahren" unbedingt zurückkommen. Der Kosmos hat ein Einsehen mit uns, er schickt gnädige "Grabräuber und Archäologen" in unsere "Grabkammer", die unsere "festen materiellen Bandagen" lösen. Es sieht ganz danach aus, als könnten wir aufatmen, weil ein "Kokon" nach dem anderen zu reißen beginnt.

Ein Hoffnungsschimmer flammt weltweit auf, denn es hat sich - gottlob - die ganze Zeit, während wir die Ich-Kräfte herauskristallisierten und unseren physischen Stoff verstehen und bearbeiten lernten, ein gesunder innerer Strom der transzendenten Wahrheit durch unsere Jahre geschlängelt. Der esoterische Fluß des Geistes war immer da, er benetzte unsere Seele und ließ die spirituellen Venen der Welt niemals ganz austrocknen. Deshalb hätte ich Lust, in die esoterische Seite des ägyptischen Zeit-Raumes hineinzuleuchten. Denn nur dort werden wir auch die geheimen Botschaften ermitteln, die uns helfen können, den inneren Strom der Wahrheit wiederzufinden ...

... Doch für heute lösen wir uns von den aufschlußreichen Wahrnehmungen auf der polierten grünen Granitfläche, kommen zurück aus unserer Trance und nehmen wieder Kontakt mit unserer individuellen Realität auf. Sie mit Ihrer und ich mit meiner. Bis morgen.

Das Leid der Isis ist das Leid der materiellen Welt.

Ägyptischer Papyrus

4. Die Arbeit der Isis

Während Sie nun wieder in die Ruhe gleiten, nehmen Sie einmal bewußt Ihre Atmung wahr ... Das Ein und Aus des Atems begleitet Sie durch Ihr Leben ... Der aktive Einatemstrom erzwingt den passiven Ausatemstrom ... Beide Phasen wechseln einander ab und erhalten Ihre Lebendigkeit ... So erkennen Sie jetzt in diesem Moment, daß aus den Polen "Aktiv und Passiv" etwas Neues entsteht, nämlich Ihr lebendiger Atem ... Und auch von diesen Gedanken lösen Sie sich nun wieder und gleiten hinein in die Trance, die Sie schon kennen ... Ihr Körper schläft ein und Ihr Geist darf erwachen ... Sie werden sehen, wie gerne der Geist dieses Angebot annimmt ... Der innere Meister erhält jetzt einmal die Gelegenheit, Ihnen viele Dinge mitzuteilen, die verborgen in dem Erfahrungsschatz der Allseele liegen ... So lassen Sie sich jetzt zu einem Ort tragen, an dem Sie etwas über den Tempelschlaf erfahren können ... Gleiten Sie durch die Schleier der Zeit, denn Zeit spielt für uns keine Rolle ... Ich begleite Sie auch diesmal ... Sobald wir angekommen sind, werde ich Sie wieder ansprechen ... Doch vorerst tauchen Sie ein in die Tiefe der Zeit ... Begeben Sie sich bis zu einer Situation, die uns etwas über den Hintergrund des Tempelschlafes erzählen kann ...

... Bitte orientieren Sie sich, indem Sie wieder auf Ihre Füße schauen und wahrnehmen, auf welchem Boden wir stehen. Unser Blick wird in Empfang genommen von einem algengrünen, spiegelnden Marmorboden, der mit seinen zarten pastellgrau- und opalweißen Maserungen an die ruhige Oberfläche eines von weißer Vormittagssonne verwöhnten Meeres erinnert. Wieder tragen wir leichte Sandalen, diesmal aber schmiegen sich schmale matte Silberschlangen so züngelnd echt um unsere nackten Füße, als wollten sie sich vertraut begrüßend bis zu den Fesseln emporschlängeln. Über unsere erwartungsvoll aufgerichteten Körper fließt saphirblau- und türkisgrünschillernd ein schmalplissierter Stoff, der wie eine lose Robe von zwei silbernen Spangen auf den Schultern gehalten wird. Und wieder gibt es samtige Weihrauchschwaden, die weich drängend in unsere Seele gleiten. Wie schön! Ich freue mich darüber sehr, denn Weihrauch richtet die Räume ein, auch in meinem aktuellen Lebens-Raum überlasse ich gerne einen großen Teil der Innenarchitektur dem silbergrauen Rauch von Hölzern und Kräutern. Aber dies nur nebenbei, wir sollten jetzt unseren Blick aufrichten.

Was nehmen Sie hier außerdem noch wahr? An Ihrem tiefen Atemzug erkenne ich, daß Sie ebenso beeindruckt sind wie ich. Wir stehen in einem ungeheuer langen Gang, der von farbig bemalten Säulen gebildet wird. Eins, zwei, drei, vier .... es sind zwölf Säulen rechts und zwölf Säulen links. Viel Tageslicht flutet von der uns gegenüberliegenden Seite herein und wirft einen milchigweißen Schleier aus Gegenlicht auf den spiegelglatten Boden. Die unaufhaltsam hereinbrechende Helligkeit greift eindringlich in die festen Konturen der Säulen, die sich deshalb in einer unwirklichen Weichheit auflösen. Die feierliche Erwartungshaltung verstärkt sich und unsere Augen versuchen tiefer in diese Umgebung einzudringen. Schaut man zwischen den Säulen rechts hindurch, erkennt man, daß in der riesengroßen Halle mehrere Säulengänge nebeneinander liegen. Wir befinden uns in dem letzten Gang links. Gerade frage ich mich, warum die Fußböden nur den hochpolierten Glanz gemeinsam haben, ansonsten aber sehr verschiedenfarbig angelegt sind, da halten Sie schon die Lösung bereit. Sieben Gänge sind es, sagen Sie? Zwölf und Sieben? Ach ja, die zwölf Bühnen der Wirklichkeit mit den sieben klassischen Planetenprinzipien.

Hören Sie plötzlich auch diese Schritte? Es kommt jemand von der taghellen Seite in unseren Gang herein. Eine schlanke Person ist es. Sie scheint fast durchsichtig zu sein, weil das Gegenlicht den schmalen Körper durchflutet. Wunderschön sieht das aus, wie sich die ganze Figur im Boden als dunkelgrüner Schatten widerspiegelt. Je näher die Gestalt kommt, um so mehr zieht uns die Ästhetik ihrer elastischen Bewegungen in Bann. Noch lange hätte ich diesem eleganten Schwung der ausgewogenen Glieder des jungen Ägypters zusehen können, doch nun steht er direkt vor uns. Sind Sie auch immer wieder erstaunt, wie gut die ägyptischen Gesichter in unser zwanzigstes Jahrhundert passen? Diesen hier könnte man mit "hinauf" in unsere Realität nehmen. Von oben bis unten in den Stil von 1993 gekleidet, sähe er aus wie einer von uns. Nur wäre er deutlich faszinierender als die meisten unserer Mitmenschen, und das liegt an der knisternden magischen Ausstrahlung, die er weit in den Raum hineinprojiziert. Auf dem Kopf trägt er ein blau-weiß gestreiftes ägytisch drapiertes Tuch. Hinzu kommt noch der große Kragenschmuck in diesen phantastisch leuchtenden blau-grünen Tönen, die streifig angeordnet in Gold gefaßt sind. Unter der seidig schimmernden Haut seines Oberkörpers ruhen harmonisch aufeinander abgestimmte jugendliche Muskeln, und die Lenden sind mit einem gelben Stoff umschlungen, der die Beine von der Mitte der Oberschenkel an unbedeckt läßt. Doch das Schönste an ihm sind seine ebenmäßigen Gesichtszüge mit dem geheimnisvoll gleichzeitig nach innen und nach außen gerichteten Blick, der sich aus mandelförmig schwarzumrandeten Augen machtvoll den Weg zu unserer Aufmerksamkeit erzwingt.

Sprechen diese Augen? Ja, sie sprechen! Wie schön, auch hier funktioniert die Kommunikation wieder telepathisch. Das hat den Vorteil, viel Information in kürzester Zeit zu erfassen, und ich weiß, auch Sie mögen diese schwebende Luftbrücke von Geist zu Geist. Fein, daß Sie den jugendlichen Ägypter sofort nach dem Tempelschlaf gefragt haben. Ich vernehme wie Sie seine Antwort. Offenbar ist er mit dem Thema des Mysterienschlafes vertraut, denn sein Gesicht erhält einen sehr bedeutsamen Zug um den Mund herum, und weiche nachtblaue Wellen fließen jetzt aus seinen Augen. Seine rechte Hand weist nach unten. Der Tempelschlaf gehört zu den Mysterien des Osiris. Wir sind im Sethos-Tempel in Abydos am westlichen Ufer des Nils. Und unter dieser Tempelanlage gibt es das Osireion, in dem gerade im Moment wieder einige spirituelle Aspiranten unter der Aufsicht der Hohepriester in diesen heiligen Schlaf versunken sind. Das Osireion ist eine traditionell weit in das atlantische Zeitalter zurückblickende Mysterienschule, doch kann nur derjenige dort Einlaß finden, der ausreichend in die Bedeutung des Osiris-, Isis- und Horus-Mythos eingewiesen wurde.

Sehr schnell erfassen wir beide, daß hier oben in einer prachtvollen Tempelanlage, zu der auch jene Halle mit den vielen Säulen gehört, die ägyptischen Isis-Mysterien stattfinden. Dies geschieht jährlich einmal, und sehr viele Ägypter nehmen daran teil. Manche mit der Absicht, eines Tages die höheren Weihen in den verborgenen Trakten des unterirdischen Tempels erhalten zu können, die meisten abere einfach aus Liebe zu ihrer Göttin Isis.

Der junge Ägypter gerät in einen Zustand euphorischer Schwärmerei, sobald seine Gedanken uns einen Teil seiner Auslegung des Wortes "Isis" preisgeben. Stolz gibt er uns folgendes zu verstehen: Jeder Ägypter empfindet sich als Sohn oder Tochter der Isis. Alle Frauen sollen - und wollen auch - genauso schlank, schön und klug sein wie die verehrte und idealisierte Göttin. Sie kleiden sich wie Isis, sie pflegen den Körper mit duftenden Salben, bereichern Geist und Seele mit altägyptischen Weisheitsbüchern, sie fasten, lieben und lachen wie Isis. Und jede der ägyptischen Frauen meint mindestens einmal in ihrem Leben die bläulich weißen, hauchzarten Schwingen der Isis an ihren ausgebreiteten Armen wachsen zu sehen, wenn die Sonne am westlichen Himmel versinkt und das volle Mondlicht beginnt, für viele Stunden mit ihr gemeinsam in den silbernen Spiegel der Nacht zu schauen. Dann erwachen in Ägypten die schwarzen Katzen aus Alabaster und durchdringen mit ihren schrägen grüngold leuchtenden Augen die Wände ihrer Heiligtümer. Und in den dunklen, sorgfältig geflochtenen Haaren der nächtlichen Göttinnen liegen winzige irisierende Partikel von Perlmuttstaub, während sie mit lilienschlanken Händen das Crux Ansata dem silbernen Widerschein des Mondes aussetzen. Erst wenn dann die goldene Morgendämmerung im Osten erneut sichtbar wird und das Sonnenlicht des hellen Tages in die dunkelgrünen Zypressenhaine zurückkehrt, offenbart sich das Crux Ansata wieder in seiner ihm zugedachten goldglänzenden Farbe. Dann reflektieren die frisch geschminkten Augen der Ägypterinnen wieder gerne das größere Licht des Himmels. Und das religiöse Leben erwacht in der Widderallee vor dem Tempel.

Diese Begeisterung für die Schönheit des Lebens bei Tag und bei Nacht bestätigt die Liebe zu der sichtbaren Welt in jener ägyptischen Kulturepoche, deren stabile Bauwerke wir in unserem Zeit-Raum bewundern. Wer sagt denn, daß sie mit ihren ausgereiften Totenkulten mehr im Jenseits leben? Oh nein, es ist ganz anders! Ihr Lebenshunger macht sogar das Jenseits zu einem Diesseits, so sehr halten sie sich am spürbaren Erleben des Daseins fest. Weil sie das Leben so sehr verehren, wissen sie aber auch sehr viel über seine wesentlichen Hintergründe, und für alle Menschen der Erde machen sie ihr großes Wissen im Isiskult zugänglich.

Ich spüre es genau, am liebsten würden Sie jetzt sofort dieses Mysterienspiel in einer wunderschönen Aufführung sehen, mit heiligen Gesängen und langen Prozessionen, doch Sie vergessen ganz, daß Sie hier nicht im Theater sind. Wir befinden uns auf einer "mystischen Kreuzfahrt über dem Ozean des Lebens", und diese hat ihre eigenen geheimnisvollen Gesetze. Wenn Ihre innere Führung zum Beispiel weiß, daß es Ihnen, bevor Sie eine solche einweihende Aufführung "sehen und durchleiden" dürfen, noch an gewissen Grundkenntnissen mangelt, so werden Ihnen diese zunächst vermittelt. Erleben Sie also geduldig mit, wie wir weiterhin zu unserem Thema geführt werden.

Sehen Sie, mit einer ruhigen Handbewegung bittet uns der schöne junge Ägypter, ihm zu folgen, und wir hören unsere leichten Schritte auf dem glatten Marmorboden. Während wir langsam zwischen den Säulen wandeln, gibt er uns wortlos zu verstehen, daß wir im sogenannten Gang des Mondes angekommen sind, und dies berechtigt uns, einen tiefen Einblick in das Mysterium der Isis zu erhalten. Wären wir beispielsweise in dem glutroten Gang der Sonne gelandet, hätten wir erst unsere Vermessenheit besiegen müssen. In dem bleigrauen Gang des Saturns jedoch wären unsere Absichten zu streng, zu eigennützig gewesen, und wir hätten zunächst Dinge erfahren müssen, die uns aufweichen. In ähnlicher Weise hätten uns auch die anderen Gänge nicht den Zugang zu dem Kult der Isis ermöglicht. Wir sollen das nicht falsch verstehen, keiner dieser Gänge ist besser oder schlechter, alle erfüllen einen wichtigen Zweck. Aber, um etwas über den Tempelschlaf, hinter dem der Isiskult als Pate steht, zu erfahren, ist der Säulengang des Mondes am besten geeignet. Das lunare Signum enthält die unvoreingenommene Offenheit eines Kindes und die Hingabe einer empfangenden Frau. Beides sind brauchbare Eigenschaften, um schließlich in einer Tempelschlafkammer Einlaß zu finden.

Deshalb erhalten wir jetzt bald von einem Herold die wichtigsten Dinge mitgeteilt, die wir brauchen, um das Mysterienspiel von Osiris, Isis und Horus vielleicht in einem unserer nächtlichen Träume zu erleben, wenn wir wieder in jener Welt sein werden, aus der wir gekommen sind. Denn - wie sehr wir uns dieses auch wünschen - es wird uns nicht möglich sein, an einem richtigen Mysterienspiel in Abydos teilzunehmen, da wir aufgrund unserer rationalen Überbetonung vorerst der magischen Kraft dieser rituell anspruchsvollen Einweihungszeremonie nicht ausreichend gewachsen wären. Ganz klar erfassen wir jetzt in diesem Augenblick auch die inhaltlichen Gründe für das Teilnahmeverbot an den Isis-Weihen: Diese Mysterienspiele laufen anders ab, als ein Mensch des zwanzigsten Jahrhunderts das glauben möchte. So ähneln sie nicht etwa den Bühnenvorstellungen der Neuzeit, sondern es sind heilige, von kosmisch initiierten Priestern energetisch geladene Anrufungen, die unermeßlich tief in einen transformatorischen Prozeß hineinführen. Die Isis-Rituale setzen eine Form von spiritueller Energie frei, die der grobstofflich dichten Natur unseres Wesens nur dann bekommt, wenn wir bereits eine gewisse Zeit lang daran gewöhnt sind, mit den psychischen Zentren zu arbeiten. Unvorbereitet könnte die Energie fehllaufen, und es käme möglicherweise vorübergehend zu Irritationen der psychischen Struktur. Ein echter Isiszyklus braucht die magisch-mystische Kraft der Atlanter *und* die materielle Stabilität der Ägypter als duale Anlage im Menschen. Diese zwei Strömungen sind in reiner Form wach und lebendig in jenen Menschen, die hier in Abydos an den Isisweihen in dem Zeit-Raum "Ägypten" teilnehmen.

Wir aber müssen erst vorbereitet werden. Eine theoretische Unterweisung haben wir beide, Sie und ich, aufgrund dessen, daß wir überhaupt Raum und Zeit überwinden konnten, wohl verdient. Wir dürfen gespannt sein, und ich merke, Sie sind es auch!

Unser Weg führt uns jetzt aus dem Gang des Mondes heraus, und wir gelangen in einen großen Vorhof, der zwar von einer säulengetragenen Decke überdacht ist, die jedoch in sehr vielen quadratischen Öffnungen den Blick zum vielgerühmten lichtblauen Himmel Ägyptens freigibt. Wegen dieser offenen Quadrate in der Überdachung herrscht eine eigentümliche Stimmung in dem Vorhof. Licht und Schatten wechseln einander ab. Die Säulen werfen sich gegenseitig aufhellende Reflexe zu und schenken sich aber wiederum auch schattige Ruhe, wodurch ihre eingemeißelten Symbole und Hieroglyphen sehr plastisch werden. Was mögen all diese Zeichen demjenigen wohl erzählen, der sie lesen kann?

Leider wird uns die Bedeutung der heiligen Symbole nicht mitgeteilt, denn man bittet uns nun, den Blick von all dem abzuwenden und einem sogenannten Herold zu folgen, an den uns der bisherige Begleiter wohl weitergegeben hat, denn den jungen Ägypter nehmen wir nicht mehr wahr.

Der Herold ist ein großgewachsener Mann in einem langen hellgelben, ärmellosen Gewand. Seine Gesichtszüge drücken die Würde einer geistigen Reife und die Güte einer seelischen Zufriedenheit gleichermaßen aus. Am meisten fällt uns sein fein ziselierter Schmuck auf, den er am rechten Arm trägt. Jeweils eine goldene und eine silberne Schlange winden sich überkreuz von dem Handgelenk bis hinauf zur Schulter und greifen fest in die Muskulatur. Wir fühlen uns an den Hermesstab erinnert. Das genügt als Hinweis, um zu begreifen, daß wir einer Mittlerperson gegenüberstehen, die die Aufgabe hat, Teile des inneren Tempelwissens draußen zu verkünden. Sein ganzes Wesen ist von einer merkurialen Neutralität bestimmt, und ohne uns irgendwie persönlich in Empfang zu nehmen, bittet er uns, auf einer steinernen Bank, die sich rechts von uns befindet, Platz zu nehmen. Es ist eine längliche Sitzgelegenheit, auf der bestimmt ungefähr zwanzig Menschen nebeneinander Platz finden könnten. Wir setzen uns darauf und fühlen uns unweigerlich zu der typischen Haltung veranlaßt, wie man sie von ägyptischen Statuen her kennt, denn Sitzfläche und Lehne stehen in einem rechten Winkel zueinander. Also würde ich Ihnen empfehlen, sich genau so in diese vorgegebene Haltung zu begeben und auch die Handflächen in einer Weise auf die Oberschenkel zu legen, als wären Sie jetzt selbst eine ägyptische Statue. So können Sie wunderbar hier sitzen. Es wird mit der Zeit immer bequemer in dieser Haltung. Sie werden es spüren.

Der Herold läßt sich ungefähr drei Meter von uns entfernt auf einen farbig und golden verzierten Stuhl aus schwarzem Holz nieder, richtet sein Rückgrat auf, legt die Hände nebeneinander in den Schoß und erinnert uns telepatisch an die glänzende grüne Granitplatte, die uns gestern ein wenig über das Mysterium der Mumifizierung aufgeklärt hat ...

... Oh je, das habe ich mir fast gedacht, jetzt spielt Ihr Intellekt nicht mehr mit und schaltet sich ärgerlich ein. Es ist ja gut, daß Sie ihn haben, Sie werden ihn ganz sicher wieder brauchen, aber hier stört er nur. Wir befinden uns in mystischen Räumen unseres Bewußtseins, und in diesen Kammern existiert weder zeitliche noch räumliche Abgrenzung. Hier gibt es inhaltliche Resonanzen, die einander suchen und sich zwingend auch finden, um sich zu ergänzen. Es ist also völlig gleichgültig, ob Sie es für logisch halten oder nicht, der Herold kennt selbstverständlich die Themen, die in der inneren Landschaft unserer Seele zusammengehören und aufeinander aufbauen. Natürlich knüpft er dort an, wo er fortsetzen muß, um für uns eine sinnvolle Station im Ablauf unseres Bewußtwerdungsweges darzustellen. Woher er diesen Punkt kennt? Nun, haben Sie denn noch nicht ganz verstanden? Lösen Sie sich doch einmal von Ihrem historischen Verständnis der zeitlichen Dinge! Wir befinden uns im Inneren unseres Bewußtseinsgebäudes, und dort *kann* es nur richtige Entsprechungen geben. Der Herold lebt im Zeit-Raum "Ägypten" und der Zeit-Raum "Ägypten" lebt in uns. Wenn Ihnen das im Moment zu unverständlich erscheint, atmen Sie diesen Gedanken jetzt hinweg und lassen Sie sich zu einem späteren Zeitpunkt erneut darauf ein. Im Augenblick ist es besser, Sie entspannen sich wieder und kehren in den Zauber der inneren Wahrnehmung zurück ...

... Der Herold hatte Verständnis für unsere kleine Zusatzunterhaltung, doch sein Gesichtsausdruck erinnert uns mit leicht geschlossenen Lidern ein zweites Mal an das, was wir auf der grünen Steinplatte gezeigt bekamen. Die Grabkammer und der absolute Fall in den Stoff, der sich aus der langen Betrachtung der gebundenen Situation ergab, steht nun als Thema wieder vor uns. Und der Herold scheint zufrieden zu sein, denn er entspannt sich, die Oberlider senken sich noch weiter herab, und wir nehmen jetzt seine Botschaft ganz so wahr, als würden wir selber denken.

Als erstes erfassen wir folgendes: Die weisen spirituellen Paten der Menschheit sperrten uns selbstverständlich nicht nur einfach lieblos in die Grabkammer des Materialismus, sie schenkten unserer subtilen Erinnerung ebenfalls ungeheuer plastische Bilder, die unauslöschlich in uns lebendig geblieben sind und nur darauf warten, voll bewußt wieder angeschaut zu werden.

Kraftvolle Symbole, die schwarze Pforten zu versteckten Kammern unseres Bewußtseins öffnen können, werden seit dem Anbeginn der Zeiten von Priestergeschlechtern und ihren dienenden Beamten sorgfältig und gewissenhaft verwahrt. Jene Symbole, von denen in der Esoterik die Rede ist, gehören zu der sogenannten Heiligen Lehre, sie ruhen in zeitloser Weisheit auf den bekannten esoterischen

Trägern der Hermetischen Philosophie, die ihren Ursprung in Ägypten haben. Nichts hat in der Welt so viel Bestand wie die traditionelle geistige Unterweisung der verhüllten "Älteren Brüder". Die Astrosophie, der Tarot, die pythagoräische Zahlen- und Harmonielehre, die Kabbala, die Alchemie und auch unsere christliche Bibel sind durchtränkt mit dem konzentrierten Saft der Heiligen Lehre. Diese Lehre ist uralt und ewig jung zugleich, denn im Gegensatz zu dem rapide sich wandelnden exoterischen Wissen bleibt sie immer dieselbe. Eingewachsen in den okkulten Stationen des Pfades wartet sie geduldig, bis "ihre Zeit gekommen ist" und der Mensch sie mit dem keuschen Kuß seiner numinosen Sehnsucht wieder aus dem dornenumwucherten Rosenschloß geheimer Einweihungsschulen befreit.

Diese "Heilige Lehre" ist keiner eigens dafür auserwählten Konfession entsprungen. Oh nein! Sie ruht - meistens unentdeckt - in *allen* Religionsmythen und kann nur von demjenigen Menschen erkannt und nutzbar gemacht werden, der gelernt hat, hinter den kunterbunten und vergänglichen Masken der Formen das ewig gleichbleibende, treue Gesicht des Inhaltes zu erkennen. Hat sich dem menschlichen Gewahrwerden einmal die innere Struktur dieser universellen Lehre eröffnet, so kann keine noch so komplizierte Form die klare Aussicht der wirklichen Zusammenhänge aller Geschehnisse verstellen. Denn die Heilige Lehre ist vollkommen identisch mit dem Grundgesetz des Universums, das sich in der Hierarchie des gesamten bewußten und unbewußten Seins ausdrückt.

Was ist nun die reine, sorgsam destillierte Essenz der Heiligen Lehre? Die Antwort ist in sehr einfachen Worten möglich, und für den geübten magischen Blick läßt sich die folgende Struktur überall wiederfinden:

Zunächst existiert immer der Geist der Einheit als Repräsentant Gottes. Dieser wird in zwei Teile gespalten, woraus eine nicht mehr aufzuhaltende Zerstückelung des Geistprinzips in viele Teile entsteht. Daraus folgt die Individuation der Einzelteile und gleichzeitig deren qualvolle Sehnsucht, diese Fragmente wieder zusammenfügen zu wollen. Obwohl dieses erneute Binden der gelösten Teile sehr schwierig und langwierig ist, gelingt es schließlich, das Einheitsprinzip auf einer Bewußtseinsebene wiederzufinden. Und dem geistigen Prozeß einer bewußten Vereinigung der zerstükkelten Einzelteile steht nichts mehr im Wege. Daraus entsteht die Geburt einer neuen, um die Erfahrung der Separation bereicherten Einheit auf einer real erfahrbaren Bewußtseinsebene.

In einer Kurzformulierung hieße das oben Gesagte: **Die Heilige Lehre beschreibt den *Ab*stieg des Geistes über die Seele zum Stoff und den *Auf*stieg des Stoffes über die Seele zum Geist.**

Das hier aufgezeigte Raster der Lehre ist denkbar einfach und läßt sich sehr gut in dem Tierkreis oder in dem kabbalistischen Lebensbaum nachvollziehen. Jedoch ist der bewußt gegangene Weg durch sein Mysterium das Schwerste, das ein Mensch jemals vollbringen kann. Es ist aber auch der einzig wertvolle Weg, also die "allein selig machende Reise" im Leben des Menschen. Denn diese Reise führt ihn mitten in das Verlangen, auf das sich ausnahmslos *alle* Wünsche der menschlichen Natur im Endeffekt zurückführen lassen:

Es ist dies die manchmal unerkannte, doch allzeit schwelende Sehnsucht nach der Verschmelzung des Individuums mit der Allseele: die Heilige Hochzeit. Also gilt es, die äußere Verteilung zu überwinden und die innere Vereinigung zu erreichen. Das bedeutet, statt "Mensch" wieder "Gott" sein zu wollen.

Der Weg in die Einheit führt aber zunächst über die extreme Auslotung der polaren Spannung. Niemand gelangt ohne den Umweg der Individuation in den göttlichen Zustand zurück. *Am Beginn* steht also immer das Realisieren der Spaltung und *am Ende* deren Überwindung. Dieses Raster steht zwingend hinter jedem echten esoterischen Weg. Zeigt ein solcher nicht dieses Muster auf und hat er nicht die oben erwähnte Lehre in seinem Lehrplan, dann handelt es sich ganz sicher nicht um einen esoterischen Weg. Wer den authentischen Pfad aufrichtig sucht, wird ihn auch mit Sicherheit früher oder später finden, denn dieser allzeit vorhandene Weg windet sich auffindbar durch das menschliche Dasein. Immer sind genügend Eingeweihte da, die mit leuchtenden Augen und klopfendem Herzen an ihren Stationen verweilen, um dem Wanderer zu geben, was sie selbst einstmals "von den Vätern" erhalten haben.

Der esoterische Weg führt zwar *aus* der Materie heraus, doch wird er *innerhalb* der Materie begangen. Man "sieht" ihn in demselben Moment, in dem eine hermetische, also "senkrechte" Denkweise die Augenbinde der Materie transparenter werden läßt.

Um diesen Schlüssel eines Tages von der Menschheit finden zu lassen, installierten die klugen Priester Ägyptens in unserer "großen Grabkammer", die wir Rationalität nennen, eine mystische Fackel, von deren innerer Glut helle Strahlen ausgehen, die jeder sehen kann, der seine Aufmerksamkeit lange genug nach innen richtet. Wohlweislich "konservierten" sie in der Erinnerung aller Seelenpersönlichkeiten einen Mythos, der das oben genannte Raster in einer klaren Perfektion aufzeigt, weshalb seine Bilder in allen esoterischen und exoterischen Religionsströmungen Einzug hielten. Auch in die christliche Lehre flossen viele Symbole aus diesem Mythos ein. Es ist die Legende von Isis, Osiris und Horus.

Neben der traurigen Mumifizierung mit der verfestigenden Wirkung implantierten die inneren Meister mit dieser Geschichte in unserer Seelenstruktur noch einen Heilsweg, den wir eines Tages zu gehen haben, um aus der stofflichen Verwicklung und der unbefriedigenden "waagerechten Mumienlage" herauszukommen. Gleichsam als krisenfeste spirituelle Wertanlage wurde uns damit ein Mythos gegeben, der - haltbar und kostbar wie Gold - jederzeit in dem verborgenen Schrein esoterischer Schatzkästchen gefunden werden kann. Auch ist er unauslöschlich und eng mit dem rituellen Geschehen der Mumifizierungen verknüpft. Dieser Mythos zieht sich unübersehbar wie ein roter Faden durch das Labyrinth der ägyptischen Kultur. Festgehalten in Statuen, Reliefs und in den kultischen

Handlungen der aufregenden Epoche begegnen wir immer wieder den Hauptfiguren dieser Legende. Wir stehen erstaunt vor der Nachdrücklichkeit, mit der die Menschen in dem Zeit-Raum "Alt-Ägypten" auf allen Ebenen ihres Seins mit diesem Mythos in Kontakt gebracht wurden. Hier in Abydos, in der Stadt Dendera und auf der Insel Philae hatten einst unsagbar viele Menschen das Glück, diesen Mythos von Osiris, Isis und Horus auf eine unbeschreibliche Art und Weise zu erleben. Die Hohepriester der Tempel wandten ihre ganze geheimnisvolle Kraft auf, um den Kandidaten den esoterischen Inhalt dieser Legende auf mehreren Ebenen verständlich werden zu lassen. Wer damals "Ohren" hatte, der konnte hören. Auf diese Weise geriet der Mythos tief in die menschliche Gruppenseele hinein, und von dort aus resoniert er in den meisten individuellen Seelenpersönlichkeiten noch heute. Tief in den Schichten unseres gemeinsamen Bewußtseins bergen wir somit alle den sogenannten Osiriszyklus, der von dem Leben, dem Tod und der Wiedergeburt des Geistprinzips berichtet. Um in diesem sakralen Bereich Einlaß zu finden, müssen wir den Schlüssel zu jenem besonderen Seelenzimmer suchen, in dem Isis und Osiris leben und arbeiten. In diesem inneren Raum wird der einzig lohnenswerte Blick der Welt gewährt: der Blick hinter den Schleier der stofflichen Täuschung!

Um zu verstehen, wer oder was hinter der Symbolik von Osiris und Isis steht, ist es nötig, sich den esoterischen Hintergrund der überlieferten Legende einmal richtig anzuschauen. Denn der Osiriszyklus enthält sehr viele Geheimnisse, die sich in kaum vorstellbaren Dimensionen dem initiierten Menschen erschließen können. Bei dem Eindringen in das okkulte Gewebe dieses Mythologems eröffnen sich dem geschulten Auge unweigerlich magisch-mystische Vorgänge auf einem hohen spirituellen Niveau.

Wie sieht nun die Struktur dieser geistig so sehr nahrhaften Geschichte aus? Auf der einen Seite der Handlung stehen Osiris und seine Gemahlin Isis. Und auf der anderen befinden sich Nephtys und deren Gatte Seth. Diese beiden Götterpaare sind nicht aus sich selbst heraus entstanden, sondern bilden in der hierarchischen Kette des Universums eine bereits deutbare Manifestationsebene, welcher sich der Mensch gedanklich schon gut nähern kann. Als Kinder höherer Götter sind diese vier Wesenheiten untereinander ebenfalls Geschwister, also im Grunde genommen eine Einheit, die sich in vier Urprinzipien offenbart. Osiris entspricht der Sonne, Isis dem Mond, Nephtys der Venus und Seth dient Saturn.

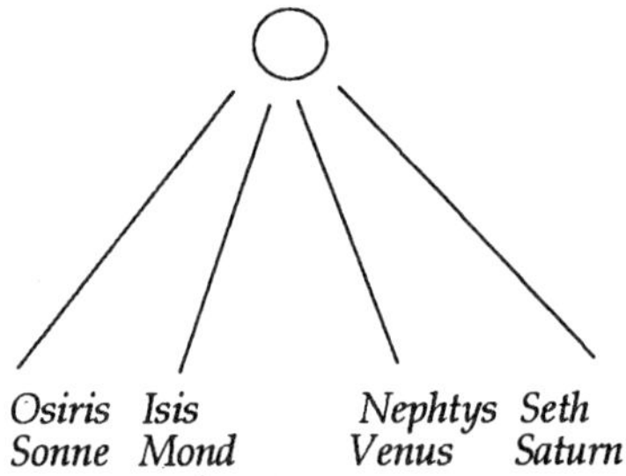

Zwischen diesen vier Elementen entspinnt sich das Grundraster der Heiligen Lehre. Innerhalb einer spannenden Geschichte wird der Sturz des Geistes in den Stoff, seine Kristallisation in das Stückwerk der Sichtbarkeit und schließlich - am Ende - seine erneute Zusammensetzung in anschaulichen Bildern aufgeschlüsselt.

Die Legende steht für *die* eine große kosmische Gesetzmäßigkeit, die nicht anders kann, als überall ihr ewiglich gültiges Muster hineinzuweben. Sie enthält den irdischen Entwicklungszyklus, der sich in jedweder Welle der aus dem unsichtbaren Punkt entsprungenen Seinsform wiederfinden läßt, denn von den allerhöchsten Schwingungen bis hinunter in die Welt der kleinsten chemischen Bausteine zeigt sich das Signum eben dieser Gesetzmäßigkeit.

Die Urbausteine tragen in dem Mythos deutlich menschliche Züge. So heißt es von Osiris, er sei ein großzügiger, beliebter Herrscher des Landes. Er wird verehrt als Pharao, das heißt, als "Großer Palast", in dem das ganze Bewußtsein des Landes Platz hat. Man bezeichnet ihn als den wahren König, und somit ist er der bevollmächtigte Vertreter Gottes im Schöpfungsplan. Wir sehen also, Osiris repräsentiert das gesamte Bewußtseinsgebäude des Menschen. In Osiris sind alle Zeit-Räume vereint. Auf den Darstellungen, die ihn als Geistkönig zeigen, trägt Osiris - gleichsam als Attribut uneingeschränkter pharaonischer Macht - den Krummstab und den Wedel auf der Brust überkreuzt sowie die optisch den Oberkopf verlängernde ägyptische Krone. In dieser Ausstaffierung verehrt man ihn als gottgesandten Demiurgen. Und er ist es auch, trägt er doch in allem die Signatur des ganzheitlichen Sonnenlogos, der herabsteigt in den Stoff. Osiris ist der Geist, der sich verkörpert, und auch der Sohn, der Wille oder der schöpferische Lichtimpuls Gottes, der sich freiwillig für das Grab der Finsternis opfert.

Sein Gegenspieler ist Seth. Osiris und Seth sind in unserem Mythos am weitesten voneinander entfernt. Seth ist der Spalter, der das Heilige, das Heile, das Ganze, das Erhabene niederreißt und aufgrund seiner Kristallisations- und Strukturierungslust die Raum- und Zeitachse des Erdendramas erschafft. So entsteht durch seine Grenzsetzung und Unterscheidung die irdische Polarität. Sein heilloser Hang zu kontrastreicher Divergenz zerstört die Einheit zugunsten der Vielheit und ermöglicht somit das Kreuz der Sichtbarkeit, also die von uns Menschen so sehr begehrte Realität, die nichts anderes ist als der sethisch herbeigeführte Schattenwurf des himmlischen Königreichs.

Der Mythos erzählt nun, wie eines Tages Osiris ein Kind mit seiner Schwester Nephtys zeugt. Osiris sagt, er habe sie mit Isis verwechselt. Nephtys, die sich aber auch nicht sonderlich bemüht haben wird, den Irrtum aufzudecken, denn Venus-Sonne ist eine harmonischere Verbindung als Venus-Saturn, gebiert den schakalköpfigen Anubis. Dieser wird später bei den rituellen Mumifizierungen eine wichtige Schlüsselfunktion einnehmen. Dies erzürnt Seth so sehr, daß er beschließt, Osiris zu töten. Wenn man weiß, daß Seth als saturnines Prinzip kein männliches Schöpfungsfeuer besitzt und er deshalb - natürlich zu seinem großen Bedauern - zeugungsunfähig ist, wird der abgrundtiefe sethische Haß auf die feurig-göttliche Schöpferkraft des Gottes Osiris sehr gut nachvollziehbar.

Um seine Mordabsichten ausführen zu können, läßt Seth eine prachtvolle rechteckige Truhe aus schwarzem Holz anfertigen, deren innere Maße genau den Proportionen von Osiris entsprechen. Anläßlich eines größeren Banketts, zu dem Seth 72 seiner engsten Freunde geladen hat, verspricht er, den Schrein demjenigen zu schenken, der ihn mit seinem Körper genau ausfüllen werde. Osiris weiß sehr wohl, welcher Weg für ihn beginnt, sobald er sich in diese Truhe hineinlegen wird. Er wird es dennoch tun, denn nur durch sein Opferwerk kann er als Geist des Himmels den Abstieg der Schöpfung bis zu dem tiefsten Punkt begleiten. Darin offenbart sich die überirdische Liebe des Einheitsprinzips. Osiris, dessen Bewußtsein im harmonischen Frieden der *zeitlosen* Natur ruht, nimmt freiwillig das Kreuz seiner Unterlegenheit *innerhalb* der zeitlichen Natur auf sich, indem er sich feierlich aufrichtet und seinen offenen, von überpersönlichem Licht durchglühten Blick tief in die von tückischer List schmalgewordenen Augen des Widersachers hineinbrennt und sich langsam und würdevoll auf den düsteren Kasten zubewegt. Doch Seth als Verkörperung der Finsternis "hat es nicht begriffen", denn Seths Triumph wird der Triumph des unwissenden Stoffes sein. Also sieht der Antagonist mit von Arglist gewölbter Brust nur die äußere Bewegung des Osiriskörpers. Die inhärenten, von heiligem Hauch erfüllten rituellen Handlungsmuster des Osiris dringen nicht in die Borniertheit seiner physikalischen Wahrnehmung. Doch Osiris zelebriert seine kultischen Sakramente in diesem großen Augenblick für all jene, die gelernt haben, in der Symbolsprache der religiösen Welt lesen zu können. Osiris steht noch ein letztes Mal mit Krummstab, Wedel und Krone, im vollen Ornat seiner (insgeheim uneingeschränkten) Macht vor seinem eigenen Grabe und breitet weit die Arme und die Beine aus. Und so füllt er nun - für alle sichtbar - als der seiner selbst bewußte Sonnenlogos das magische Pentagramm des Heiligen Geistes aus, bevor er sich in Liebe und erkenntnisdurchdrungener Demut der Finsternis zum Geschenk macht. Seth "sieht nicht", aber die 72 Anwesenden "sehen" und werden eines Tages ihre eigene Läuterung erlitten haben und diese miterlebte Epiphanie in der ganzen Welt verkünden, obwohl sie sich im Moment noch als Getreue der sethischen Macht mitschuldig machen müssen.

Die weitgeöffneten Augen der osirischen Gottheit enthalten den Glanz aller Mysterien der Welt, während seine Arme sich langsam überkreuz auf seinem Herzen schließen. Über der geweihten Quintessenz in seiner noch lebendig bebenden Brust liegt nun schon das irdische Kreuz des Osirismörders, doch der Krummstab und der Wedel verheißen denen, die ihren Herzschlag auf den Mittelpunkt dieses Kreuzes abstimmen können, daß nichts und niemand seine göttliche Macht von Liebe, Licht und Leben für alle Zeiten brechen kann. Mit diesem inbrünstigen Versprechen auf den stummen, geheimnisvoll lächelnden Lippen senkt sich das "Größere Licht" des kosmischen Goldes in den Opfersarg des täuschenden Reflexes aus irdischem Silber und Blei. Ausgestreckt auf dem Rücken liegend füllt Osiris den Kasten, der sein Sarkophag werden soll, ganz aus, war dieser doch von kaltem Plan allein für ihn erdacht. Osiris schließt langsam die agapisch glänzenden Augen, die nun in der Einsamkeit ihrer innewohnenden Glut solange verweilen wollen, bis für sie die Zeit gekommen sein wird, den goldenen Strahl ihrer zeitlosen Einsicht erneut hervorbringen zu können.

Seth, der nur die äußere Form des Geschehens sehen kann, nutzt mit Hilfe der besagten 72 Verschworenen die Gelegenheit, Osiris rasch und wirkungsvoll aus seiner Welt zu beseitigen. Der Kasten wird mit flüssigem Blei ausgegossen und mit langen schwarzen Nägeln fest vernagelt. Gemeinsam werfen dann die subversiven Putschisten den zum Sarg des Osiris gewordenen Kasten in den Nil, von wo aus er dem Meere zutreibt. Seth scheint zu wachsen. Sein schwarzes Gewand wächst mit und seine schmalen Augen schauen dem Sarkophag siegesbewußt nach.

Seth merkt in seiner stolzen Hybris nicht, daß es die 72 Männer direkt an seiner Seite sind, die in den Mantel eines mysteriösen Schauers gehüllt werden, da sie den winzigen Keimling des Zweifels an der Richtigkeit der sethischen Tat in den verstecktesten Kammern ihrer Herzen wahrzunehmen beginnen. Dieser Zweifel an der Materie wird wachsen und die 72 Verräter werden sich wandeln zu 72 geheimen Rittern des solaren Geistes. Baumstarke 72 Männer werden dann in der Verborgenheit der Mysterienschulen nicht eher ruhen, bis das Zerstörungwerk von Seth seine Bedeutung verloren hat und Osiris den Thron seiner wahren Macht wieder besteigen kann.

Seth, das ist die Verwurzelung der Schöpfung, sozusagen "der materielle Träger des immateriellen Lichtes", und er sorgt mit Fleiß dafür, daß das Geistprinzip im festen Stoff entmachtet wird. Die strukturierende Kraft der Erde ist der Osirismörder, der den himmlisch beauftragten Geist in der Dichte (=Blei) seines rechteckigen Sarkophags

(=Grabkammer des Materialismus) festbannt und entmachtet. Solange Seth dieses gelingt, scheint er aus geistiger Sicht eine "böse" Kraft zu sein, da er als der Zerstörer des reinen weißen Lichtes ein düsteres Amt bekleidet. Jedoch ist er aus einer erdbezogenen Perspektive ganz besonders "gut", weil er als Diener der sichtbaren, festen Formen das schöne bunte Spektrum der irdischen Gestaltung hervorbringt. Darum wird der Osirismörder von uns Menschen zutiefst geliebt und verehrt, denn er verkörpert den ganz großen Fürsten dieser Welt, weil sein Hauptanliegen die Erschaffung der kontrastreichen Materie ist. Jeder "harmlose Mensch", der sich an einem prachtvollen Sonnenuntergang, an schöner Architektur, an einem ästhetischen Körper oder dem Klang einer Violine erfreut, jedoch Verwesung, Schmutz und Gewalt verabscheut, bringt dem Widersacher des Osiris eine großzügige Huldigung dar. Diese Laudatio hat jedoch der große Spalter auch wirklich verdient, denn nur durch Seths "Entzweiung" der Einheit sind diese Dinge überhaupt erst unterscheidbar und wahrnehmbar geworden.

Aus diesem Wissen heraus verstehen wir folgendes ganz gut: Die grobe Natur des finsteren Gesellen wird immer dann von sarkastischen Freudeschauern durchrieselt, wenn sich "ein gezähmtes Menschlein" nach Herzenslust inquisitorisch betätigt, also heftig und engagiert zwischen den willkürlich definierten Polen von "Gut und Böse" unterscheidet und den für "böse" gehaltenen Anteil beseitigen möchte. Denn genau ein solches Wertkonzept fördert diese diabolische Sethenergie ja von Natur aus. Je mehr der Mensch seinen eigenmächtig konstruierten moralischen

Gesetzen zuliebe in weltanschaulichen Be- und Verurteilungskonzepten gefangen ist, um so lebloser ruht sein osirisches Geistprinzip in der Bleikammer des Stoffes, und Seth freut sich händereibend über das gelungene Werk seines Brudermordes.

Aber Seth wird dann wiederum auch sofort fuchsteufelswild, sobald ein Mensch sich erdreistet, gelassen auf die beiden Pole der sichtbaren Welt zu schauen und mit einem weisen Lächeln die Worte zu sprechen: "Alles, was ist, ist gut" oder "Ich liebe das Gute *und* das Böse". Seth als weibliches Formprinzip *darf* die Toleranz des Andersartigen oder gar die Versöhnung zweier Pole nicht gestatten. Denn hier an dieser Stelle beginnt es für Seths Weiterbestehen gefährlich zu werden. Und exakt hier wird es bildlich gesprochen allen "TeufelInnen" der Welt angst und bange, denn allein mit solchen Mantren entkommt der im Geist wiedererwachte Mensch dem Klammergriff der bindenden weiblichen Formenwelt. "Alles, was ist, ist gut", diese Worte sind im höchsten Maße erden- und manifestationsfeindlich, viel zu heil, zu heilig, um von den Sethkräften akzeptiert werden zu können, denn jeder "Seth" muß "das Rad der Welt in Schwung halten". Nichts anderes ist seine Aufgabe! Und das Rad der Welt dreht sich nur so lange zwischen Typhon und Anubis, wie "Gut" und "Böse" eine "Schublade" oder einen "Namen" haben, also deutlich voneinander unterschieden werden. Solange der Mensch "reich sein" besser findet als "arm sein", solange er "das Schöne" will und "das Schlechte" heftig bekämpft, erfreut sich "der Teufel" an seinen Schützlingen.

Seth macht seine Aufgabe gut, denn sobald das polarisierende, diabolische Prinzip den Verdacht auf Gleichmut gegenüber dem Leid im Menschen hegt, wird es umgehend besonders rührig und aktiv. Schon die im Anflug zu befürchtende menschliche Aussöhnung mit dem Vorhandensein des Feindlichen läßt die Sethkräfte panikartig aufschrecken, und Seth arbeitet sofort heftig daran, die friedliche Ausbalanciertheit des Menschen nur ja wieder in ein Ungleichgewicht zu bringen. Das bedeutet, je mehr "Heil" jemand in seinem Leben schaffen möchte, um so mehr sorgt Seth umgehend dafür, den Betreffenden von außen derart zu drangsalieren, bis das "Unheil" wieder hergestellt ist. Auf diese Weise landen alle "Friedensbemühungen" des Menschen ausnahmslos früher oder später im "Krieg". Denn so lange, wie Seth die Welt regiert, gibt es keinen Frieden, keine Liebe und keine Ruhe. Seth ist das Prinzip der Bewegung, er sorgt für Rhythmus und Polarität. Wer ihm entkommen will, muß erst Osiris in sich erwecken, denn ohne den solaren Geist liegt die ganze irdische Macht sowieso allein bei Seth. Vor allem dann, wenn der Mensch glaubt, die Welt "nach seinem eigenen Bilde verbessern" zu können. Davon wird Seth besonders froh. Lustvoll peitscht dann die kristalline Urkraft den Ritt aller erdenklichen Weltverbesserer und Spiegelfechter zu einer Höchstform auf, damit sie jedwede leise Äußerung des einzigen heilenden Wortes (=ALLES, was ist, ist gut), das im ganzen Universum existiert, mit ihrem galoppierenden Getrampel landesweit übertönen mögen. Und die eisernen Ketten des Irdischen legen sich mit metallischem Gerassel fester um den Hals des Menschen.

Die Ägypter wußten zu der Zeit ihrer Mysterienspiele noch um die doppelte Bedeutung von Seth, weswegen er bei dem Volk keineswegs unbeliebt war. Ähnlich wie später die Griechen hatten auch sie ein gesundes Verhältnis zum Gesetz der Zusammenziehung und der Spaltung. Sie sahen in ihm - ganz richtig - lediglich das dunkle Antlitz Gottes, das die Sichtbarkeit, also die prachtvolle ägyptische Kultur, wesentlich mitgestaltete. Und weil er den streitbarsten Kampfgott im Diesseits darstellt, gaben sie ihm den Kopf eines Schakals. Dieses zähe Wüstentier ist ein Aasfresser, nährt sich also nur von toten Körpern. Das heißt, Seth lebt nur von dem festen Stoff, den es aus der geistigen Wahrnehmung schon gar nicht mehr gibt, weil er dem Gesetz der Verwesung unterliegt.

Für die Ägypter galt Seth als "groß an Kraft" und in einem Papyrus heißt es: "Du bist es, der die Grundstruktur hat." Das ist gewiß wahr, das Sethprinzip hat diese saturnale Kraft der Strukturierung. Doch ist ebenso wahr, daß Seth (Saturn) aus sich heraus nicht schöpfen kann. Im Mythos hören wir deshalb, daß er mit seiner Gemahlin Nephtys niemals Kinder bekommt. Das Sethische (=die Form) erschafft also die Materie nicht etwa selbsttätig, sondern zergliedert das Geschöpfte lediglich durch seine unstillbare Lust an der Teilung.

Wer aber "schöpft" die Urbausteine der Materie? Osiris allein ist zeugungsfähig. Ein aus methaphysischen Welten in die unteren Schichten hineinwirkendes, göttlich beauftragtes Prinzip, das Ganzheitssymbol, der König allein kann schöpferische Impulse abgeben. Und seine Königin Isis nimmt den solaren Samen in ihren lunaren Schoß und gibt ihm die erste Möglichkeit zur Entfaltung und Gestaltwerdung. Aber Isis ist niemals in der Lage, diesen Geburtsprozeß allein zum Abschluß zu bringen. Isis bringt ein formloses Fluidum hervor, das die Matrix für die Werdung enthält, selbst jedoch noch nichts "Gewordenes" im Sinne der Materie ist, da es die Ganzheit des Osiris noch repräsentiert. Doch die Vereinigung des Osiris mit Isis ist der erste Schritt zu "seinem Sterben" durch die Hand seines Bruders Seth. Denn ein Schöpfungsschritt in die formale Welt hinein läßt sich nicht rückgängig machen. Der Osirisgeist *muß* den *ganzen* Weg gehen!

Als Ergebnis ihrer Vereinigung mit Osiris bringt Isis eine amorphe Essenz hervor, die sie an ihre Schwester Nephtys weitergeben muß, damit diese den Geburtsprozeß ausführen kann. Als venusische, gebärende Urmutter nimmt Nephtys die duale Kraft von Sonne und Mond auf und gebiert "die Welt" als gestaltbares Grundmaterial. Dieses bekommt nun Seth, damit er seine entzweiende Kraft als Kontrastmittel hinzufügen kann. Seth zerlegt die wabernde Einheit aller Möglichkeiten in die vier Elemente, aus denen die sichtbare Welt sich zusammensetzt. Erst wenn das sethische Werk vollendet ist, entsteht die von uns Menschen wahrzunehmende Materie, und das sich als "Ich" begreifende Identitätsgefühl hat in Seth seinen leiblichen Vater zu sehen.

Nun wird auch verständlich, warum Seth sich nur als Feind von Osiris erleben kann. Neid und Eifersucht sind nun einmal die unausweichlichen Begleiterscheinungen der Ver-"Ich"-ung. Osiris ist das geeinte Selbst, das alle "Iche" ununterschieden in sich enthält, deshalb denkt und handelt er nur *sym*bolisch, also zusammenfügend. Seth, der "Ich"-Erbauer, strebt aber - wie jedes Ich - die alleinige Herrschhaft auf Erden an; es gefällt ihm nicht, im Schatten von Osiris zu stehen, hat er doch schlicht vergessen, daß er nur ein anderer Aspekt von Osiris ist. Deshalb denkt und handelt Seth *dia*bolisch, also auseinanderreißend.

Und so kommt es, daß Osiris nun tot in seinem Sarg aus Blei liegt. Das heißt, der Geist hat keine Chance mehr, lebendige Neuschöpfungen zu erzeugen. Die Materie hat sich in ihrem eigenen Netz gefangen. Die Dinge werden nur noch verwandelt, "recycelt" und nicht mehr von innen heraus erneuert. Das Prinzip der Erkaltung und Erstarrung führt jetzt das siegende Schwert, denn das Werk des Widersachers scheint gelungen, der Herzschlag des Königs ist unhörbar geworden. Osiris ist tot. Seth wähnt sich nun selbstzufrieden am Ziel seiner Wünsche, er hat den lebendigen Atem Gottes getötet und kann jetzt seinen düsteren, toten Materialismus forcieren. Jetzt ist *er* der Stärkste und der Mächtigste in der Domäne des Stoffes, denn der eingedrungene Geiststrahl, der allein neues Leben spenden kann, ist in der saturninen Welt gefangen und handlungsunfähig geworden. So ist es nun einmal: In der festen Welt des körperlichen Daseins kann sich das Geistprinzip nicht mehr wirklich behaupten, es wird von den Kräften des Erdenstaubes buchstäblich lahmgelegt. Denn allein die weiblichen Kräfte haben überlebt. Isis, Nephtys und Seth, der ebenfalls eine "weibliche Natur" genannt werden muß, da er ausschließlich der Materie dient, regieren nun die Welt. Die weibliche Form, also das Irdische, das sich mit seiner typhonischen Sinnlichkeit allein vom Staub der Erde ernähren will, bildet nun die Welt der Menschen. Auch die Männer, die noch den Geist des Osiris symbolisieren, da sie einen Phallus haben, der Kinder zeugen kann, verlieren sich in der öden Grabkammer des Stoffes und vergessen ihr heiliges Amt, das darin bestünde, den Geist des Ewigen immer wieder aufleben zu lassen.

Der osirische Tod zeigt den Zusammensturz der von Göttern errichteten Weltenordnung auf. Der eingekerkerte Geist kann sich nicht mehr mitteilen, und der kosmische Wille versinkt in der Traumfabrik der menschlichen Banalitäten. Die mentale Rückbindung an die göttliche Erneuerung ist unterbrochen, weil der majestätische Pharao zu dem geopferten Gott von der sechsten Sephirah Tiphareth des kabbalistischen Lebensbaumes wurde und den Weg in die unteren vier Sephiroth nicht mehr aus eigener Kraft mitgehen kann. Die kosmische, männliche und väterliche Urkraft fehlt also in der allgemeinen weiblichen Unwissenheit der sichtbaren Welt ...

... Ja, bitte? Sie sind so aufgebracht! Es gefällt Ihnen nicht, was wir hier von dem Herold übermittelt bekommen, sagen Sie? Das können Sie so weder im Raum stehen lassen noch annehmen? Ich verstehe, Sie denken an die "Männergesellschaft" unseres zwanzigsten Jahrhunderts, an die "Kopflastigkeit", die "Rationalität" - und diese halten Sie für "männlich". Sie denken an die Steuerung durch die linke Hirnhemisphäre, die unserem Weltbild angeblich jenen männlichen Charakter verleiht! Nun, ich frage Sie einmal unverblümt, ist das, was wir machen, denn wirklich "männlich"? Warum übernehmen Sie so schnell, was alle sagen? Versuchen Sie doch einmal für einen kurzen Moment einen neuen Standpunkt in dieser Frage einzunehmen und denken Sie später selber ganz selbsttätig darüber nach.

Ich empfehle Ihnen, die folgende Sichtweise zu prüfen: In der Kompensation des Problems der sichtbaren Schöpfung plustert sich das seiner wahren Ganzheitlichkeit verlustig gegangene männliche Prinzip auf und schafft eine "Scheinwelt des Männlichen". Jedoch ist das oft von den uneingeweihten lunaren Kräften betadelte Patriarchat bei genauerer Betrachtung stoffbezogen, rational, spaltend, polarisierend, erdennah und himmelfern - und demnach saturnin-mondig, also aufgrund seiner so definierten Urweiblichkeit (!) in Wahrheit ein Matriarchat. Denn die hierarchische Orientierung rund um einen Mittelpunkt (Sonne), wie sie im Vaterprinzip des echten Patriachats zu erkennen sein müßte, existiert in der äußeren Welt nicht. An seine Stelle tritt der mittelpunktlose Aspekt der Demokratisierung, welche in den Ideen einer Alltagsphilosophie wurzelt und damit als "urweiblich" (Mond) zu bezeichnen wäre. So gesehen müßte man auch die linke Hirnhemisphäre, die ja gerade für die rationale Spaltung, für die intellektuelle Zerrissenheit zuständig ist, ebenfalls "weiblich" nennen, denn sie ist durch und durch sethisch. Die richtigen Bezeichnungen für die beiden Hirnhemisphären wären: Links arbeitet die dunkle Seite des Mondes an dem Intellekt, und rechts träumt der Vollmond von der

Ganzheit, die das Gehirn mit Hilfe der Transmitter zwar sehen lernen kann, jedoch wohnt die wahre Ganzheit im Bewußtsein, also im Geist und nicht im Gehirn.

In der Schule haben wir gelernt, der Geist entstehe im Gehirn. Das ist natürlich grundfalsch, denn der Geist ist identisch mit dem kosmischen Bewußtsein, und dieses existiert in Wirklichkeit auch vollkommen unabhängig von der grobstofflichen Physis. Was jedoch tatsächlich im Gehirn stattfindet, ist der Prozeß der sethischen Unterscheidung. Das Gehirn gliedert sich in verschiedene "Räume", mit deren Hilfe eine Separation der mentalen Bildproduktion entsteht, so daß der Mensch sich innerhalb seiner körperlichen Existenz nicht ganz so gnadenlos dem fliegenden Wechsel seiner Vorstellungen ausgeliefert fühlt, wie das im Astral- oder Mentalbereich der Fall ist, sofern man nicht gelernt hat, auch dort "Ordnung zu halten". Das Gehirn schafft demnach aus den inneren Bildern eine äußerlich wahrnehmbare Welt, die der Mensch zunächst einmal braucht, um nach und nach Wissen bezüglich seines eigenen Wesens zu erlangen. Aufgrund der Synapsenschaltungen unter den verschiedenen Gehirnzentren ist der Mensch in der Lage, analytisch zu denken. Und das ist sethisch und damit dem weiblichen Archetyp unterstellt. Wir brauchen den Intellekt, denn er dient der Polarität. Denn genauso wie auch die Mondenkraft in ihrer unsteten Doppelnatur sich dem Spaltungsprinzip des Weltengebäudes verpflichtet fühlt, liegt die Lust des Intellektes ebenfalls im Auffinden von Unterschieden innerhalb der physischen Welt. Der rationale Intellekt sieht - wie die labile und beeinflußbare Mondnatur - ausschließlich die äußere Vielfalt der materiellen Formen. Also lebt unsere sogenannte Männergesellschaft ein weibliches Urprinzip.

Jedoch eine grandiose Begriffsverwirrung hat zu chaotischen Verdrehungen der Bedeutungen von Worten im Bewußtsein der Menschen geführt. Das zu erreichen war die Absicht von Seth. Die sethische Unterjochung der gesamten irdischen Substanz hat nun "das Wort" fest in ihren Klauen, es ist nicht mehr "bei Gott", sondern bei Seth. So kommt es, daß die Menschen des zwanzigsten Jahrhunderts vieles für "Gold" halten, das in Wahrheit doch nur "Silber" ist.

Wenn Osiris im Sarkophag vernagelt ist, fehlt der männliche Geist in der Welt. Das Weibliche (Silber) bleibt geistlos (ohne Gold) zurück. Man könnte auch sagen, die sichtbare Welt muß in dem dunklen, weiblichen Pol versinken, ohne jemals Hoffnung auf das Licht des männlich-schöpferischen Impulses hegen zu können.

So "könnte" das traurige Ende der Osirislegende aussehen. Und so sieht tatsächlich das Leben des zwanzigsten Jahrhunderts aus. Seth hat sein Werk der stofflichen Verdichtung vollendet, so daß kein osirischer Pontifex mehr richtig in der Lage ist, den Strom aus einer höheren Seinsform in seinem Magnetismus aufzunehmen und ihn endlich wieder auf die Erde zu bringen. Aber hier endet der Mythos von Osiris und Isis nicht! Wir werden von einer helleren Seite des Mondes hören. Der Mythos geht weiter, und wir können deshalb sicher sein, daß auch unsere Menschheitsgeschichte sich fortsetzen wird. Wie, das sehen wir in der Legende genau beschrieben, da die weisen Priester uns diesen Weg sehr anschaulich in das mythologische Geschehen eingewoben haben. Diese klugen Hierophanten wußten sehr wohl, daß der Sonnenlogos niemals gänzlich vernichtet werden kann, solange er von dem Mond betrauert und gesucht wird. Und so endet ihr mythologisches Geschenk an die Nachwelt nicht mit dem Tod von Osiris, sondern von nun an arbeitet Isis an seiner Auferstehung. Hören wir nun weiter dem Herold zu und lassen wir uns übermitteln, was der Mythos berichtet. Ich glaube, er hatte Verständnis für unseren Dialog, doch sehen Sie, er mahnt uns jetzt zu neuer Aufmerksamkeit ...

... Isis trauert über alle Maßen um ihren Gatten, als sie von der List ihres dunklen Bruders hört. Dieser Gefühlsregung entspringt ihr erster Antrieb, den Osirisleichnam zu suchen. Doch mag sie wohl auch wissen, daß sie ohne Osiris keinen Geistimpuls mehr empfangen kann. Sein unabänderlicher Tod würde deshalb bedeuten, daß die heilige Erkenntnis niemals wieder eine Möglichkeit haben würde, zu den Menschen vorzudringen. Die göttliche Herkunft aller Lebewesen bliebe ausgelöscht in der Erinnerung der Menschen, und der Rückweg der Materie in höhere Gefilde müßte allzeit versperrt bleiben. Schmerz und Elend würden in die Herzen der Menschen einkehren, weil die höhere Frequenz wahrer Freude keine Quelle mehr hätte. Denn die einzige Hoffnung für die Heilung des sethischen Universums liegt in der mystischen Vereinigung von Sonne und Mond hinter dem geheimen Schleier der Isis.

Darum leidet Isis unsagbar, und sie sucht den Leichnam des Osiris lange verzweifelt im ganzen Land. Trauernd und fastend wandert sie, wie eine Bettlerin in dunkle Gewänder gekleidet, unerkannt umher. Sehr lange Zeit bleibt ihre Suche erfolglos, doch mit der von Tapferkeit und Zuversicht getragenen Intuition einer liebenden Frau findet sie den bleiernen Sarg schließlich außerhalb von Ägypten in einem fernen Land. Der Leichnam des Osiris ruht dort in einer hölzernen Stele an dem Königshof von Byblos. Um in der Nähe ihres toten Gatten verweilen und trauern zu können, dient Isis unerkannt als Amme an diesem Hof. Die Tränen der Isis gelten nicht nur Osiris, sondern sie weint für ganz Ägypten. Ihre leidvolle Betroffenheit ist groß: Der Geist war also sogar an das Ufer eines anderen Landes getrieben, da "Ägypten" als Metapher für die Zweiheit den Einheitsaspekt nicht bei sich behalten konnte.

Isis erfährt während ihrer Arbeit am Hofe des fremden Königs, wie der sethische Kasten seinen Weg hierher gefunden haben mußte. Der Sarkophag des Osiris wurde offenbar mit dem Nil stromabwärts in der Bucht von Alexandrien in das Meer getrieben und strandete in Byblos. In der trostlosen, von salinen Kristallen dicht bedeckten Ebene einer dürren Salzsteppe fand der Leichnam des Osiris vorübergehend sein Zuhause. Nur einige bescheidene Hartlaubgewächse erhoben ihre uralten, verknöcherten Arme mit erstarrten, vorwurfsvollen Gesten, um den Himmel für ihr kärgliches Leben anzuklagen, da sie selbst es nicht mehr vermochten, wieder biegsamer und geschmeidiger zu werden. Diese Umgebung war seiner kaum würdig. Diese Umgebung beschreibt aber sehr deutlich das Innenleben von Seth. Osiris ist also ganz in den Saturnzustand verwandelt worden, wuchs doch hier in dieser grabestraurigen Atmosphäre der Sarg des Osiris in den knorrigen Stamm einer Tamariske ein. Die Zeder hatte den großen Kasten fast vollständig umwuchert, ganz so, wie es der höheren Einsicht in der Welt ergeht, wenn sie ebenso von den greifenden Armen der einengenden Dummheit umwuchert wird. Doch der Leichnam des Osiris blieb nicht in der Einöde dieser Steppe. Eines Tages reiste der König von Byblos für längere Zeit durch sein Land und war wie verzaubert von dem prachtvoll gefertigten Kasten, der hier und da aus dem wulstigen Stamm der Tamariske heraussah. Er muß etwas Unwirkliches, Geheimnisvolles gespürt haben. Irgendeine Resonanz fing in seinem Herzen an zu schwingen, und er ließ sich aus der besagten Zeder eine Säule für seinen Palast anfertigen.

Vor dieser Stele verweilt nun Isis gramgebeugt in allen freien Minuten, die ihr der Dienst als Amme zuläßt. Doch wächst in ihr ganz allmählich eine Hoffnung heran, denn der wissende Anteil ihrer Seele erkennt in der Säule, die ihren toten Gemahl enthält, bereits vage das Mysterium seiner Auferstehung, zu dem sie selbst ihm schon bald verhelfen wird.

Das hingebungsvolle Verhalten der Isis an der Tamariskenstele rührt den Herrscher, und er bittet sie, ihm zu sagen, welche Bewandtnis ihre große Bekümmernis wohl habe. Daraufhin gibt sich Isis als königliche Gemahlin des Osiris zu erkennen. Der König sieht in ihr sogleich auch die Göttin, und als Isis ihn demütig bittet, den Sarg aus der Säule herauslösen zu lassen, damit sie diesen mit heim nach Ägypten nehmen könne, willigt er sofort ein. Er gibt ihr nicht nur die Truhe, sondern noch einige Gefolgsleute, damit sie bequem zurück nach Ägypten reisen kann.

So geschieht es, und Isis hat den ersten Teil ihrer Arbeit vollbracht. Das urweibliche Wasser holt das männliche Feuer aus der Verbannung zurück nach Hause, wo sie ihn an einem verschwiegenen Ort versteckt. Der wichtigste Schritt auf dem Weg zur Befreiung des Geistigen ist getan. Doch dieser Weg ist ein schwerer Weg. Obwohl Isis eigentlich die Matrix besitzt, die den toten Osiris wieder zu neuem Leben erwecken könnte, reicht ihre Kraft nicht aus, den Körper ihres Gatten aus dem sethischen Blei herauszulösen.

Sich dessen absolut nicht bewußt, befreit jedoch schon bald Seth selbst den Geist aus dem irdischen Material. Eines Nachts spürt Seth nämlich den Sarkophag auf und reagiert mit blankem Entsetzen, da er davon ausgegangen war, daß der hellere Bruder überall sein könnte, nur nicht in Ägypten. Denn er besteht darauf: Ägypten ist *sein* Land und soll es auch bleiben. Eine dumpfe Ahnung steigt inmitten eines kalten Grauens in Seths Bewußtsein auf. Was wäre, wenn Isis diesen toten Körper wieder zum Leben erwecken würde, schlummert in ihr nicht eine rätselhaft starke, unberechenbare Energie? Er selbst weiß genau um die innere, unfaßbare Größe dieser zierlichen Person, wendet sie sich doch oft genug ihm, dem Widersacher, zu und speist ihn in ihrem doppelten Spiel, das sie als lunare Kraft treibt, mit elementarer Spannkraft. Sind jene enorme Willenskraft und die große Leistungfähigkeit, über die er verfügt, nicht die geheimnisvollsten Geschenke der Göttin an ihn, den Weltenerbauer? Kaum mag es sich Seth eingestehen, und doch weiß er es in der stillen Tiefe seines Herzens: Er liebt seine mondige Schwester Isis mehr als seine venusische Gemahlin Nephtys, denn von Isis fühlt er sich auf unergründliche Weise abhängig wie ein Kind von seiner Mutter. Nun liegt die Liebe zu der mütterlichen Natur nicht weit von der Angst davor entfernt, und Seth fürchtet sich insgeheim auch vor Isis und ihrer geheimnisvollen magischen Kraft. Er ahnt es wohl: Ihre Stärke ist größer als die seine, denn sie ist dem lichten Himmel so nah wie er der dunklen Erde nah ist.

Seth muß also bald handeln, um Osiris für immer zu beseitigen. Jetzt. Sofort. In panikartiger Verzweiflung zerrt er den Leichnam wieder aus dem Bleiguß und zerstückelt ihn in 14 Teile, die er in hektischer Eile an verschiedenen Stellen im Lande begräbt, um sich des Todes seines Bruders vollends gewiß sein zu können. Als der große Zerleger und Zerstreuer der Einheit macht er damit seinem Ruf alle Ehre. Doch wie niederträchtig und negativ seine persönliche Absicht auch sein mag, was daraus ensteht, wird positive Ganzheit auf einer neuen Ebene sein! Denn Seth vergißt immer allzu gerne, daß er selbst nur ein Schattenaspekt des solaren Geistes ist und somit, trotz aller Spaltungslust, im Endeffekt - auch konträr zu seinem eigenen Willen - immer nur der Einheit dienen kann. Seth gleicht Mephisto in Goethes Faust, der von sich sagen muß: "Ich bin ein Teil von jener Kraft, die stets das Böse (=die Vielheit) will und doch das Gute (=die Ganzheit) schafft."

Als Isis sich zu dem Sarg ihres Gemahls begibt, um ihm nahe zu sein, findet sie den schwarzen Schrein leer in seinem versteckten Zufluchtsort stehen. Ein Blitz durchzuckt sie. Das war Seth! Sie kennt seine Natur, und sie mag ihn so, wie er sie mag. Sie ist ihm irgendwie verfallen. Wieder und wieder schenkt die schwarze, nach unten gerichtete Mondnatur der Göttin dem brüderlichen Seth einen Großteil ihrer Kraft. Doch jetzt, in diesem Moment, leuchtet ihre helle Seite auf, und Isis hat nur das eine Ziel: Sie will den Sonnenlogos zurück in die Welt bringen. Die Göttin weiß, nun kann das Opus Magnum beginnen und glücken. Nach der Zerstückelung des Geistprinzips darf ein weiterer Schritt in der magischen Arbeit der Isis erfolgen. Die Osiriswitwe sucht die verstreuten Stücke ihres toten Gatten im Land.

Diese Teile zu finden, ist für sie nicht gar so schwierig, wie man vermuten könnte, denn Seth kennt aufgrund seines Wesens nichts anderes als jene Matrix, die er von Isis erhält. Er führt also immer nur die Werke der Göttin fort, schafft aber niemals etwas eigenständig Neues aus sich selbst heraus, denn dazu fehlt ihm ja der göttliche Auftrag der Zeugung. Also wundert es uns wenig, daß er die Zerstückelung des Geistes ausgerechnet in der Mondphasenzahl 14 vornimmt. Dies ist der ureigenste Zyklus der Mondgöttin. Also findet Isis alle Teile außer dem Phallus, denn von der Zeugung versteht auch sie nichts. Sie fertigt von dem Phallus des Osiris eine entsprechende Nachbildung an und heiligt diesen.

Nun beginnt die letzte und bedeutsamste Phase in der Arbeit der Isis, die sich deutlich in den Mumifizierungsriten der Ägypter niedergeschlagen hat. Bei dieser wichtigen Arbeit kommt auch die Isis-Schwester Nephtys ins Spiel. Als Repräsentantin der Venus kennt Nephtys weder Revierverhalten noch Abgrenzung, sie ist weich wie

Kupfer und harmoniesüchtig wie das Tierkreiszeichen Waage. Also versteht es sich von selbst, daß sie dem "Silber" hilft, das "Gold" wieder zu erwecken. Auch Nephtys leidet unter dem Verlust des Osiris, da sie in dem Befruchtungsakt von Sonne und Mond als dritter Punkt im heiligen Dreieck eine wichtige Position einnimmt. Ihre Hilfe erweist sich als sehr sinnvoll, weil sie ihren schakalköpfigen Sohn Anubis beisteuern kann. Dieser von Osiris gezeugte Sohn verfügt über gerade soviel Gold (Geist), daß er wunderbar geeignet ist, Isis bei ihrer Arbeit zu unterstützen.

Isis ist das Weltenei, die Urfeuchte, die Seele, das Meer, die Maria oder der heilige, unbefleckte Mutterschoß des Lebens. In dieser Eigenschaft kann sie die getrennten Stücke des Osiris natürlich wieder sammeln und binden. Also hören wir, wie Isis unter Beihilfe von Nephtys und Anubis die Osirismumie herstellt. Sie fügt die Körperteile zusammen, umwickelt sie mit vielen Bandagen, und zum Schluß setzt sie den nachgebildeten Phallus hinzu. Schließlich erinnert sie sich an ihre eigene Abstammung von der Himmelsgöttin Nut, breitet weit ihre kosmischen Flügel aus und schwingt sie zärtlich über dem nichtschlagenden Herzen der Mumie. Anubis trägt einen Teil der Signatur seines Vaters, und er steuert das ihm deshalb zur Verfügung stehende Licht bei, Nephtys gibt Leben hinzu und Isis fächelt Osiris mit ihren Flügeln die göttliche Liebe des Universums zu.

Diesem heilgen Dreieck von Licht, Leben und Liebe gelingt es schließlich, den toten Osiris zu erwecken und aus der geweihten Nachbildung des Phallus die Idee eines rein-geistigen Samens fließen zu lassen. Von diesem "keuschen Samen" wird Isis "schwanger". Und das ist das große Wunder dieser ungewöhnlichen Befruchtung. Die Schwangerschaft der Isis ist nicht körperlicher Natur. Dieses "Trächtigsein" wird ein "goldenes Kind" des Bewußtseins hervorbringen, das allen Wesen im Mikro- wie im Makrokosmos gemeinsam gehört. Isis wird so zu der unbeflekten Mutter des Heiligen. Jetzt jubelt Isis vor Freude, denn sie, die himmlische Muttergottheit, gibt nun bald der Welt das Vaterprinzip zurück. Isis, deren Mondsichel lange Zeit nach unten geöffnet, also eher der dunklen Materie zugewandt war, drehte die Mondsichel um und empfing in der Barke ihrer zum Himmel emporgerichteten Mondschale den lichten Geist in ihrem Schoß. Zu Recht trägt sie ihre Krone mit den beiden Mondsicheln, welche die Sonne in ihrer Mitte aufnehmen, denn mit der tapferen und geduldigen Arbeit der Isis wird die Materie wieder von dem wahren Geist befruchtet.

Der Geist wird von der "Mondklammer" des Stoffes empfangen, gehalten und neu hervorgebracht. Und die große Verheißung für die Menschen lautet: Das Materielle ist der Ort, in dem der Geist empfangen werden kann! Es ist nur eine Frage der Bewußtheit. Jede Frau, jede Isis, also der Stoff selbst, hat die Kraft, den Geist aus der Materie zu befreien. Mit Geduld, Zuversicht und himmlischer Kraft breitet der Mond von Jesod die Arme aus, und die Sonne von Tiphareth erweckt den geopferten Gott zu neuem Leben und sendet die erneuernden Strahlen hinunter in das Wasser des Mondes.

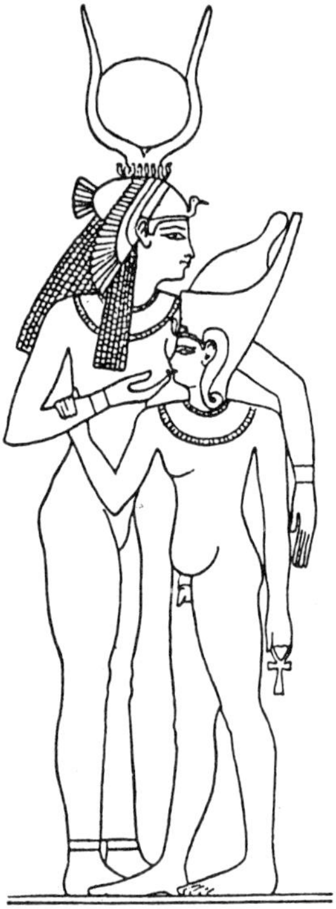

Das Kind, das Isis zur Welt bringt, heißt Horus. Dieses goldene Kind ist kein Baby aus Fleisch und Blut, es ist das geeinte Bewußtsein der oberen Welt und der unteren Welt. Es ist der zunächst in Schleier gehüllte Harpokrates, der "Heru-pachrat" aller Mysterienschulen, der eines Tages der König im Bewußtsein der Menschen sein wird. Er trägt die solare Scheibe auf dem Kopf und verschließt seine Lippen mit dem Zeigefinger der rechten Hand. Denn der Harpokrates ist der Einweihungsgott des neuen Äons im Zeichen des Wassermanns. Große Mysterien bringt er mit. Er, der Horusknabe, den uns seine Mutter Isis zum Geschenk gemacht hat. Noch ist er klein und wird von Isis gesäugt, doch wird er wachsen und die Ruder der Götter in seiner Hand versammeln.

Horus, das ist nämlich der dritte Punkt des sakralen Dreiecks Osiris-Isis-Horus. Horus symbolisiert eine spezielle Bewußtseinsstufe, die man nur erreichen kann, wenn man in das Isismysterium eingeweiht ist. Die Legende erzählt, daß Horus von seinem Vater den solaren Geist geerbt hat und von seiner Mutter einen fein gewebten Auferstehungsleib. Das eine Auge ist die Sonne, das andere der

Mond, so spricht man von seinen berühmten Augen. Diese duale Natur befähigt ihn, überall sein zu können, und das macht ihn zu einem erfahrbaren Mittlerprinzip zwischen der Unvereinbarkeit der Pole innerhalb der stofflichen Manifestation. Er kann vom Urgrund der Unterwelt hinaufsteigen zu den höchsten Göttern. Für Horus gibt es keine Grenzen mehr, er dringt in die tiefsten Tiefen und steigt empor in die höchsten Höhen. Denn er ist ein "goldenes Kind", das menschliche Züge trägt und doch im Geiste erwacht ist.

Die Arbeit der Isis ist die Arbeit der Materie, deshalb ist die Materie allein der Wegbereiter zu der Wiedergeburt des Osiris. Das heißt, die himmlische Weisheit kann *nur* im Schoße der Sichtbarkeit gefunden werden. Daraus ergibt sich deutlich, daß "Weltflucht" und eine verfrühte Askese keine Erlösung bringen. Nur das vollständige Durchschreiten der Verdunklung und Zersplitterung führt zum erlösenden Ziel. Erst wenn der Geist absolut verloren scheint, also in der tiefsten Nigredo der Unwissenheit gefangen ist, entsteht eine Chance für seine Erlosung. Wenn der Geist in der Salzsteppe in festes Gehölz eingewachsen war und eine weibliche Seele sich von der sethischen Weltverhaftung freimacht, um den Geist des Ewigen daraus zu befreien, erst dann kann das weiße Licht der göttlichen Schöpfernatur wieder entfacht werden.

Der Geist braucht demnach Seth als verdunkelnde Kraft für seinen konkreten Weltenbau, und Seth erreicht er über Isis. Doch das Weibliche, die Isis, verkörpert nicht nur die schattenhafte Dienerin des luziferischen Saturns, sie hat auch eine helle Seite, sie kann ebenso die geflügelte Königin werden, die erwachte Seele, die den Menschen zu dem überpersönlichen Geist zurückführt. In dieser Eigenschaft fließt sie in die Initiationsriten vieler Kulturen ein, und dieser Aspekt heiligt auch sie.

Alle Adepten der Welt verneigen sich mit vor der Brust gekreuzten Armen in Dankbarkeit vor Isis, die zur himmlischen Isis, zur Isis Urania wurde. Die Alchemisten sehen in Isis ihre Maria Prophetissia, oder Maria, die Jüdin, die eine Griechin war, und die den Homunculus aus Sperma und Blut in dem Vas Hermeticum hervorbringt. In Isis wird die Frau zur Priesterin, das Weib zu einer Donna Scarletti, Eva zu Lilith, Maria zu dem Stern der Meere und Demeter zu der Priesterin Persephone. Niemals enden kann eine solche Aufzählung, denn die Mythen der Menschen berichten immer von derselben Wahrheit des Universums. In der geheiligten Isis lebt diese Wahrheit. Isis ist die Materie. In Isis opfert die Materie aber auch ihre eigene Dominanz. In Isis werden dereinst die Tore zum Himmel wieder geöffnet. In Isis bringt die Welt den Geist hervor. In der himmelwärts gerichteten Isis wird sogar Seth geschwächt. Denn Isis ist zu dem königlichen Thron des Osiris geworden.

Die Freude der langen Kette der Initiierten besteht zu Recht: Die zeugungskräftige Lebendigkeit der echten Regeneration kann dank der Arbeit der Isis wieder zurückkommen. Das ist etwas ganz anderes, als das besessene Auf- und Abbauen der Sethkräfte, das geistig tot ist, das von innen her verfault und deshalb durch und durch ungesund wird. Nur mit dem Geist, den Isis neu in die Welt hineingebiert, können alle drei Welten gesunden. Wer Isis versteht, kennt den Weg aus der Finsternis, denn er erkennt: Osiris, Isis, Nephtys und Seth sind eins ...

... Der Herold, der uns diese erhellende Unterweisung gab, zeigt uns ein Bild von Isis mit dem Knaben und ein Bild, das Horus als Falkengott darstellt. Er entläßt uns jetzt in unsere Realität, indem er sich langsam verblassend mitsamt seiner Umgebung auflöst. Noch im Verschwinden bittet er uns, anhand der Abbildungen ein wenig selbst über all das Vernommene zu meditieren. Ich glaube, auch Sie nehmen das gerne an, denn wir können auf diese Weise alles noch einmal bedenken und die Information in der Herzmitte zur Erkenntnis reifen lassen.

So verstehen wir nun, Isis, die weibliche Stoffnatur, hat die Möglichkeit, das Horusbewußtsein im Menschen hervorzubringen, das "hüben und drüben" gleichermaßen Zuhause ist. In diesem Bewußtsein ist der Geist nicht tot, wie in einer Mumie, sondern lebendig wie in einem Falken, der frei und ungebunden seine Bahn fliegen kann. Deshalb wird Horus mit dem Kopf und den Schwingen eines Falken dargestellt. Mit den dualen Augen des Horus werden nun die Mauern von Seth transparent, denn die große Illusion läßt sich durch die innere Hochzeit der zweifachen Natur durchschauen. Das Horusbewußtsein sammelt ein, was zerstückelt ist, heilt, was halb ist und ergänzt immer das, was fehlt. Dies ist die Bewußtseinsstufe, die jeder Eingeweihte mit Sicherheit - sonst wäre er kein Eingeweihter - anstrebt. Unendlich sind die Mühen des nach den Schwingen des Horus verlangenden Adepten, großartig seine Leistungen. Aber klein und demütig klopft er an der geheimen Pforte der Isis an, um durch sie Einlaß zu finden in die Herzkammer des Osiris.

Die mondige Isiskraft heilt mit ihren Tränen und dem Flügelschlag ihrer kosmischen Schwingen die Wunden des sethischen Verfalls. Sie macht die Geburt des größeren Lichtes im Menschen möglich, und deshalb hinterließen uns die weisen Mystagogen sehr viele Hinweise auf den Isiskult, der auf seltsame Weise in den Herzen der Gegenwart aufleuchtet. So erwächst der Figur einer natürlichen Urmutter die mystische "Kultmater". Das Weibliche, das urprünglich nur der Materie dienen wollte, dient nun für alle Zeiten der Wiedergeburt des Geistes.

Der Herold von Abydos hat uns den Mythos von Isis und Osiris gut erläutert. Es ist uns gesagt worden, daß wir diesen Mythos kennen müssen, um den Tempelschlaf, der im Osireion durchgeführt wird, besser in seiner mystischen Bedeutung erfassen zu können ...

... Kehren Sie jetzt aus der Trance zurück und versuchen Sie, in der kommenden Nacht in Ihrem Traum ein Isisritual zu erleben. Es gibt viele Variationen dieses Rituals in den verschiedenen Mysterienschulen. Finden Sie in Ihrem Inneren jenes wieder, das SIE schon in irgendeinem Ihrer Zeit-Räume erlebt haben. Bitten Sie einfach die innere Führung, Sie in den Ablauf dieser Zeremonie erneut einzulassen. Ich wünsche Ihnen dabei eine gute Initiation. Auf Wiedersehen ...

... Ja, was ist denn noch? Was meinen Sie? Stimmt, das ist ein treffender Gedanke, Sie haben recht, in unserem

Zeit-Raum "1993" sucht "Isis" gerade den Leichnam ihres Gatten! Deshalb gibt es im auslaufenden zwanzigsten Jahrhundert diesen berüchtigten Esoterikboom, und in allen metaphysischen Seminaren und Workshops sitzen neunzig Prozent Frauen. Und die restlichen zehn Prozent Männer sind meistens Krebs, Fische oder Skorpion am Aszendenten, also auch wässrige "Mädels".

Das sind deutliche Zeichen. Am Ende des weiblichen Fischezeitalters sucht "Isis" den "Osiris" - oder die Materie den Geist. Das Wassermannzeitalter wird ein Zeitalter werden, in dem der männliche Geist aufersteht und das Nur-Weibliche um den anderen Pol ergänzt. Die Augen der Menschen werden dual werden, wie die Augen des Horus dual sind. Man wird sich wieder an die alten Mysterien erinnern und die Tore des materialistischen Zeit-Raumes weit öffnen, um die viertausend Jahre alten Mysterien hereinzulassen.

... Morgen werden wir unsere innere Reise fortsetzen. Bis dann.

Geöffnet sind die Türen der Erde, geheim ist dein Wandeln als Osiris! Du bist geschützt, und Osiris ist geschützt; auch du triumphierst über deine Feinde; als Untergeher für den Westen, aber als Entsteher für den Osten.

Amudat

5. Das Aufrichten der Osirismumie

Bevor Sie in Trance gleiten, erlauben Sie mir ein paar Gedanken: Der Isis- und Osirismythos stellt das geistige Gerüst des Mysterienschlafes dar. Wer diese uralte, bis nach Atlantis zurückreichende Legende verinnerlicht hat, kann ihre okkulte Bedeutung auf dem eigenen Bewußtwerdungsweg auch wirklich erfahren.

Isis, die Mondsichel mit dem hellen und dem dunklen Aspekt, war der Angelpunkt der großen Mysterienspiele in Abydos, die bereits von ungeheuer vielen Menschen erlebt wurden. Aber nur wenige erfaßten den wahren Sinn hinter der Geschichte, denn es gibt ein Geheimnis in diesem Kult, das der Myste selbst entdecken muß. Und dieses Arkanum beinhaltet unter anderem, daß auch ein himmelwärts gerichtetes Isisbewußtsein, also das helle Gesicht des Mondes oder ein weiblicher Mutterkult, niemals das letzte Ziel der Einweihung sein kann. Isis weist nur den Weg zu Osiris, denn der Geist des Ewigen selbst ist es, der als bipolar ausgewogenes Horusbewußtsein im eigenen Inneren gesucht werden muß. Osiris muß nicht nur Isis befruchten, der Geist muß sich aufrichten, er muß wieder auferstehen. Die gestürzte Weltordnung sollte sich aufrichten und sich bewußt unter die Herrschaft des Geistes stellen. Diesem Geheimnis können die Neophyten in der Schule des Osiris näherkommen. Die lunare Göttin selbst öffnet die Pforten zu dieser Mysterienschule, in der jeder Myste zu einer Meisterschaft gelangen kann. Doch lediglich eine kleinere Anzahl von Menschen dringt jeweils ganz hindurch zu der "Schule des Osiris". Aber den Weg dorthin zu finden, das war und ist der eigentliche Sinn und Zweck aller Isisweihen.

Die meisten Menschen sahen oft schon die Bilder, und die Hohepriester gaben ihnen sogar noch die Schlüssel dazu, doch wenige nur begriffen das ganze Mysterium. Viele sind zu schnell zufrieden gewesen. Sie glaubten, es sei ausreichend, daß *Isis* den Horus hervorbrachte. Sie ahnten nicht, daß sie selbst der Uterus für diese heilige Befruchtung werden müssen und blieben ein Leben lang in der Verwicklung der Unbewußtheit stecken. Der Weg durch die Mysterien geht jedoch viel weiter, aber nur einige wenige fanden bisher diesen Pfad.

In diesem Thema wurzelt die Stagnation unserer heutigen Kultur. Seit vielen Jahren liegt nun der Mensch schon "mumifiziert" in seinem Isis- und Seth-Weltbild. Die moderne Menschenmasse entspricht der trauernden Osiriswitwe und wandert geistlos und verlassen durch das Land der Zweiheit. Die nach außen gerichtete Energie der Menschheit, das "Sethische", hat die Einzelteile des umfassenden Bewußtseins in alle Winde zerstreut. Jeder

Mensch müßte eigentlich wie Isis diese Fragmente des Menschseins suchen und zusammensetzen, damit die "Wiedergeburt aus Wasser und Geist" im Bewußtsein vollzogen werden kann. Aber wir alle wiegen uns in Zufriedenheit über die bloße Himmelfahrt des christlichen Geistes. Wenige nur erkennen, daß der triumphierende Christus, der am Ostermorgen das Kreuz in einen Lebensbaum verwandelt hat, als "Horusgeburt" das Bewußtsein des *individuellen Menschen* tiefgreifend verwandeln sollte. Der Weg endet nicht mit der Geburt, dem Tod und der Auferstehung eines fernen Gottes, egal ob er Christus oder Osiris heißt. Für den höherstrebenden Menschen beginnt er erst im Entschlüsseln der Metaphern und Bilder, die jede Religion oder jeder Mythos bieten.

Der involutive Sturz muß in ein konkret vollzogenes evolutives Hochreißen umgepolt werden, und zwar nicht durch einen gepriesenen "Heiland" oder einen mythologischen Akt, der von außen als historische Begebenheit betrachtet wird. Das, was mit den "Schwingen des Falken" gemeint ist, muß wirklich und wahrhaftig in der Kopfmitte des Menschen erwachen, damit die Spaltungskluft im Bewußtsein überbrückt werden kann und sich die tiefsten Dämonen mit dem höchsten Gott wieder versöhnen.

Diejenigen Anteile in uns, die das Mysterium in dem Zeit-Raum von Abydos nicht vollends verstanden haben, fühlen sich heute von den ägyptischen Kulten mächtig angezogen. Genau dieses "heiße Wasser der Sehnsucht" wollte die hohepriesterliche Patenschaft tatsächlich in unser aller Seele gießen. Es ist ihnen sicher gelungen, denn obwohl wir noch in den Bandagen des Materialismus ruhen, melden sich die Einweihungsmysterien wieder in unseren Köpfen. Und deshalb suchen heute viele Menschen den esoterischen Sinn, der hinter der Bühne der sichtbaren Welt steht. Sie drängen in die Kammern des Tempelschlafes, um die zerstückelten Teile ihres ganzheitlichen Geistes zu finden, damit sie sich wieder mit ihnen identifizieren können und das Bewußtsein "geheilt", oder besser "geheiligt" werde.

Nicht vergeblich, nicht zufällig, sondern in logischer Folgerichtigkeit keimen am Ende des zwanzigsten Jahrhunderts allerorten die Samen des alten ägyptischen Mysterienkultes wieder auf. Durch die Schleier der Zeit haben sich die ägyptischen Priester von Abydos, Dendera, Philae, Karnak, Luxor und Heliopolis in unseren Zeit-Raum geschlichen, um in verschiedenen Variationen erneut hinzuweisen auf die Tradition des Mysterienschlafes, wie er in den Osirisschulen durchgeführt wurde. Eine sehr bedeutsame dieser Geheimschulen befand sich im Osireion unter der Isisanlage in Abydos. Wer auch nur ein einziges Mal hier im Tempelschlaf gelegen hat, wird ihn in allen seinen Verpackungen sofort wiedererkennen, wie versteckt er sich auch präsentieren würde. Doch darüber später mehr.

Jetzt ist es an der Zeit, zurückzugehen zu dem Ort, an dem wir mit Hilfe eines uralten Symbolschlüssels sehen können, was genau im Tempelschlaf geschieht. Lange genug haben wir in der Rumpelkammer unseres Sethgrabes gelegen. Als Menschheit sind wir zu den Grenzen des Materialismus vorgedrungen. Jetzt dürfen wir wieder umkehren, uns also auf den Rückweg in die größere Bewußtheit begeben. Die Verheißung unseres künftigen Zeit-Raumes lautet: "nach Hause" in die Mysterien kommen zu dürfen. Nun soll unsere finstere Grabkammer des mayatischen Zaubers zu unserer Einweihungskammer des Erwachens werden. Um dort Einlaß zu finden, fehlt uns nur noch ein einziger Schlüssel, nämlich der von Seth! Dieser ist es, den wir brauchen, damit wir die Arbeit der Isis, welche die Arbeit der Materie ist, selbst bewerkstelligen können. Diese Aktion findet ihren symbolischen Ausdruck in dem Aufrichten der Osirismumie, die jeweils in einem dem Sethprinzip geweihten Tempel durchgeführt wurde. So gab es einst ein Ritual, in dem Isis gemeinsam mit Seth die Mumie des Osiris aus der horizontalen Lage in den vertikalen Stand brachte. Die Zeremonie erfuhr in späteren Zeiten eine leichte Wandlung, man richtete anstatt der Osirismumie den Djedpfeiler auf. Der Djedpfeiler symbolisierte das Rückgrat des Osiris, den Triumph des Lebens über den Tod, die Erhebung des Menschen über das Tier oder den Sieg des Geistes über die Materie. In einer rituellen Zeremonie hebt Seth seine Tat wieder auf, weil er erkannt hat, daß sogar *er* ohne die Zeugungsimpulse des solaren Königs zu einem Schatten seiner selbst dahinschwinden muß. In dieser großartigen Handlung macht Seth persönlich den Fall, den Mord des Geistes, rückgängig und wird sogar zu einem wichtigen Wegbereiter, nämlich zu dem saturninen Mystagogen an der Schwelle der Schule des Osiris. Dahinter steht ein gigantischer Entwicklungsprozeß, denn er demonstriert die Wiederherstellung der kosmischen Ordnung, die senkrechte Denkweise und die erneute Verbindung der materiellen Kräfte mit dem Schöpfungswillen. In diesem Ritual steht auch Osiris endlich wieder auf, doch wird er nicht als Gatte neben Isis auf der Erde leben, sondern als im verborgenen Dunkel dienender Meister der Einweihungsmysterien. Osiris verzichtet nach seiner Auferstehung noch einmal auf seinen berechtigten Sitz im Himmel. Statt dessen senkt er sich in die Nigredo des Jenseits, um unten in den schwarzen Grüften des Todes ein Licht anzuzünden, das die Kraft hat, den Tod in neues Leben zu verwandeln und die Unbewußtheit durch Bewußtheit zu ersetzen.

Diese durch Osiris geheiligte Nekropole ist wie das Reich des griechischen Hades in der Unterwelt zu finden. Man erreicht diesen Ort nach dem physischen Tod sowieso. Doch die Ägypter besaßen in vielen ihrer großzügigen Tempel unterirdische Anlagen, in denen Praktiken vollzogen wurden, die es möglich machten, schon zu Lebzeiten Einlaß in der Welt der Schatten zu finden. Denn in dem goldenen Schrein des Mysteriengottes findet jeder Mensch die Aufzeichnungen, die ihm zu der wahren Selbsterkenntnis fehlen. Wer bis in die geheime Schule des Osiris durchdringt, dem zeigt man den Weg dorthin, und er befreit seine Schattenbilder aus der Verdrängung und verleiht dem Leben die Schwingen des Horus. Wer hier studieren kann, wird eines Tages zum Tempelschlaf zugelassen. Dann erfährt er in sich selbst "die Aufrichtung seiner Mumie", und er wird aus dem Todesschlaf der grobstofflichen Einseitigkeit erweckt. Seine Kraft richtet sich auf. Er erwacht zu neuem Leben und wird schrittweise zu einem größeren Bewußtseinsradius geführt.

Den Weg dorthin zu weisen, darin liegt die geheime Aufgabe der Materie. Dies in Ewigkeit zu beaufsichtigen und zu fördern, ist das Amt der geflügelten Isis. Es muß ihr sogar gelingen, den Widersacher Seth zu bekehren und ihn, den Osirismörder, zu veranlassen, sich gemeinsam mit ihr in den Dienst der Mysterienkulte zu stellen. Dann wird endlich die Sethkraft zum Priester, der in magisch-mystischen Zeremonien die ausgleichende Verpflichtung einlöst, das Rückgrat der Welt wieder aufzurichten und die göttliche Kraft in die Herzen der Menschen zurückzubringen.

... Wir werden jetzt einen solchen Ritus miterleben, um die alten Bilder zu sehen, die unsere Seele seit jeher besser versteht als alle neuen Worte ... Atmen Sie nun dreimal tief ein und aus ... Und gleiten Sie wieder in Trance ...

... "Innerer Friede sei mit dir", schöner kann man eigentlich gar nicht in Empfang genommen werden. Ein hochgewachsener Mann sprach diese Worte mit dem wohlklingende Timbre einer an Intonationen gewöhnten Stimme. Und er fügt jetzt sogleich hinzu: "Der äußere Wächter des Tempels begrüßt die suchende Seele im Namen seines geläuterten Herrn!"

Der Wächter trägt ein wadenlanges gelbes Hüfttuch und einen schulterbedeckenden Kragen mit feinsten farbigen Intarsien, eingelegt in flach getriebenes Gold. Gerade wollte ich etwas erwidern, da hebt er schon seine kräftige männliche Hand und bittet mich mit dieser Geste, einzutreten in die weitläufige Halle, an deren Schwelle er steht. Noch schnell erfasse ich den nur einen Wimpernschlag lang dauernden mystischen Blick aus nachtblauen Augen mit seelentief geweiteten Pupillen, da werde ich auch schon weitergedrängt.

Viele Menschen gibt es hier. Doch wo sind denn Sie geblieben? Ja, Sie meine ich! So drehe ich mich noch einmal um und sehe Sie gerade den Wächter hinter sich lassen. In Ihrer Aura liegt der harmonisierende Einfluß seiner Begrüßung, und Ihre Augen reflektieren unverkennbar den Blick des Türhüters: Er hat Sie genau so angesehen wie mich!

Wir befinden uns gemeinsam mit vielen Menschen in einer riesengroßen Halle, deren immense Weite von monotonen Chorälen noch wesentlich erhoben und geheiligt wird. Ringsherum, ungefähr zwei Meter von der Wand entfernt, sehen wir eng beieinander stehende Säulen. Dazwischen wird jeweils ein Wandgemälde sichtbar, und zunächst scheint es immerzu das gleiche Motiv zu sein. Doch sehen Sie nur! Jemand hat uns leicht am Unterarm gefaßt und führt uns in eiligem Schrittempo die Säulen entlang.

Wir erblicken etwas Wunderbares: Die Gemälde zeigen immer Isis und Seth, die gemeinsam den Djedpfeiler aufrichten. Zuerst liegt der Pfeiler am Boden, doch in jedem folgenden Motiv steht er ein klein wenig mehr wieder auf. Da alle Bilder durch Säulen getrennt sind, erweckt das Ganze den Eindruck eines zusammenhängenden bewegten Ablaufes. Ja, genau! Das ist das System, auf dem in unserem zwanzigsten Jahrhundert die Kinofilme basieren. Faszinierend! Jetzt am Ende des Rundganges steht der Djedpfeiler aufgerichtet zwischen Seth und Isis.

Jetzt werden wir zu Sitzplätzen geführt, wo wir neben vielen Menschen Platz nehmen. Nicht nur Ägypter sind hier. Man sieht auch lange, weiße römische Gewänder und griechische Mysterienroben aus Mykenae und Eleusis. Aber die erwartungsvollen, hochgradig inspirierten Gesichtszüge sind bei allen gleich. Männer und Frauen, äußerlich schlicht, aber von innen heraus wie Diamanten strahlend, haben sich hier im Heiligtum des sethischen Zerstücklers versammelt, um das Ergebnis seiner Bekehrung aus allernächster Nähe mitzuerleben.

Da, sehen Sie nur: Genau wie das Rückgrat des aufgebahrten Osiris liegt tatsächlich der Djedpfeiler waagerecht auf dem Boden in der Mitte der Halle! Die vielen

Menschen und brennende, nach unten gerichtete Fackeln, zahlreiche ruhige Flämmchen aus Öllampen, große Schalen mit würzig schwelenden Opferbränden, das Eintreffen zierlicher Vestalinnen und würdevoller Priester, die anschwellenden Gesänge der unsichtbaren Chöre - all das weist darauf hin, daß wir hier sehr bald an dem Ritus des über die Starrheit des Todes triumphierenden Osiris teilnehmen werden. Vertrauen wir uns also der Situation an, und nehmen wir wieder die meditative ägyptische Haltung ein.

Im Tempel ist es still geworden. Die Priester haben sich an den ihnen bestimmten Plätzen der vier Himmelsrichtungen verteilt. Die Neophyten sitzen im Norden und im Süden mit kerzengeradem Rücken auf den Bänken. Und wir sind mitten unter ihnen.

Wie von selbst verlangsamt sich mein Atem, und nachdem sich meine Augenlider ein wenig gesenkt haben, lösen sich die festen Konturen der Sinneseindrücke auf. Die vergrößerten Lichthöfe der Fackeln und Ölflämmchen verschmelzen mit silbermatten Rauchschwaden und goldblitzendem priesterlichen Schmuck zu einem übersinnlichen Bild des Glanzes, das ein Herz erst aushalten können muß, bevor es hier hereingelassen werden darf. Doch Sie und ich nehmen jetzt teil an diesem besonderen Ritus im Tempel des Seth.

Je ruhiger und tiefer Sie atmen, um so mehr werden Sie in das spirituelle Erlebnis dieser Weihe gelangen. Hängen Sie den neptunischen Schleier der Mystik über Ihre Wahrnehmung. Blicken Sie nicht allein auf die äußeren Handlungen, sondern dringen Sie zu der endgültigen Wahrheit durch, die hinter den sichtbaren Trägern der Zeremonie auf ihre Entblößung wartet. Sehen Sie nicht einfach die Bilder, *lesen* Sie die sakrale Symbolik darin!

Es verging eine geraume Zeit des Schweigens, die alle Menschen hier in einen Mantel der höheren Empfänglichkeit hüllte, aber jetzt begibt sich der kahlköpfige Oberpriester sehr langsam schreitend in die Mitte des östlichen Tempeltraktes. Dort bleibt er aufrecht stehen, hebt die Arme, scheint zu wachsen, und während langanhaltende, grabestiefe Gongschläge im Raum erklingen, beginnt er mit vollkehliger Stimme seltsame ägyptische Silben zu intonieren. Wenn wir auch die Bedeutung der Mantren nicht verstehen, so erfahren wir doch ihre Wirkung. Das eigensinnige, fast schon pathetische Klanggemisch schafft die gleiche vibrierende Schwingung in uns, wie überhaupt in der gesamten Räumlichkeit. Es ist, als würden die Töne alles hier miteinander verbinden. Die Klänge durchdringen die Grenzen zwischen Raum und Mensch, zwischen Traum und Wirklichkeit, zwischen Priester und Mysten. Ein einziger Organismus. Ein Herzschlag. Ein Wissen.

"Heil Dir, Isis, Schwester, Mutter, königliche Gemahlin, Göttin und Herrin der dunklen Nacht, komme herbei und stelle die Ordnung der Welt wieder her." Niemand weiß, wer diese Bitte laut ausrief, denn es scheint, als hätten alle Menschen gemeinsam diese Worte gesprochen, und obwohl sie gerade noch weich im Raum verklingen, gesellt sich der nächste Ausruf auch schon dazu: "Heil Dir, Seth, Bruder, Weltenerbauer, Osirismörder, Gott und Herr der festen Formen, komme herbei und mache den Sturz des Geistes rückgängig. Richte den toten Bruder wieder auf und gib ihm allein die Macht zurück."

Gerade verklingt die letzte Anrufung, da wird unsere Aufmerksamkeit auch schon in den Westen des Tempels gezogen. Dort öffnet sich von der Mitte her ein großes metallisch gehämmertes Tor, das von einer geflügelten Sonnenscheibe gekrönt ist. Lautlos, wie von Geisterhand gezogen, verschwinden die zwei Türhälften in der Tempelwand.

Und nun kommen sie herein: Seth und Isis. Die beiden Götter werden von dem Pharao Men-Ma-At-Râ und seiner Gemahlin verkörpert. In Ägypten sind die Pharaonengeschlechter immer gleichzeitig initiierte Hohepriester, deshalb läßt es sich dieses Paar nicht nehmen, den Göttern als Gefäß zu dienen, um die rituelle Erweckung des Sonnenlogos stellvertretend für die Prinzipien Saturn und Mond vorzunehmen. Für die Dauer des Rituals nehmen der Pharao und seine Gemahlin die Seth- und die Isiskraft als überlagernde Gegenwart in ihre Persönlichkeit auf.

Seth wird nun nicht mehr als Schakal dargestellt, da er sich in einen Isispriester verwandelt hat. Aufgrund seiner Katharsis trägt er jetzt eine Pharaonenkrone mit der aufgerichteten Uräusschlange in der Mitte der Stirn. Die Krone zeigt an: Er wird als Herr der sichbaren Welt verehrt, zugleich aber gebeten, dieser Welt demütig als Pharao zu dienen. Seth ist dazu bereit. Auch sein prächtiger Kragen, das weiße knöchellange Lendentuch und die kostbaren Reifen am Oberarm geben ihm die Würde des äußeren Königs, der mit souveränem Großmut und höchster mentaler Fähigkeit Ober- und Unterägypten regiert.

Die Isispriesterin an seiner Seite verkörpert nicht nur den weiblichen Charme der ägyptischen Göttin, sondern auch die Stärke einer gesunden Quelle, aus der das gesammelte Seelenwasser der Welt hervorströmt. Ihr schmaler nackter Körper schimmert ein wenig durch den hauchzarten Stoff, der die biegsame Gestalt der Priesterin mit weißen Plisséfalten übergießt. Silberne Bänder halten die unzähligen blauschwarzen Zöpfe der Isis, und vielfarbig aufleuchtender Schmuck umschließt die grazilen Oberarme und die Handgelenke. Ihre linke Hand scheint eigens dafür geboren zu sein, das Henkelkreuz zu tragen, so fest greift sie in die obere Schlaufe, deren makrokosmische Elipse das mikrokosmische Kreuz hinaufziehen kann. Und das Gesicht mit den entrückten schwarzgrünen Augen scheint sie ganz und gar der archetypischen Mondin hingegeben zu haben, denn ein charismatischer Glanz hat Irdisches in Himmlisches verwandelt. Alles in allem bietet die Priesterin einen schönen Anblick, ist sie doch ganz in das Muster hineingewachsen, das ihr das Universum von dem Anbeginn der Zeiten zugedacht hat. Ihr starker, erdwärts gerichteter schwarzer Mond trägt offenbar gerne die helle, nach oben geöffnete Schale des Mondes, die sie in diesem Moment zur Hohepriesterin macht. Auf ihrem Kopf hat Isis diesmal nicht die beiden Mondsicheln mit der Sonnenscheibe, sondern ein Modell des pharaonischen Thrones. Dieser gehört Osiris. Isis versinnbildlicht damit, daß sie selbst als erste Ursache der materiellen Verdichtung den Thronsitz für das Geistprinzip zur Verfügung stellen will. Möge Osiris auf ihrem Haupt wieder zum alleinigen Herrscher aller Welten werden.

Seth und Isis schreiten jetzt nebeneinander zur Mitte des Tempels und stellen sich in unmittelbarer Nähe des Djedpfeilers auf. Danach vergeht viel Zeit, doch mein Bewußtsein löste sich von der Zeitempfindung, und so vermag ich nicht zu sagen, ob es Minuten oder gar Stunden sind, bis schließlich Isis und Seth laute und klare Töne hervorbringen, die mehr aus ihrer Brust als aus ihrer Kehle zu kommen scheinen. Mit Hilfe der anderen Priester, der Chöre und Gongschläge entsteht nun hier eine Form von Tonqualität, die einer grobstofflichen Natur sehr nahe kommt. Eine ektoplasmatische Schicht legt sich langsam um den gewichtigen, aus Sandstein gefertigten Djedpfeiler, der ungefähr drei Meter lang ist. Sehen Sie das?! Wie unbegreiflich es auch sei, er hebt sich langsam vom Boden ab, scheint schwerelos nach oben zu schweben, getragen von einem Fluidum, das sich aus den Gesängen der Priester bildet. Seth und Isis berühren jetzt das im Djedpfeiler dargestellte Rückgrat des Osiris, und die ektoplasmatisch verdichtete Schwingung verstärkt sich noch wesentlich. Mit beiden Armen hebt Seth nun den Geist des Osiris wieder aus dem Grab der Formen heraus. Seth, der Widersacher selbst, hilft jetzt dem solaren Prinzip zu seiner Macht zurück. Das ist die größte Geste, die man von den luziferischen Kräften verlangen kann. Das absolut Dunkle mit den schmalen, schrägen Augen der Nacht, das Stoffliche, der Diabolos, das Salz der Erde, die saturnine Struktur wird zu einem heilenden, erweckenden Prinzip.

Das ganze Geheimnis der Osirisschule offenbart sich hier in den beiden Händen des geläuterten Seth, die nun hilfreich die Wirbelsäule des Osiris emporheben. Und dies geschieht auf eine mystische Art und Weise, nachdem er selber gemeinsam mit seiner Schwester Isis dafür gesorgt hat, daß Töne und Schwingungen hervorgebracht werden, die all die irdische Schwere des am Boden liegenden Djedpfeilers in die Leichtigkeit der Transzendenz verwandeln. Das Werk der Isis ist vollbracht; sie hat ihr Gelübde erfüllt und ihren Schleier gehoben. "Wer hier schon sehen kann, der wird bald überall sehen!" so lautet in

Ewigkeit das Versprechen von Bruder Seth, der seinen Saturn umgedreht und den Jupiter in sich erweckt hat, um das Hauptportal zu den Mysterien zu öffnen.

Mit angehaltenem Atem erleben wir in diesem Augenblick ein großes Mysterium im Seth-Tempel zu Abydos. Und unter dem lauten Klopfen aller hier versammelten Herzen geschieht das Wunder. Wie jedes Jahr um dieselbe Zeit. Der Djedpfeiler richtet sich langsam auf. Die waagerechte Lage des Bewußtseins wird in die senkrechte emporgezogen. Die kosmische Ordnung kann von neuem bis zu der Erde durchdringen, da die Achse der Welt wieder nach oben greift. Der Sonnenlogos lebt auf, und der männliche Schöpfergeist kehrt endlich in die weibliche Welt der Formen zurück. Der emotionale Jubel der im Kult miteinander vereinigten Menschen ist äußerlich ganz still, jedoch innerseelisch gewaltig und für alle Zeiten unvergeßlich.

"Heil Dir, Osiris, Bruder, Gemahl und Herr des hellen Tages, Du Sonne der Welt, Lichtimpuls der Einheit, lebe für uns und gib uns den wahren Willen der Schöpfung zurück! Befreie uns von Illusion und Halbheit und senke Dein Licht in die tiefste Mitternachtsstunde unserer Zerissenheit, auf daß wir in Dir wieder erwachen." Laut ruft der Oberpriester diese uralten, viele tausendmal schon von der langen Kette seiner Vorfahren gesprochenen Worte in den Tempel hinein, und alle blicken auf den strahlenden, senkrecht stehenden Djedpfeiler. Jeder der Anwesenden erblickt jetzt den feinstofflichen Geist des Osiris, der sich zu seiner ganzen Herrlichkeit aufgerichtet hat. Es gleicht einem Wunder, denn in vollem Ornat mit Krummstab und Wedel steht ein durchgeistigter Osiris mitten in diesem Tempel. Jeder der Anwesenden weiß es in diesem Augenblick: Zu keiner Zeit war Osiris tot. Er hat in seinem Sarkophag gelebt. Er lebte als Mumie in der Waagerechten. Und er lebt als Gott in Ewigkeit. Sein Antlitz ist von einer kühlen, unstofflichen Liebe erfüllt, die wir Menschen nicht nachvollziehen können, weshalb uns die überirdische Ausstrahlung des gewaltigen Gottes ein wenig frösteln läßt. Doch in den Augen der Isispriesterin schwimmen Freudentränen, und Seth überkreuzt seine Arme auf der Brust, wie es Osiris getan hat, bevor er sich freiwillig in das Grab legte.

In dieser Haltung stellt sich Seth direkt vor das Rückgrat der Welt, blickt dem reinen Geist fest in die göttlichen Augen und neigt dann sein Haupt ...

... Vertiefen Sie sich noch so lange in dieses Bild, wie es Ihnen angenehm oder wichtig erscheint ... Lösen Sie sich dann aus der Trance ... und treten Sie wieder ein in den Zeit-Raum, der unser derzeitiger Aufenthaltsort ist ...

... Ich spüre, diese Zeremonie hat auch Sie erhoben. Jetzt wissen Sie, warum es heißt: Rituale werden von Göttern gestiftet und von Menschen zelebriert. Wer einen Weg geht, braucht das Ritual, um die Sprache der Seele zu erlernen! Lassen Sie mich noch einige Gedanken hinzufügen: "Osiris ist auferstanden" - so heißt es am Ende des Rituals, bei dem wir soeben Zeuge waren. Der sonnenhafte Demiurg verzichtet jedoch noch einmal auf seinen ihm gebührenden Platz im oberen Reich. Er steigt nicht auf einer Wolke empor, um seinen himmlischen Thron zu besteigen.

Denn in der Osirislegende wird ein Einweihungsmysterium beschrieben. Es ist ein esoterisches Mythologem, das jedem, der sich dafür auch nur ein wenig öffnet, einen Raum erschließt, in dem die Psyche die Chance hat, sich von Grund auf zu erneuern. Das heißt, eine echte Integration der folgenden Osirishandlung fädelt den Menschen wie von selbst in einen wertvollen Entwicklungsprozeß ein: Es wird berichtet, daß Osiris sich freiwillig in das Schattenreich der Unterwelt senkt und dort selbst zu einem "Therapeutikum" wird. Der Gott opfert sich zugunsten der menschlichen Suche nach Vollkommenheit. Osiris verwahrt in der jenseitigen Welt alle ungetanen Reste, alle Ergänzungen der "halben Taten", zu denen ein irdisches Wesen aufgrund der Polarität verpflichtet ist. Sein großartiger Dienst besteht darin, jedem, der ihn darum bittet, Einsicht in dessen persönliche Schattenwelt zu gewähren.

Der Abstieg des Osiris in das Totenreich wird in Ägypten mit dem Sonnenuntergang in einen analogen Zusammenhang gebracht. Isis reicht ihm ihre nach oben geöffnete Mondsichel, die nun zur Barke für die sogenannte "Nachtmeerfahrt der Sonne" wird. Für eine exoterische Betrachtung mag es ausreichend sein, hierin nur eine märchenhafte Beschreibung des Weges der sichtbaren Sonne durch die Nacht zu sehen, wie sie also im Westen untergeht und am östlichen Horizont abermals aufsteigt. Für die esoterische Bedeutung der Nachtmeerfahrt genügt es aber überhaupt nicht, hier nur an das tägliche Naturschauspiel am Firmament zu denken. Was sich bei dem Wechsel des Tages zur Nacht am sichbaren Himmel zeigt, ist vielmehr ein wunderschönes Gleichnis für den Weg, den der solare Geist des Universums gehen muß. Die Ägypter haben uns solche monumentalen Bilder geschenkt, damit wir unser eigenes Eingebundensein in die gesamte Dramaturgie des Daseins erkennen können. Wir sollen die Sonne am Himmel beobachten und begreifen, welchen Weg das Menschsein an sich geht.

Der auferstandene Osiris senkt sich "als innere Sonne der Welt" in das jenseitige Reich, in die Nachtseite des Bewußtseins, und stiftet zwei Strömungen: den äußeren Totenkult für die profane Welt der nach außen gerichteten Menschenmasse und eine Initiatenschule für die kleinere Schar der Eingeweihten.

Den der Allgemeinheit zugänglichen Jenseitskult der Ägypter werden wir uns nicht anschauen, dafür aber den metaphysischen Strom. Für jeden wahrhaft suchenden Menschen, der seine Auferstehung in einem Ritus miterlebt hat, verwandelt Osiris die exoterischen ägyptischen Totenbücher zu einer esoterischen Quelle. Da sich das osirische Licht selbst der Urfinsternis des Schattenreiches zum Geschenk macht, heißen diese Bücher: "Das Heraustreten in das Licht des hellen Tages", obgleich sie eine Führung durch die Jenseitigkeit des menschlichen Bewußtseins darstellen. Eines dieser Bücher nennt sich "Amudat" und ein anderes heißt das "Pfortenbuch". In diesen Jenseitsbeschreibungen findet der Lebende alle Hinweise, die er braucht, um sich auf seine eigene Nachtmeerfahrt vorzubereiten, die er nach seinem Tode beginnen wird.

Doch viel aufregender ist es für den Mysterienschüler, bereits zu Lebzeiten in den Schrein des Osiris zu gelangen. Mit dem Verweilen in der Unterwelt illuminiert das solare Geistprinzip die Dunkelheit des Unbewußten, und die Strahlen seiner Sonne fallen jetzt auf das, was verborgen, verdrängt und verloren war, auf daß es gesehen und erlöst werde. So steht im Pfortenbuch geschrieben: "Allen Wesen ist es ohnhin bestimmt, jenen verborgenen Platz aufzusuchen und sich dem zu stellen, was sie dort erwartet. Wer aber die Sonne auf ihrer täglichen Fahrt begleitet, wirft schon als Lebender einen Blick in jene Tiefe des Inneren."

Den erfahrbaren Kontakt mit dem ergänzenden Osirisgeist erleben die Kandidaten im Tempelschlaf, der in der Schule des Osiris durchgeführt wird. Wir sind nun gut vorbereitet, den Tempelschlaf in den unteren Kammern des Osircions einmal miterleben zu dürfen. Ich erwarte Sie morgen zu der neunten Stunde nach Mitternacht.

Eines Gottes Gürtel und eine Krone des Gottes zieren mich; weiter vorrückend laß ich die Ordnung in Abydos walten und öffne die Wege nach Re-stau. Meine Schmerzen lindert Osiris. Nun lasse ich fluten die Brunnen, und meinen Thron errichte ich darüber. Die Täler des grossen Sees durchstreife ich. Denn Osiris habe ich zum Sieg über die Feinde verholfen. Wisset, ich bin ein Gott wie Ihr alle, o Götter!

Ägyptisches Totenbuch

6. Die Schule des Osiris und der Tempelschlaf

Es sind neun Stunden nach Mitternacht. Atmen Sie jetzt dreimal tief und kraftvoll ein und aus ... So stark Sie können ... Und Sie werden hinaufgezogen in eine andere Dimension Ihrer Bewußtheit ... Dann bitten Sie die innere Führung um Einlaß in das Osireion in Abydos ... Und erleben Sie dort einen Zeit-Raum, in dem der Tempelschlaf in der ägyptischen Tradition duchgeführt wird ... Holen Sie Atem bei den Sternen ... Und lassen Sie sich vorbehaltlos auf die inneren Erlebnisse ein ...

... Unser Weg führte uns in die "Schule des Osiris". Hinter dieser Bezeichnung verbirgt sich ein weiterer Trakt in der Tempelanlage von Abydos, in der wir bereits über den

Isiskult unterrichtet wurden und an einem Ritual teilnehmen konnten. Wir befinden uns in dem Zeit-Raum "Osiriszyklus in Abydos" und man spürt es deutlich: Hier pocht das gesunde Herz aller Geheimkulte. Hier fließen die roten Fäden der Mysterienschulen zusammen, und hier allein kann das lebendige Blut aller ernstzunehmenden Bruderschaften, Orden und Logen aufgefrischt werden. So lange, wie dieses zentrale Herz gebraucht wird, wird es auch da sein, denn der Puls, der in dieser Tempelanlage schlägt, arbeitet auf einem für die körperlichen Augen unsichtbaren Plan und bezieht seine Kraft aus den numinosen Regionen des universellen Bewußtseins. Aus dieser Quelle strömen die Grundstrukturen aller Rituale. In welchem Zeit-Raum die Isis- und Osiris-Weihen von Abydos auch in verkürzter oder stark abgewandelter Form vollzogen werden, jedesmal ersteht der Sonnenlogos wirklich auf und arbeitet von diesem Moment an spürbar an dem Werk der Bewußtwerdung des einzelnen mit.

Genießen Sie es also, hier zwischen den Säulen wandeln zu dürfen und freuen Sie sich wie ich über die unverkennbar geistvolle Atmosphäre, in der fundierte Tempelpraktiken ausgeübt werden. Hier in der Schule des Osiris können die Menschen in den Genuß der Heiligen Lehre kommen. Betagte Hierophanten und jüngere Referenten unterrichten in verschiedenen Tempelbezirken das Vermächtnis des Hermes Trismegistos. Der Mysterienschüler lernt hier die analoge Weltsicht der Hermetischen Philosophie. Die Tabula Smaragdina bleibt genauso wenig ein Geheimnis wie die Bedeutung der erlesenen philosophischen Gespräche zwischen Hermes und Poimander. Und ein jeder versucht täglich die 22 Säulen des Tarot als Anleitung für den Erlösungsweg zu entschlüsseln. Unsere Seele dringt jubelnd bis in die Wahrnehmung unserer Ich-Kraft, denn sie fühlt sich hier zu Hause und dankt uns mit angenehm weichen Klopfgeräuschen aus der Mitte unserer Herzen. Denn der gesammelte geistige Grundstoff der Atlanter, der sich in das initiatische Gefäß von Abydos ergossen hat, lebt dort in den Tempeln in einer hochkonzentrierten Urtinktur. Wie ein okkultes Bewässerungssystem verströmt sich das Geheimwissen von hier aus in vielen Variationen in die Religionen der Welt.

In der Schule des Osiris wird diese Lehre von Mund zu Ohr weitergegeben, da nur so eine umfassende und fehlerfreie Übertragung von dem Lehrer auf den Schüler möglich ist. Bücher oder Lehrbriefe können zwar den ersten Kontakt zu der okkulten Weisheit herstellen, dann aber muß das gesprochene Wort eines wahren Hierophanten folgen, damit die Erkenntnis direkt aus dem Herzen des Lehrers auf den Schüler überfließen kann. Denn nur so erfolgt die Übertragung einer Verinnerlichung auf höchster Ebene.

Überall in diesem riesigen Tempelbezirk sieht man Novizen, die einzeln oder in Gruppen zielstrebig in prachtvolle Hallen hineingehen, um einen Platz aufzusuchen, an dem sie heute ihre Belehrungen empfangen werden. Einige haben sich in den gepflegten Gärten schweigend ihren Kontemplationen hingegeben. Wieder andere wandeln mit ihren geschmeidigen, aus innerster Kraft ästhetisch geformten Körpern über ockerfarbene Sandsteinpflaster und lassen sich von strahlender Sonne aus wolkenlosem Himmel bescheinen.

Sehen Sie es auch? Alle Mysterienschüler in Abydos sind vollkommen in Geist und Seele nährende Gedanken versunken. Und an diesem Ort der spirituellen Rückbindung begreife ich endlich, was jenes Elixier sein muß, das der Alchemist sein Leben lang sucht. Denn ausnahmslos alle Menschen, die hier wandeln, strahlen elastische Jugend aus, vollkommen unabhängig davon, wie alt sie in Wahrheit sind. Das Elixier, der Jungbrunnen, muß die Heilige Lehre selbst sein! Die größeren Fragen nach kosmischem Sinn stellen das Hauptnahrungsmittel eines von geistiger Suche gesteuerten und vorwärtsgetriebenen Menschen dar. Allein aus dieser feinstofflichen Kost bezieht er seine übernatürliche Kraft der Regeneration. Die eigene Verantwortungsübernahme für die geheimen Gesetze des Universums leitet plutonische Häutungsprozesse ein, die den Weg immer begleiten und ihn bisweilen auch so grausam schwer machen. Diese Transformation verleiht aber auch die Fähigkeit, sich in eine junge Aura einzuhüllen, die sich wie ein feuchthaltendes, perlmuttschimmerndes Flair einer sich immer wieder selbst erneuernden Schlange um den menschlichen Körper herumlegt und die Trockenheit fernhält. Dann altert der Mensch wesentlich langsamer, weil das salzige, sethische Prinzip der Erstarrung von dem merkurialen Wasser und dem jovialen Feuer an der Alleinherrschaft gehindert wird.

Menschen, die aus innerem Antrieb heraus den Zugang zu der Schule des Osiris gefunden haben und hier geistig arbeiten und rituell verehren dürfen, wissen um die besondere Gnade, in Abydos eingeweiht zu werden. Darum kommt jeder ihrer Schritte einem Sakrament im Dienste der spirituellen Entwicklung gleich. Der ganze Tag wird von ihnen wie ein heiliges Ritual erlebt. Also ist es nicht verwunderlich, daß ihr Wandeln und Schreiten durch diesen Tempelbezirk uns so viel über ihre inneren Motive verrät. Diese Menschen fühlen sich hier zu Hause. All die

Tempelpracht wird als nach außen projizierte Verehrung der Urprinzipien empfunden. Reichtum findet hier zu seiner schönsten Erfüllung, denn er wird in den Dienst des Einweihungsweges gestellt. Dahinter verbirgt sich eine wunderschöne Geste der Mysterienschüler. Die erlesensten Kostbarkeiten führen ihr geliebtes und poliertes Leben in den Tempelanlagen, denn die Tempel sind Symbol für den geläuterten menschlichen Körper, der die geistige Weite des Göttlichen aufnehmen kann. Der fast schon maßlose äußere Luxus wird dem Ältesten der Alten dargebracht. Und jeder, der hier verweilt, ist glücklich darüber, denn das Zweckdenken eines weltlich-materiellen oder lunar-sozialen Bewußtseins "ist tot". Dafür "leben" in unbescheidener Pracht monumentale Sandsteinsäulen, feinste Wandgemälde, viel Marmor, Gold und blauer Lapislazuli als wertvolle Begleiter für den schönsten Weg, den ein Mensch gehen kann.

Hier erfährt der Mensch Eintracht mit dem Himmel. Wenn er zwischen Säulen und Tempeln einherschreitet, atmet er dieselbe Luft wie die Götter. Zur Rechten und Linken senden überlebensgroße, von inspirierter Künstlerhand aus rostrotem Granit herausgemeißelte Statuen ihr rätselhaftes, hintergründiges Lächeln zu den Menschen herab. Und es muß wohl eine stille Verschwörung zwischen den Figuren und den Lebenden bestehen. Denn alle Menschen strahlen den Zauber jener mit glühendem Weisheitsfeuer geschürten Gesichtszüge aus, die ich allein nur in ägyptischen Skulpturen zu finden vermag.

Wir bleiben plötzlich intuitiv stehen und wenden uns nach rechts. Ein Tempel vor uns öffnet sein Portal von selbst, als wir gerade daran vorbeigehen wollen. Ich möchte hineingehen, bitte kommen Sie mit. Eine Tür sollte sich niemals vergebens öffnen!

Es ist sehr finster hier. Keine Fackeln. Keine Öllampen. Keine Spiegel, die das Sonnenlicht von außen fangen könnten. Schon bei dem Überschreiten der Schwelle ergreift uns ein wohliger Schauer, der im Herzen spürbar wird und uns angstfrei macht. So dringen wir gerne tiefer in das Mutterschoßdunkel des Tempelinneren. Unsere Schritte werden ruhiger und der Atem absichtsloser. So etwas wie Wärme und Verständnis durchdringt das Bewußtsein und eine freudige Erwartung fügt sich wie ein blauer Sternenmantel in unsere Aura.

Hören Sie das? Ja, es spricht jemand zu uns mit einer sehr hellen, sehr weiblichen Stimme in altägyptischen Lauten. Ich verstehe diese Sprache nicht, und Sie sicher auch nicht. Aber die Worte können gespürt werden. Wie frisches Wasser aus einer schwarzen Felsspalte hervorbricht und sich lebendig freudig-glitzernd einer gesunden Sonne aussetzt, so quecksilbrig erfrischend plätschern diese fremden Laute, die einer sehr femininen Kehle entspringen, in das Rabenschwarz unseres Aufenthaltortes. Sogleich wird es auch heller in unmittelbarer Nähe vor uns. Das Bild der Isis entsteht auf dem unsichtbaren Träger der Finsternis.

Die Göttin ist wunderschön gekleidet. Nein, das kann man so nicht sagen, sie ist nicht gekleidet, sie ist geschmückt, oder besser: Sie selbst verkörpert in ihrer gesamten Erscheinung das menschengroße Meisterstück eines begabten Juweliers. Wir stehen vor sehr viel Weisheit und Schönheit, vereint in einer synergetischen Verbindung. Ganz und gar freiwillig verkörpert sich in dieser Erscheinung der weibliche, tragende, reagierende Teil des Universums. Wir empfangen das eindeutige Signal viel echter passiver, dienender Hingabe, die keiner Befreiung, keiner Emanzipation mehr bedarf, so vollständig und kraftvoll füllt sie die weibliche Hälfte der Dualität aus. Von dem solaren Gold des Sonnenlogos übergossen, mit Edelgesteinen verziert, steht vor uns die kleine, zierliche lunare Göttin der Ägypter und ist sich ihrer unermeßlichen Schönheit vollends und ohne die geringste Scheu bewußt. Erdiger, bis hin zu einer vollreifen Süße destillierter Mandragoraduft erfüllt den Raum und erhebt uns in das elementare, sinnliche Fluidum, das nur eine echte Mondpriesterin verströmen kann.

Die Göttin geht drei kleine Schritte auf uns zu, und wir fühlen uns von ihr auf eine Art und Weise in Empfang genommen, die ein deutliches Gefühl des Heimkommens auslöst. Der Samt- und Seideblick aus katzenschrägen, kräftig bemalten Augen, hohe Wangenknochen und auf dem Kopf das Hathorgehörn als Barke für Osiris blenden unsere vordergründigen Sinne aus. Alle unsere Körperfunktionen ruhen, und die Worte, die sich aus dem Lächeln der purpurroten Lippen, zwischen kleinen, spitzen weißen Zähnen hindurchdrängen, erreichen uns auf einer Ebene des vollkommenen Verstehens.

Isis erklärt, es sei ihre Pflicht als Mondgöttin und Hohepriesterin, uns den unterirdischen Pfad zu zeigen, der mit Gewißheit wieder aus dem sethischen Werk der Geistzerstückelung herausführen könne. Dies sei ein Teil ihrer Lebensaufgabe, weil sie als duales Mondprinzip mitschuldig sei an dem Werk der Spaltung. So trägt sie als weibliche Natur einerseits die Schuld an der Verstofflichung, aber sie erinnert sich andererseits auch an ihre heilige Pflicht, den Rückweg zu weisen. Diese ehrlich eingestandene Doppelnatur macht einen wichtigen Teil ihres Reizes aus. Jetzt verstehen wir endgültig, warum sie von den Ägyptern so sehr geliebt wird. Auch in uns wächst die innige Verbundenheit zu ihr. Und während wir die unfaßbare, unergründliche Dimension der Göttin verstehen lernen, steigt eine rosenrote Liebe zu ihr wellenförmig aus unserem Sonnengeflecht auf, und die lilienweiße Hoffnung auf kosmische Führung berührt unsere Stirn wie ein aus der Mitte des Sanctums kommender himmlischer Hauch.

Diese Empfindungen entspringen einer mystischen Erwartung, denn wir wissen, Isis wird ihren dunklen Schleier ein wenig heben und uns nun vieles, das wir über den Weg der Entwicklung und den dazugehörigen Tempelschlaf wissen möchten, erzählen. Wer sich diesem Weg nicht wirklich verpflichtet fühlt, der wird nur wenig Nutzen aus dem Mysterienschlaf ziehen können. Denn der hypnotische Seelenflug, wie er hier im Osireion durchgeführt wird, dient der wahren Selbsterkenntnis, und diese bleibt ohne das ernsthafte Beschreiten eines traditionellen esoterischen Pfades immer nur eine halbe Sache. Spricht man aber von *Selbst*erkenntnis, so ist mit diesem *Selbst* das Ganze gemeint. Mit anderen Worten, die ganze Welt und sogar Gott müssen erkannt werden. In einem anderen Sinne kann man überhaupt nicht von *Selbst*erkenntnis sprechen. Um dieses Ziel zu erreichen, gilt es aber, den von Millionen Fußspuren eingetretenen Trampelpfad eines funktionalen Weltbildes zu verlassen und allmählich mehr und mehr in das innere Heiligtum einer echten Initiatenströmung einzudringen. Und hierbei hilft die verschleierte Isis jedem, der sie darum inständig in seinem Herzen bittet.

Ist diese Bitte aufrichtig gemeint, und erfolgt sie von einem Menschen, der den kosmischen Kräften bereits bewiesen hat, daß er eine überdurchschnittliche Belastung aushalten kann, dann wird sein Flehen erhört und Isis kommt in sein Leben, um ihm den verhüllten Weg zugänglich zu machen. Hat der Mensch um eine höhere Schulung im Sinne des kosmischen Bewußtseins gebeten, ist es Isis, die als weibliche Priesterin zu der Schule des solaren männlichen Geistes hinführt. Manchmal erscheint sie als Buch, das dem Suchenden zum richtigen Zeitpunkt mit den richtigen Worten in das Herz greift, manchmal versteckt sie sich in Menschen, die Hinweise und Hilfestellungen geben; ein anderes Mal huscht sie mit erhellenden Botschaften durch Erlebnisse, Träume und Meditationen. Oder sie zündet in Kontemplationen die ewigen Lichter des eigenständigen Denkens an, die dann in dem Menschen niemals mehr verlöschen können.

Vielleicht verstehen Sie hier an dieser Stelle, warum die ägyptische Göttin schlank und rank dargestellt wird und niemals dick. Isis Urania nährt den Geist und nicht den Körper. Die Ägypter verehren in der schmalhüftigen Isis nicht das Weibliche in seiner Eigenschaft als gebärende Mutternatur. Sie neigen sich vor der Priesterin, also vor jener Eigenschaft der Materie, die dem Adepten als "silbernes Werk" zur Verfügung steht, und aus dem er mit seinem lebenslangen Fleiß das "goldenen Werk" machen kann.

Der Eingeweihte muß folgendes einmal im Laufe seiner unzähligen Einkörperungen verstehen: Isis und die Materie sind dasselbe! Kann dieser Zusammenhang wirklich in seiner ganzen Tiefe erfaßt werden, ändert sich das unbewußte Leben in ein bewußtes Leben. Jeder menschliche

Gang durch die stofflichen Zeit-Räume wird schließlich zu einer geweihten Pilgerfahrt erhoben. Dann erst kann es ganz egal sein, ob der Pfad verschlungen ist, steil bergauf oder bergab führt, steinig, wüst und leer aussieht oder mit duftenden Blütenblättern bestreut durch glückliche Stunden führt. Das Leben erhält dann in jeder Situation seinen wahren Sinn, und im Herzen des wissenden Menschen wohnt sogar mitten im schlimmsten Leid eine verheißungsvolle Freude, die eben nur derjenige kennt, der weiß, *wer* Isis ist, und den Kontakt zu ihr aufgenommen hat.

Wenn der Alchemist der zeitlichen Natur folgt, um deren ewiges Geheimnis zu ergründen, dann folgt er den Fußspuren der Göttin Isis. Die Gnade, hinter ihren Schleier blicken zu dürfen, wird eines Tages demjenigen zuteil, der "allzeit strebend sich bemüht" und gelernt hat, seine spirituelle Sehnsucht "bei stetig gelindem Feuer" zu kochen.

Offenbar haben Sie und ich diese Bedingungen vortrefflich erfüllt, denn für uns zeigt sich hier die schönste Ausdrucksform der Materia Prima: eine Mondgöttin, eingehüllt in ihren höchsten Wesensanteil. Wir hören die ägyptischen Worte der Isis wie den Strom unserer Gedanken, doch besteht kein Zweifel, sie ist es, die uns folgendes erkennen läßt:

Hier im Osireion gibt es siebzehn Kammern, in denen die Mysten unter der Begleitung eines Mystagogen im Tempelschlaf liegen und sich auf Reisen in das weite Land ihres Inneren Selbstes begeben. Doch bevor dieses Erlebnis dem Mysterienschüler gewährt wird, sollte er die traditionellen Stufen der Erkenntnis erklommen haben.

Der Tempelschlaf im Osireion gilt nicht als Anfang eines Weges. Vielmehr wird er von einer hohen Entwicklungsstufe an zu einem heiligen Werkzeug, das dem Menschen direkten Zugang zu den Archiven der Selbsterkenntnis und den heilsamen mythologischen Schichten des Seins verschafft. Doch bevor diese bedeutsame Bewußtseinskammer erreicht werden kann, gibt es ein paar wichtige Prüfungen, die der Kandidat bereits im Vorfeld bestanden haben muß, um überhaupt als Myste im Tempelschlaf zugelassen zu werden.

Von der ägyptischen Mysteriengöttin selbst erfahren wir nun Näheres über die unumgängliche Wegstrecke, die seit alters her von jedem gegangen werden muß, der sich entschieden hat, seinen Entwicklungsprozeß zu beschleunigen.

Zuerst muß die "Schlange der Materie" gezähmt und in den Dienst der Entwicklung gestellt werden. Der Mensch sollte also materielle Unabhängigkeit erlangt haben. Er muß sich eigenständig versorgen können, damit er als Studierender in einer Mysterienschule aufgenommen werden kann. Versager, Träumer, Phantasten und Spinner sind überall dort unerwünscht, wo es um echte Esoterik geht. Im Vorfeld seiner Studien muß der Kandidat demnach bewiesen haben, daß ein Leben in und mit der Materie für ihn kein Problem darstellt. Er sollte demnach mindestens *einen* weltlichen Beruf gut ausführen können. Sobald der um Unterweisung Bittende an die Pforte der Schule des Osiris geklopft hat und unter den prüfenden Blicken der Herolde für würdig befunden wurde, in den Vorhof Einlaß zu finden, wird deshalb eine ziemlich hohe Aufnahmegebühr seitens des Tempels erhoben. Noch bevor er seinen ersten Fuß auf den Pfad der geheimen Wissenschaft setzen darf, demonstriert das Entrichten dieser Mitgift die materielle Stabilität des Anwärters und beweist eine gewisse Ernsthaftigkeit.

Ist der Neophyt dann im äußeren Kreis aufgenommen, lernt er die Grundstruktur der Materie kennen. Die steinharten Konsequenzen, die aus dem Gesetz der Polarität erwachsen, müssen von seinem Intellekt schleierfrei gesehen werden können. Schafft er das nicht gänzlich, wird er später zwangsläufig scheitern müssen, da er in einer bürgerlich-moralischen "Gut und Böse"-Wertung festsitzt. In einem solchen Fall wird der Mensch mit den anspruchsvollen rituell-magischen Operationen genauso wenig zurechtkommen, wie mit dem Deuten Heiliger Schriften, Mythen und Allegorien.

Der Neophyt muß ebenfalls die esoterische Bedeutung der Worte "Licht" und "Leben" erfassen. Das beginnt damit, Licht und Finsternis in einen Zusammenhang zu stellen. Wer nicht weiß, welche absolute Einheit hinter solchen Antagonisten wie Sonne und Mond, Licht und Schatten, Himmel und Hölle, Gesundheit und Krankheit, Schönheit und Häßlichkeit, Gott und Teufel wirklich steht, bleibt leider zeit seines Lebens ein dümmlicher Frömmler, der sich auf den wächsernen Flügeln moderner konfessioneller Ethik wie Ikarus schwärmerisch hoch in das lichteste Licht hinaufschwingen möchte. Er begreift dann meistens zu spät, daß die feurig-glühenden Strahlen der geistigen Sonne die untauglichen Flügel gnadenlos zerschmelzen müssen. Um in der solaren Einheit ankommen zu können, werden die sachte emporhebenden Schwingen einer geistigen Entwicklung gebraucht. Der Erwerb solcher transzendenter "Flügel" beginnt jedoch tatsächlich mit dem mutigen Abstieg in das Grauen der dunkelsten Nacht. Scheut sich der Mensch jedoch davor, so tief in das Reich der Schatten zu sinken, wird er niemals das Licht finden, sondern immer nur eine verrußte Lampe seiner eigenen unreifen Religionsvorstellungen vor sich hertragen. Er mag sich im schlimmsten Fall sogar "erleuchtet" nennen, ohne auch nur die geringste Ahnung zu haben, was Erleuchtung wirklich bedeutet und wie absolut gewiß es gerade ihn, der das von sich sagt, nicht mehr geben würde, wenn er den Zustand der Erleuchtung tatsächlich erreicht hätte. Wahres Licht ist identisch mit dem Lumen Supranaturale und bezeichnet die ununterschiedene Gesamtheit allen Seins. Würde derjenige, der täglich den Kosmos oder die Meister um Licht bittet, auch nur ahnen, wie stark er sein muß, um das, was das übernatürliche Licht darstellt, richtig aushalten zu können, er spräche das Wort Licht nur selten und obendrein noch flüsternd aus. So viel Ehrfurcht hätte er davor.

An dieser Stelle hebt Isis leicht die schwarzen Augenbrauen, lächelt bedeutsam und berichtet uns weiter: Die nächsten Aufgaben, die der Mysterienschüler bewältigen muß, verdienen zu Recht den Namen "Schlange der Illusion", und es ist schwer, dieser Schlange Herr zu werden.

Hier sind es die vier Elemente Feuer, Wasser, Luft und Erde, in denen der Kandidat geprüft wird. Er soll alle vier Qualitäten getrennt voneinander in sich selbst erleben und sich zunutze machen können. Wenn es heißt, die Elemente müssen gereinigt werden, so ist darunter zu verstehen, daß man die Emotionen (Feuer), die Gefühle (Wasser), die Gedanken (Luft) und die Geduld (Erde) real nachvollziehbar beherrschen können muß. Der Mensch darf dann nicht mehr Spielball der stofflichen Welt sein, sondern er muß auf *seiner* Erde herrschen. Basierend auf der kosmischen Weisung, individuelle Vollkommenheit zu erlangen, wird das Schicksal dann nicht mehr länger als Zwang von außen erlebt, sondern vielmehr als Ergänzendes, als zum

Heilsein "Geschicktes" aus dem Inneren. Der Mensch muß sowohl die Materie als auch sein Geschick "besitzen" und nicht von diesen beiden "besessen werden". So leicht sich dies auch anhört, läßt es sich doch, gemessen an dem Erfolg, der auch bei langer Übung oftmals auf sich warten läßt, relativ schwer verwirklichen.

Viele Mißverständnisse leiten sich aus diesen Anweisungen ab. So glauben manche, die in der Einbildung leben, einen esoterischen Weg zu gehen, es sei besonders "mystisch", überhaupt nichts zu besitzen und vergraben sich in der verschlissenen Wahnidee einer kleinlich-grauen, staubigen Armut, wodurch sie jedoch genauso ein Sklave der Materie bleiben wie der fettleibige Reiche, der längst ein geknechteter Untertan seiner eigenen Latifundien geworden ist und sich in seinem glitzernden Tand zu Tode langweilt. Ein wahrer Neophyt darf sehr viel Besitztümer sein eigen nennen, wenn er davon unabhängig bleiben kann und sich nicht durch äußeren Reichtum von seinem inneren Streben nach höchstmöglicher Bewußtheit abbringen läßt. Es gibt in allen Zeit-Räumen der Welt große Mahatmas oder Adepten, die unermeßlich reich sind und dennoch bescheiden und völlig bedürfnislos leben, weil der Stern ihres Daseins keine anderen Wünsche mehr kennt, als jene Bahn zu ziehen, die er für sich gefunden hat.

Der Mensch, dem es gelungen ist, die vierelementare Welt komplett in den Dienst seiner geistigen Entwicklung zu stellen, wird ein Meister des Lebens genannt. Jedoch bedeutet das nicht, wie viele meinen, nur noch in spirituellen Bereichen zu arbeiten oder dorthin abzuheben. Das wäre Weltflucht, die genausowenig eine Lösung darstellt wie Weltbesessenheit. Es heißt eher, sich selbsttätig aus den Mumienbinden der Materie herauszuwickeln. Die sichtbare Schöpfung, die Natur verliert ihre Fremdheit, ihre Eigenständigkeit, da der Mensch zu ahnen beginnt, daß jegliche Manifestation - ob feinstofflich oder grobstofflich - nichts anderes darstellt als ein Gerinnungsprodukt des kosmischen Geistes. So findet der Mensch auch in sich selber die beiden Kraftlinien, in denen sich die gesamte zeitliche Natur ausdrückt.

Daraufhin kann er beginnen, sich endgültig frei zu machen von allen polbezogenen Einseitigkeiten. Es gilt dann, bewußt gegen den Strom der Masse zu schwimmen und im Leben zu lernen, Lob und Tadel gleichermaßen gelassen aufzunehmen, Häßliches neben Schönem zu ertragen, Krieg und Frieden als zusammengehöriges Paar innerhalb der irdischen Welt bestehen zu lassen, Krankheit und Siechtum gleichermaßen als Teil des Lebens zu akzeptieren wie Gesundheit und Lebensmut. Wer das weder nachvollziehen noch annehmen kann, weil er glaubt, es gelte im menschlichen Dasein das Schöne, Erhabene und das Gute zu fördern, jedoch das Schlechte, Niedere und Böse mit Nachdruck zu bekämpfen, der hat bereits im ersten Abschnitt seines Weges versagt. Seine typhonische "Schlange der Materie" treibt noch feixend und listig ihr Unwesen in seiner Brust, und er muß leider von den inneren Meistern so lange zu dem Thema der Polarität zurückgeschickt werden, bis ihm das Gesetz der Spaltung aufgrund persönlicher Betroffenheit vertraut geworden ist. So gestaltet sich das Leben für denjenigen, der allein nach dem hellen Pol der Realität strebt, dann oft sehr schmerzlich. Er versucht aus der Erde ein Paradies zu machen, begreift jedoch nicht, daß die Erde sich eben gerade als das zersplitterte Spiegelreich des Paradieses definiert.

So lange, wie Mystik gleichbedeutend mit der rosafarbenen Brille einer positivistischen Weltanschauung verknüpft bleibt, landen die Bemühungen nach sogenannter Höherentwicklung früher oder später in einer betrüblichen Misere. Deshalb entgeht dem einseitig verpolten Menschen manchmal für lange Zeit die wahre Botschaft aus Verzicht, Ohnmacht, Einsamkeit und Krankheit. Denn der in subjektiven Wertungen verstrickte Moralapostel merkt einfach nicht, daß eine kranke Frau, ein behindertes Kind, ein wirtschaftlicher Ruin oder das eigene körperliche Manko lediglich die Schattenmanifestation aus dem Gesetz der Polarität darstellt, die ihn zu einem Gewahrwerden der Ganzheit des Universums zwingen möchte. Könnte er in sich selbst auch die sogenannte negative Hälfte der Wirklichkeit finden und zu aller Bosheit der Welt auch "Ich" sagen, so würden sich die äußeren Wogen seines Lebens deutlich sichtbar glätten. Der Schickalsschlag schickt ihm doch nur eine der Möglichkeiten, sich mit dem Gegenteil seines eigensinnig definierten Heile-Welt-Konzeptes auseinanderzusetzen. Er glaubt das Wahre, Schöne, Gute von der Lüge, dem Häßlichen und dem Bösen isolieren zu können. Würde er in seinem Bewußtsein beide Qualitäten - Gut und Böse - akzeptieren lernen, so wären die Schläge des Geschickes nicht so verteufelt hart. In diesem Sinne muß der von Station zu Station wandernde Neophyt bewußter, mutiger und ehrlicher werden als ein Mensch, der keinen Weg geht und Spielball der Dualität bleiben kann.

Des weiteren ist es notwendig, daß der Pfadwanderer sich allmählich zu einem Beherrscher seiner Gedanken entwickelt. Jeder Durchschnittsmensch bildet sich ein, selbst zu denken. Doch weit gefehlt! Er wird "bedacht" von der klebrigen Masse eines von unsichtbaren Fäden verknüpften Menschheitsgehirns. So, wie die einzelnen Zellen in einem Organ zusammenwirken, so befinden sich Milliarden von Gehirnen in einem unlösbaren Verbund. In dem Zeit-Raum des zwanzigsten Jahrhunderts werden parapsychologische Tests gemacht, um herauszufinden, ob es Telepathie gibt oder nicht. Das ist ein recht albernes Unterfangen, denn von Natur aus gibt es gar keine Gedankenform, die *nicht* telepathischer Natur ist.

In Wahrheit liegt der menschliche Intellekt wie ein dressiertes Zirkustier an der Kette von Suggestionen und mentalen Fremdbestimmungen. Schwirrende Gedanken fliegen wie weiße Tauben und schwarze Raben durch die Lüfte, und niemand weiß so recht, woher sie kamen und wohin sie wollen. Dies stellt für den im Alltagsleben eingebundenen Bürger, der ohnehin froh ist, wenn man ihm bei dem Denken behilflich ist, kein großes Problem dar. Aber der Mensch, dessen erklärtes Ziel "Entwicklung" heißt, sollte um diese Unfreiheit der Gedanken wissen. In jeder Mysterienschule wird der Kandidat deshalb mit Übungen vertraut gemacht, die er lange praktizieren muß, bevor sich ein heimliches Glimmen eigenständigen Denkens auch nur leise bemerkbar macht.

Vorurteile, Aberglauben, Massensuggestionen und profitgierige Irrlehren verlieren dann ihren dämonischen Vampyrismus. Sie sterben an dem jupiterhaften Holzpflock wahrer Erkenntnis, und der Schüler verläßt das der Allgemeinheit vertraute Weltbild wie jemand, der für immer aus einem engen Haus in das sonnige Freie tritt und, gestiefelt und gespornt, tief durchatmend bereit ist, neue Daseinsformen zu entdecken.

Doch leicht wird es nicht werden! Sobald die ersten Erfolge absolvierter Übungen kommen, erwacht das astrale Geflüster der sogenannten Gegeninitiation. Die globale Vernetzung beginnt sich als verlassene Weltanschauung wie ein besitzergreifendes Weib oder eine verschlingende Urmutter an die Fersen des Wanderers zu heften und suggeriert ihm, um Gottes Willen bei ihr zu bleiben. Doch gerade um dessentwillen muß er ja in Wahrheit gehen! Die allzeit schwangere Frau Welt wird zu dem Versucher in der Wüste, verspricht ihm tausend schöne Dinge und warnt ihn vor grauenhaften Gefährlichkeiten, die jeder weitere Schritt mit sich bringen würde. Und diese stoffliche Kraft hat sogar recht, es werden äußerst schwierige Situationen zu bewältigen sein. Aber der nach Erhöhung strebende, der von der Schlange Gebissene sieht keinen Grund, deshalb in den gewohnten Fangarmen des exoterischen Weltbildes zu verharren. Wenn es nach den hemmenden Einflüsterungen der machtvollen Gegeninitiation ginge, würde der Mensch niemals das enge, vertraute Haus der profanen Welt verlassen dürfen. Ringt er jedoch um wahre Selbstverwirklichung, um sich am Ende seines Weges freiwillig (!) als sinnvoll geschliffener Stein in den Tempel des Geistes einfügen zu können, muß er genau das tun. Niemand kann *gleichzeitig* den aufregenden Duft der großen Freiheit atmen *und* daheim in dem warmen Nest einer nährenden Geborgenheit verweilen. Das Bekannte, das bereits Erfüllte, das Bewältigte gilt es für das Neue, das Unbekannte und noch nicht Integrierte zu opfern. Die Entscheidung, "weg" zu gehen liegt immer in dem Grad der Entwicklung, den der einzelne auf dem langen Pfad seiner Wanderung durch die Bewußtseins-Räume schon vollzogen hat.

Die Frage, um die es hier geht, lautet: Ruht der Mensch noch verwickelt in den Bandagen seines Weltkokons oder lösen sich langsam die Mumienbinden der stofflichen Illusion? Wenn letzteres geschieht, wird er wie von unsichtbaren Boten und kosmischen Geheimagenten auf seinem Weg weitergeleitet. Und die Einweihungskutsche erreicht bald schon die nächste Raststätte seiner langen Reise, an der er sich laben kann, bevor er mit neuen, ausgeruhten Pferden weiter voranpreschen wird.

Als dritte Stufe gilt es, die "Schlange der Weisheit" zu besiegen. Ein Mensch, dem diese Arbeit gelingt, hat die vierelementare Welt als Psychodrama durchschaut. Er fand als fünftes Element die Quintessenz und ist im rituellen Bewußtsein des Pentagramms angekommen. Jetzt untersucht er nicht mehr allein die Materie. Seine Fragen richten sich auch weit hinauf in die numinose Welt, und er bekommt von dort die ersten Antworten.

Um die inhaltliche Bedeutung des Pentagrammes ein wenig zu erfahren, stelle man sich mit geschlossenen Beinen und ausgestreckten Armen hin. Man spürt dann sehr bald ein gewisses Schwanken. Steht also ein Mensch im "Quadrat" der sichtbaren Welt, bleibt er "abhängig" von dem Halt der vier Elemente. Er ist noch nicht das, was man als "wahren Menschen" bezeichnet, denn er gelangt noch nicht über die vierelementare Welt hinaus, ist also noch "gebunden". Nun öffne man die Beine weit genug, um sicher stehen zu können. Sogleich merkt man, wie fest und stabil man unabhängig mit ausgestreckten Armen im Raum steht. Und das ist nun der Zustand des "erwachten Menschen", der in sich das fünfte, unsichtbare Element als überirdische Kraftquelle erfahren kann. Er fand die weiße

Quintessenz, in der sich alle Spektralfarben vereinen. Das bedeutet aber auch, daß er nicht mehr damit rechnen kann, von den vier Elementen ernährt und getragen zu werden. Im Gegenteil, jetzt ist allein er es, der die Verantwortung trägt.

Das nach unten gekehrte Pentagramm entspricht der nach unten gekehrten Mondsichel: Es ist die sethische Lust an der Verstofflichung. Die Lust an der materiell-sichtbaren Welt. Der Teufel wird oftmals als "Bock" dargestellt, weil ein Bock ein nach Vermehrung drängendes, stößiges Tier ist. Genau so "weltengeil" ist der Mensch im umgekehrten Pentagramm. Er ist gekettet an seine Lebensfreude, doch eines Tages lernt der Mensch, dieses Pentagramm zu konfrontieren. Er wird jäh aus seinem Traum gerissen und lernt, Stück für Stück auf sein eigenes Wohlergehen zu verzichten. Je mehr er das kann, umso lockerer wird die Schlinge um seinen Hals. Er entkommt irgendwann den Fesseln und beginnt damit, aus eigener Anstrengung heraus das Pentagramm auf der Stirn des Teufels umzudrehen. Dabei helfen ihm Rituale und Zeremonien. In Anrufungen und anderen Riten antwortet der Mensch von unten auf die Gesetze des Oben. Er wendet damit das Pentagramm an, denn er erhebt sich aus der Knechtschaft der vier Elemente und verwirklicht in seinem Bewußtsein das fünfte Element. Das Innere Selbst blüht dann auf wie die mystische Rose an dem Kreuz der vier Elemente.

Die ägyptische Göttin projiziert bei diesen Gedanken für uns ein strahlendes goldenes Kreuz mit einer Rose im Schnittpunkt in das samtene Dunkel des Raumes. Auch dieses Symbol lebt von den vier Elementen mit der Quintessenz in der Mitte. Wir spüren seine rituelle Kraft und erkennen in ihm eine andere Schreibweise für das Pentagramm. Nach wenigen Augenblicken atmet die magisch sehr begabte Göttin die Projektion wieder ein. Sie beendet ihre Worte, und in unserer Erinnerung wird ihr schönes, rätselhaftes Lächeln zurückbleiben, das sie uns noch über die Schulter wirft, bevor ihre zarte Gestalt mit weiblichem Hüftschwung davongeht und von einer schwarzblauen Dunkelheit schneller verschlungen wird als ihr Mandragoraduft.

Doch bald darauf ist auch der Duft verschwunden. Hinter uns öffnet sich die Tempeltür, und wir fühlen uns von dem hereinbrechenden Tageslicht hinausgebeten. Also gehen wir. Und Wärme empfängt uns draußen.

Kommen Sie, wir mischen uns einfach unter die wandelnden Neophyten und schauen uns noch weiter hier um. Spüren Sie auch den warmen Sandstein, über den wir nun laufen? Es ist sehr angenehm. Sehen Sie dort diesen stark bemalten Tempel? Da werden wir hingehen. Oh, wie schön! Wir stehen vor dem Portal des Tempels und sehen auf der linken Seite ein farbig ausgemaltes Relief der Isis. Diesmal hat sie die Arme über der Brust gekreuzt wie Osiris, und ihre schmalen Hände liegen mit vielen goldenen Ringen geschmückt auf den Schultern. Sehen Sie den Skorpion auf ihrem Kopf? Mit diesem Zeichen begegnet uns ein weiterer Aspekt der Mondgöttin. Isis erscheint hier als Selket, als skorpionische Herrin der mystischen Heiler. Der dreizehngliedrige Skorpion verfügt über eine Giftdrüse, mit der er sich bisweilen sogar selbst tötet. Jedes Gift kann jedoch gleichzeitig zu einem Heilmittel werden, und so ordnet man dem Skorpionsymbol nicht nur den Tod zu, sondern immer auch Heilung und Auferstehung. Deshalb gilt der Skorpion als Symbolträger für die okkulten Metamorphosen, die der wahre Hintergrund jeder echten Gesundung sind. Im Sinne des Skorpions wird Abgelebtes zerstört und gleichzeitig Neues aufgebaut. Wenn Isis uns hier mit dem berüchtigten Spinnentier erscheint, dann können wir dies als Versprechen auffassen, daß hinter dieser Tempeltür transformatorische Prozesse stattfinden müssen.

Auf der anderen Seite des Portals befindet sich ein Wandrelief des auferstanden Gottes. Es zeigt Osiris als Priestergott im Profil. Krummstab, Wedel und die seitlich gefederte Krone demonstrieren wie immer die umfassende Autorität, doch in seinem Falle im Sinne einer allein geistigen Macht. Aber sein Gesicht und seine Hände sind merkwürdigerweise nicht wie auf anderen Darstellungen hautfarben, sondern eindeutig olivgrün.

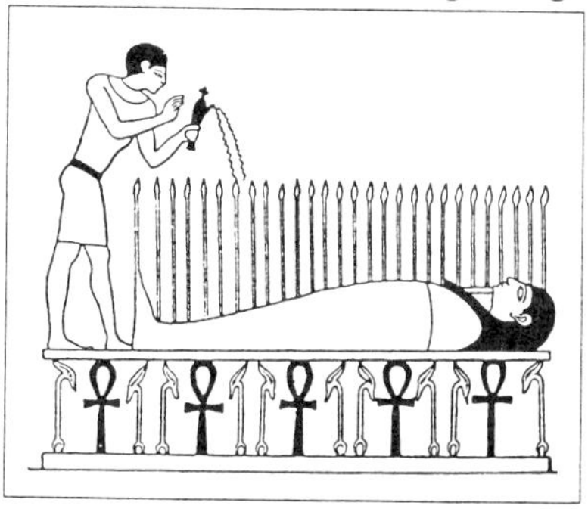

Warum er eine grüne Hautfarbe hat, möchten Sie wissen? Der "Grüne Osiris" birgt etliche Geheimnisse, die wir langsam erfassen können. Für die profane Welt wird Osiris durch seinen freiwilligen Abstieg in das Totenreich zum Fruchtbarkeitsgott erklärt. Die Allgemeinheit sieht in Osiris eine Schaltstelle im Wachstumskreislauf der Pflanzen. So fertigen die Ägypter sogenannte "Osirisbetten" an, indem sie aus Nilschlamm und daruntergemischten Getreidekörnern kleine Osirismumien formen, aus denen dann frische grüne Halme hervorsprießen.

Das von dem Halm getrennte Korn ähnelt der Zerstückelung des Osiris und bringt dann doch wieder ganze Halme und neues "Grünen" zuwege. In diesem Bild sieht der ägyptische Bürger das Versprechen auf ewiges Leben für die Pflanzen, Tiere und Menschen.

Solche Erklärungen reichen aus, um dem Volk die grüne Hautfarbe ihrer Unterweltsgötter zu erläutern. Daran sieht man einmal wieder deutlich, wie viele Ebenen der Betrachtung es geben kann. Denn für Eingeweihte hat die olivgrüne Haut des Osiris noch eine wesentlich größere Bedeutung. Denn Dunkelgrün, Schlangengrün und Olivgrün sind die Farben des seelischen Schattenreiches, in dem die unbewußten Verdrängungen der menschlichen Psyche auf ihre Erlösung warten.

Auch in einer alchemistischen Allegorie läßt sich die Sonne von einem grünen Löwen fressen. Dieses Bild stellt das Opfer des Osiris lediglich in einer anderen Sprache dar. In der Alchemie wird der Weg des göttlichen Schöpfungsimpulses wie in allen anderen esoterischen Lehren beschrieben: Das Aufspalten der Einheit und der Abstieg in das chthonische Reich entspricht dem "Grünen Löwen". Der Aufstieg wird durch den "Roten Löwen" bezeichnet, und die Wiedervereinigung aller getrennter Teile auf einer höheren Ebene versinnbildlicht der "Weiße Löwe".

Die grüne Hautfarbe einer Erlösungsfigur floß auch in die jüdische Religion, die einige ihrer Wurzeln in ägyptischen Mysterienschulen hat, ein. Dort existiert die Vorstellung von dem "Ewigen Juden mit dem grünen Gesicht", der seine Heimat, seinen ihm bestimmten Platz in der Welt sucht. So drückt es zumindest das äußere Judentum aus. In Wahrheit ist Chidher jener Anteil im Menschen, der von der Schlange der Weisheit gebissen wurde, deshalb um seine Halbheit weiß und nun verzweifelt nach seiner eigenen Ergänzung sucht, indem er rastlos durch das universelle Bewußtsein streift. Längst hat er gemerkt, daß er den Ort seiner Vollkommenheit nicht außen, nicht *in* der Welt finden kann, sondern nur in dem "Inneren Jerusalem" des kollektiven Bewußtseins, und genau dort geht er von unablässiger Sehnsucht getrieben herum und sucht sich selbst.

Der Grüngesichtige ist sehr nah an der Wahrheit, trägt er doch ein rot entflammtes Kreuz auf der Stirn, das er mit einer schwarzen Binde vor den Blicken Uneingeweihter schützen muß. Es ist das Kreuz der vier Elemente, das bei Chidher im "dritten Auge" in Flammen steht. Der Wissende versteht: In das JOD-HEH-VAU-HEH der Schöpfung hat sich das feurige, mit göttlicher Bewußtheit ausgestattete SHIN gesenkt und es wurde daraus das eine große Erlösungsprinzip: JEHOSHUA. Gott selbst sendet einen Teil von sich als Sohn auf die Erde. In diesem Sinne wird in der jüdischen Esoterik jener Chidher an einer bestimmten Station des Einweihungsweges zu einer bedeutungsvollen Figur, die der Pfadwanderer konfrontieren kann.

Wer sich dann voll und ganz mit dem suchenden "Grünen Gesicht" identifiziert, erfährt eine handreichende Unterstützung von der transzendenten Seite des Universums und wird auf seinem Weg im Eiltempo vorangezogen, worauf sich das Kreuz auf seiner Stirn in Brand setzt. Steht das Signum der Materie dann in hellen Flammen, ändern sich die Vorzeichen. Der Mensch "geht" dann nicht mehr bloß einen Weg, vielmehr ist er zu einem Wegbegleiter geworden. Selbst die verlorene Ganzheit des Bewußtseins auffindend, streift dann der Mensch einsam als "Ewiger Jude" durch die sichtbare Welt der Formen und hilft sich, indem er anderen hilft. Doch gehört er bereits einer höheren Dimension an, und er muß deshalb sein schon lichterloh im kosmischen Feuer stehendes Mal mit einer schwarzen Binde auf der Stirn vor den anderen Menschen verbergen, damit er unerkannt sein erweckendes Werk für die suchenden Seelen vollziehen kann. Diese okkulte Arbeit macht ihn zum Heilmittel. In verschieden dosierten homöopathischen Potenzen verabreicht er durch sein bloßes Dasein oder die Worte, die er spricht, jenen Menschen, die eine Resonanz zu ihm entwickelt haben, eine wirksame Medizin für das einzige Problem, das der Mensch in Wirklichkeit hat: die Unvollkommenheit.

Auf der Bewußtseinsstufe des Ewigen Juden erlangt der Initiierte das sogenannte "Ewige Lächeln". Dieses Lächeln entspricht einer inneren Haltung, die man sich nur durch eine intensive okkulte Suche, die von mystischer Opferbereitschaft begleitet sein muß, erringen kann. Wer das "Ewige Lächeln" sein eigen nennen darf, hat in der langen Kette seiner Wanderung durch verschiedene Zeit-Räume maßlos gelitten, ist mehrfach zu Asche verbrannt und jedes Mal "als schönerer Phönix denn je" aus dem letzten, schwach glimmenden Funken der roten Glut auferstanden. Die unzähligen bewußt erlebten Metamorphosen haben diesem Menschen jedoch jeweils ein Stückchen mehr von seiner eigenen Ich-Kraft genommen und ihn in eine umfassendere Identität des kosmischen Bewußtseins hineingeschoben.

Das ist der Selbsterkenntnisprozeß, den eine nach "Entwicklung" strebende Wesenheit an sich immer wieder in ihrem Leben erfahren muß, bevor sie sich real als "Grünes Gesicht" mit dem "Ewigen Lächeln" in den Dienst der Nächsten stellen kann. Erst in diesen Regionen beginnt eine Berufung aufzukeimen, die in der Antike als Therapeutus oder Mystagoge bezeichnet wurde. Denn erst wenn der Mensch - wie der Grüne Jude - selbst einen langen Weg gegangen ist, hat er das Recht erworben, andere auf ihrem Heilsweg begleiten zu dürfen.

Betrachten Sie das Bild von Osiris einmal genau, so sehen Sie außer der grünen Hautfarbe ebenfalls das Ewige Lächeln. Daran erkennen Sie deutlich, wie alle Strömungen der Heiligen Lehre dieselbe Sprache sprechen. Wer dieses "Ewige Lächeln" sehen kann, erkennt es überall: in Neugeborenen, Erwachsenen und Greisen, denn es ist ein Lächeln, das aus dem unsterblichen Leib des Inneren Menschen nach außen dringt und den Wechsel der verschiedenen Einkörperungen jeweils "überlebt". Achten Sie einmal darauf, wenn ein Adept der westlichen Mystik mit einem solchen Ewigen Lächeln auf die vertrauten Säulen seiner Lehre blickt. Es könnte sein, daß ein paar von seinen heimlichen Freudenschauern auf Sie überfließen und auch Sie von einem prickelnden Gefühl des schönsten Verliebtseins durchrieselt werden, das allerdings in seiner Qualität weit über dem steht, was zwei Menschen miteinander erleben können.

Die grüne Farbe von Osiris und der Skorpion von Isis lassen ahnen, daß wir hier vor den therapierenden Schattenpriestern stehen, die den Okkultisten über den Abyssos führen. Und so ist es auch. Für den Eingeweihten ist Osiris ganz und gar kein Totengott. Das sieht nur die profane Masse in Osiris. Für den Novizen der geistigen Entwicklung jedoch hält der "zur Hölle niedergefahrene" Gott mit der grünen Haut vieles bereit, das den Reifeprozeß der Seelenpersönlichkeit immens steigert. Der Kontakt mit Osiris geschieht im Mysterienschlaf. Darin liegt der Sinn des Heiligen Schlafes. Der Mensch gelangt in einem der Vordergründigkeit entrückten Zustand in die Katakomben seiner Verdrängungen und kann vorübergehend selbst mit Osiris, also mit der solaren Ganzheit des Universums, in Kontakt kommen, um seiner eigenen Wahrheit näherzukommen. Osiris und Isis stehen als Schutzgottheiten des Tempelschlafes jedem Menschen zur Verfügung, der Kontakt sucht zu seinem unsterblichen Anteil des Bewußtseins.

Im Osireion in Abydos arbeiten Hohepriester, Mystagogen und Therapeuten im Auftrag von Osiris und Isis. Da sie sich voll und ganz mit ihrer Berufung identifizieren und nicht versäumen, auch selbst an sich zu arbeiten, sind die Erfahrungen, die der Kandidat hier machen kann, von einer Größe, die einen Quantensprung in der Entwicklung des einzelnen initiieren. Nicht weniger als "eine zweite Geburt" erlebt der Neophyt im Tempelschlaf. Um erkennen zu können, was damit gemeint ist, werden wir nun die Gelegenheit erhalten, in das Osireion einzudringen.

Das Portal zwischen den beiden Reliefs der Gottheiten öffnet sich von selbst und saugt uns magnetisch in seinen Schlund. Eine unbekannte, unbeschreibliche Empfindung läßt uns innerlich wachsen und äußerlich eher schreiten als gehen. Es ist uns gestattet, diesen Ort zu besuchen, um genauer zu erfassen, worin die hohe initiatische Kraft des Mysterienschlafes besteht. Mit jedem Schritt gelangen wir tiefer hinein in eine erhabene gedämpfte Ruhe, die unsere inneren Sinne empfänglicher macht denn je.

Stille empfängt uns im Osireion. Ja, anders kann man das nicht ausdrücken. Stille.

Stille liegt auch in dem Antlitz des Wächters, der uns schweigend mit einer Handbewegung weiterleitet. Stille herrscht in dem langen Gang, dessen schwarzer Granit diese Lautlosigkeit in sich verschließt. Stille strahlen die bemalten Wände aus. Sie sind farbig. Aber still.

Stille in mir. Stille in Ihnen. Unhörbar unsere Schritte. Nicht einmal das leise Glimmen von Feuer ist zu vernehmen. Es gibt keine Fackeln, keine Öllampen. Doch wir sehen. Woher kommt das gleichmäßige Licht? Jawohl, auch das Licht kommt aus der Stille.

Drei Gestalten stehen jetzt vor uns. Dreimal das Ewige Lächeln. Zwei Priesterinnen und ein Hoherpriester. Dreimal strahlende Stille in drei schönen Augenpaaren. Drei goldene Schlangen auf drei Diademen jeweils aufgerichtet zwischen den Brauen auf der glatten Stirn. Drei bodenlange weiße Gewänder. Drei Kreuze aus Armen über die Brust gelegt. Wie von selbst lege auch ich meine linke Hand auf die rechte Schulter und darüber die rechte auf die linke Schulter. Ich spüre das warme Kreuz meiner Arme über der Brust. Doch unter der Mitte dieses Kreuzes ist auch mein Herz ganz still geworden.

Die drei Gestalten neigen ihr Haupt, drehen sich um und durchschreiten eine Pforte, die oben spitz zuläuft. Ich denke an ein Quadrat, auf dem ein Dreieck ruht. Vier und Drei sind Sieben. Das ist die mystische Zahl aus den Märchen. Wir folgen den drei Priestern. Wieder ein langer Gang. Und immer noch Stille. Lautlose Schritte. Rechts und links an den Wänden sehen wir die Motive des Tarot. Ausdrucksstark, in wenigen rötlichen und bräunlichen Farbtönen direkt auf die Wände gemalt, berühren sie leicht die Seele und lassen den Geist fliegen.

Ein Portal vor uns. Aus purem Gold. Geschlossen. Die drei Priester und wir stehen davor. Mit geneigtem Haupt. Still und leise atmen fünf Menschen in demselben verlangsamten Ein und Aus. Das Blut fließt lautlos zu den Herzkammern und genauso still wieder heraus. Die Stille liegt wie ein leichter Mantel auf der Haut.

Und da vibriert der erste weiche, volumige Gong wie aus der Mitte dieser Stille heraus. Ein Ton, der die feinsten Körperhaare aufrichtet. Ein Ton wie das "Ja" eines Gottes. Kein Organ bleibt unberührt. Jeder Zellkern schwingt das "Ja" bis in die Membran mit.

Freudentränen, die sich nicht lösen wollen, verharren im Inneren der Augen, als der zweite Gong sich samtweich in den ausklingenden ersten schmiegt. Drei ... Vier ... Fünf ... Sechs ... Sieben ... Acht ... Neun ... Neun durchdringende Töne. Neunmal geboren. Neunmal gestorben. Neunmal auferstanden. Die Pforte öffnet sich bei dem neunten Erwachen von unten. Lautlos und als wäre es ohne Gewicht, hebt sich das massivgoldene Tor empor und lädt uns ein, es zu durchschreiten. Gleich auf der anderen Seite gehen wir einzeln hintereinander über einen schmalen kupferfarbenen Steg, der über einem silbrig schimmernden Wassergraben liegt. Noch drei Schritte und wir stehen vor einer schwarzen Tür. Sie öffnet ihre beiden Flügel von der Mitte her. Die drei Priester gehen zuerst hinein, und wir folgen ihnen in die Dunkelheit.

Leise schließt sich die Tür wieder hinter uns. Die drei Priester teilen uns mit, daß wir uns hier in einer der siebzehn Kammern befinden, in denen der Tempelschlaf durchgeführt wird. So klein wie ich mir "eine Kammer" vorstelle, ist dieser Raum allerdings nicht. Einer der Priester teilt uns die Abmessungen dieses Refugiums mit. In unseren Maßen ist er neun Meter lang, dreieinhalb Meter breit und dreieinhalb Meter hoch. Die Kammer ist leer und ungeschmückt. Schwarzer Granit. Alles, was wir sehen, ist ein rechteckiger Raum aus hochpoliertem schwarzem Stein. Jede Wand, die Decke und der Fußboden sind aus glänzendem Granit gearbeitet. In dem hinteren Drittel erkennen wir die scharfkantigen Umrisse eines schwarzen Sarkophages, der parallel zu der kürzeren Seite des Raumes steht und aus dem gleichen schwarzen Stein gearbeitet wurde, der dem ganzen Raum eine stille Leere verleiht. Als einzige Lichtquelle gibt es ein ruhiges intensiv-blaues Licht, das wie ein breites Band auf die rechteckige Ruhestätte fällt. Neben dem Sarkophag steht ein würfelförmiger Stein, der mit einer Rückenlehne versehen ist. Wahrscheinlich handelt es sich um eine rituelle Sitzgelegenheit, auf der ein begleitender Mystagoge Platz nimmt, wenn er hier drei Tage und vier Nächte neben dem Mysten im Tempelschlaf verweilt.

Einer der drei Priester, die uns hierher brachten, schreitet langsam zu der rechteckigen Sitzgelegenheit neben dem Sarkophag, und der zweite folgt ihm, während die Priesterin sich uns zuwendet und uns erklärt, daß wir aufgrund der unsichtbaren Körper, mit denen wir hierher kamen, gerne bleiben können, um das Eintreffen des Mysten, der hier bald seinen Tempelschlaf halten wird, mitzuerleben.

Der Myste verweilt in einem Nebenraum, in dem er gerade jetzt für diese Prozedur vorbereitet wird. In den nächsten Minuten wird die Priesterin den Raum verlassen, um ihn zu holen. Ich möchte von ihr wissen, ob es sich um einen Mann oder eine Frau handelt, da lächelt die Priesterin ein wenig erstaunt, und mir wird klar, daß diese Frage hier in diesem leeren Raum keinen Sinn mehr hat. Denn ein menschliches Wesen wird in einen hypnotischen Zustand versetzt werden, der die feinstoffliche Seele von dem grobstofflichen Körper lösen wird. Welche Rolle sollte hierbei noch das Geschlecht der Person spielen?

Die Priesterin verläßt leisen Schrittes den Raum, und der ältere Priester stellt sich mit überkreuzten Armen vor dem Sarkophag auf. Einige Strahlen des blauen Lichtes treffen seine Stirn, und dies erweckt den Eindruck, als bäume sich die Uräusschlange dort noch weiter auf, als wäre sie von den blauen Lichtstrahlen lebendig geworden. Diese optische Täuschung muß an der Kraft des besonderen Lichtes liegen, denn je länger ich dort hinsehe, um so intensiver spüre ich die Qualität des transparenten blauen Leuchtens auch in mir.

Der jüngere Priester stellt sich mit den noch immer auf der Brust gekreuzten Armen neben den Eingang, ohne uns weitere Beachtung zu schenken. Die Art, wie er hochkonzentriert tief und gleichmäßig ein- und ausatmet, zeigt an, daß er sich verantwortungsvoll auf eine magische Arbeit vorbereitet.

Auch wir haben unsere Arme noch über der Brust gekreuzt. Ich wende mich Ihnen zu, um zu schauen, wie es Ihnen geht und sehe, daß auch Sie den Augenblick hier sehr wertvoll einschätzen. Schließlich dürfen wir einen ägyptischen Tempelschlaf-Ritus miterleben, den es in dem

Zeit-Raum, aus dem wir kommen, in dieser Form nicht mehr gibt.

Es sind einige Minuten vergangen, die Tür öffnet sich wieder, und wir sehen, daß die Priesterin eine mit weißen Mumienbinden eingewickelte Person am Ellenbogen bis zu der Schwelle führt. Die Wicklung der Bandagen läßt dem Kandidaten nur unbeholfene Bewegungen zu, und als die Priesterin ihn losläßt, bleibt er auf der Schwelle zu der Kammer stehen.

Das Gesicht der Person ist - wohl als Symbol der Sonne unverwickelt, und ich traue meinen Augen kaum, aber - kein Zweifel - dort auf der Schwelle des Eingangs stehen Sie! Ja, Sie! Ein Blick zur Seite, und ich begreife, auch Sie haben soeben erkannt, daß niemand anderes dort in Grabgewändern steht als Sie selbst. Ob es Sie jetzt plötzlich zweimal gibt, möchten Sie wissen. Nein, so ist es nicht! Sie existieren nur *einmal* im Universum, aber Sie erleben jetzt die Gnade, sich in drei verschiedenen Bewußtseins-Räumen agierend wahrzunehmen: Ihr Körper liest im zwanzigsten Jahrhundert ein Buch über den Tempelschlaf, Ihre Seele reist auf den Schwingen der Phantasie in eine traditionelle Mysterienschlafkammer, und Ihr zeitloser Geist steht am Beginn eines dreieinhalbtägigen Tempelschlafes. Und das Besondere daran ist, daß Sie sich jetzt aller drei Ebenen bewußt sind. Ihr sonst so starres "Ich" hat die Abgrenzung gelockert, Sie haben jetzt das, was man ein "atlantisches Bewußtsein" nennt. Und an dieser Stelle verstehen Sie nun: Eine bewußte Trance im Tempelschlaf entspricht einer Wiederherstellung eben dieses atlantischen Bewußtseins. Die Atlanter brachten ihre Kenntnisse nach Ägypten und verpackten sie in dem Mythos von Isis, Osiris und Horus. Sie zeigten in den Bildern der

Mumifizierung die *Ver*wicklung und die *Ent*wicklung des Menschen, gründeten Mysterienschulen und lehrten die Hohepriester, den hypnotischen Schlaf für eine Bewußtseinsarbeit einzusetzen. An dieser Kraftader, an diesem pulsierenden Band der Unsterblichkeit sind Sie jetzt angeschlossen. Eine große Gemeinschaft von Eingeweihten gliedert Sie für einige Zeit in der Mitte ihrer Kette ein, Sie dürfen die Größe und Weite eines Bewußtseins atmen, das Ihnen vorübergehend die Flügel des Falkengottes verleihen wird. Sie sind aus der vierelementaren Begrenzung herausgewachsen und haben sich erhoben in das fünfte Element. Sie fanden die Quintessenz als lebendige rote Rose unter dem Kreuz, das Sie mit Ihren Armen auf der Brust gebildet haben. Atmen Sie ruhig und erleben Sie bewußt mit, wie Sie sich gleichzeitig in verschiedenen Identifikationen wahrnehmen, und wählen Sie einfach jenen Standpunkt aus, der Ihnen Aufschluß über den Tempelschlaf gibt.

Da stehen Sie nun selbst auf der Schwelle vor dem jungen Priester, der Sie neben der Tür erwartet. Versuchen Sie Ihre Wahrnehmung so zu filtern, daß Sie sich in dieser Situation jetzt genau spüren können. Die weißen Bandagen um Ihren Körper, die Leere der Kammer, der schwarze Granit, der Sarkophag mit dem blauen senkrecht von oben fallenden Lichtband darüber, das alles beeindruckt Ihre ohnehin schon gespannte Stimmung. Sie haben seit drei Tagen keine Nahrung mehr zu sich genommen und die Zeit überwiegend allein in Gebeten und Meditationen versunken verbracht. Als die Priesterin Sie abholte, gab sie Ihnen einen würzig-bitteren Kräutertrank, von dem Ihre Zunge sich jetzt ein wenig pelzig anfühlt, auch der Geschmack liegt noch in Ihrem Mund. Der Trank hat zwar Ihre Stoffwechselfunktionen beruhigt, doch Sie wissen genau, der

Trank enthielt keine bewußtseinstrübende Droge, denn das Ziel Ihrer Arbeit ist nicht Zerfall, sondern Aufbau. Und doch fühlen Sie sich leicht und irgendwie erregt. Der Grund dafür ist, daß Sie selbst zu einem Gefäß geworden sind, das höhere Schwingungen aufnehmen kann. Darin zeigt sich nun das Ergebnis all der Exerzitien und Übungen, die Sie seit langer Zeit praktizieren. Jetzt in diesem Augenblick werden die großen Anstrengungen belohnt. Denken Sie daran zurück, wie Ihr solarer Geist mit der wattigen Trägheit und der profanen Lust gekämpft hat, wie diese listige Gegenkraft wieder und wieder mit den übelsten Machenschaften versucht hat, Sie in ihren geistlosen Bann zu ziehen. Und wie Sie dann - als Sie schon fast glaubten, der Trägheit und der mayatischen Verblendung für immer erliegen zu müssen - doch im allerletzten Moment siegreich aus diesem Kampf um Leben und Tod hervorgingen. Ihre entschlußkräftigen Arme griffen beherzt nach der Trägheit und hoben sie so lange vom Boden ab, bis sie als graues Tuch der stofflichen Illusion entlarvt war und im leblosen Akt der Verwesung ihr Nichtsein eingestehen mußte. Erst dann konnten Sie ihre Übungen ungestört durchführen. Erst dann waren Sie in einem höheren Sinne erwacht.

Und jetzt auf der Schwelle zu Ihrer großen Einweihung, auf dem Weg zum Schrein des Osiris, beginnt ein wichtiger Prozeß der Individuation, dessen Früchte in der langen Kette Ihrer Inkarnationen niemals mehr verloren gehen können. Denn Sie sind vorbereitet, sich mit der universellen Seele zu vereinen. Es wird möglich sein. Und was Sie hier erfahren, wird als Essenz in Ihnen zurückbleiben. Alle Zellen Ihres Körpers, alle psychischen Zentren, alle Nerven sind auf ein und dasselbe Ziel ausgerichtet: die Allerweckung im eigenen Herzen! Kein trivialer Quertreiber, kein spießiger Dummkopf, kein dämonischer Angstmacher, kein blutsaugender Versucher kann Sie mehr zurückhalten. Sie sind bereit, den bewußten Abstieg in die schwärzeste Nacht der unbewußten Schatten zu wagen, um von dem umfassenden Geist des Osiris in das, was Ihnen zur Ganzheit fehlt, initiiert zu werden.

Jeweils ein heißer und ein kalter Strom winden sich gegenseitig umschlingend an Ihrer gestreckten Wirbelsäule empor. Beschützende Wärme und wohltuende Kühle durchströmen Ihr Rückgrat bis zu der Schädeldecke, die sich zu öffnen scheint und alles, was in Ihnen lebt, dem Ganzen herschenkt. Die Energien fließen in das Universum und kommen zurück zu Ihnen. Verbundenheit und kosmische Kraft haben aufgehört nur Worte zu sein. Kosmische Kraft durchströmt Sie und Verbundenheit zu allem, was ist, erfahren Sie mit Hilfe dieser Kraft. Ja, ich sehe es genau, Sie sind bereit! Bereit, diese Schwelle auf der Sie nun stehen, zu überschreiten.

Der Priester vor Ihnen schaut Ihnen in die Augen und beginnt mit einer liturgischen Stimme rituelle Wortgebäude in den Raum zu bauen.

"Seid gegrüßt, verehrter Myste, ich sehe, Ihr habt Euer kleines Ich reduziert und steht vor mir bereits in dem langsam aufleuchtenden Körperkleid Eures Inneres Selbstes. Wenn auch Eure Glieder noch in den Bandagen des Stoffes ruhen, so habt Ihr doch schon den Boden bereitet, um Geist und Seele eine Mitarbeit in Eurem Leben zu ermöglichen, und die nächste Pforte Eures Tempels darf sich bald schon öffnen.

Ihr seid lange von der Göttin Isis eingeweiht und bis zu dieser Schwelle geführt worden. Alle Prüfungen habt Ihr bestanden, sogar die schwerste im Reich der Menschen, denn das Auge im Mittelpunkt meiner Stirn sieht es genau: Auch Eure Liebe ist kristallklar, rein, bindungslos und von allem törichten Mitleid befreit. Da Ihr ebenfalls bereit seid, Eure mystischen Erkenntnisse der ganzen Welt zu schenken und schließlich gelobtet, für die Errettung des Allgeistes den Tod Eurer individuellen Persönlichkeit zu fordern und Eure eigenen Wünsche der spirituellen Ganzheit zu opfern, darf ich Euch im Namen des chthonischen Osiris willkommen heißen.

Ihr wißt es schon, auch der Sonnenlogos ging den *ganzen Weg*. So wie auch Ihr den *ganzen Weg* zu gehen hattet. Auch Osiris war betrogen, gefangen im Blei des Stoffes und von der Welt vergessen, so wie Euer Inneres Selbst. Auch sein Geist und seine überpersönliche Liebe war von den Kräften der weltlichen Kristallisation und Formenlust überlistet und verbannt worden. Osiris schien verloren, so wie auch Ihr für lange Zeit verloren schient. Aber Isis, die Mutter aller Stofflichkeit, besann sich, sie trauerte und brachte den gefangenen Geist auf dem salzigen Fluß ihrer Tränen zurück. So hat auch Eure Seele geweint und gelitten, solange Euer kosmisches Bewußtsein verloren war. Doch dann kam der Moment seiner ersten Befreiung, der jedoch zunächst noch größeren Schmerz brachte und noch mehr Opferbereitschaft forderte. Die Kräfte der stofflichen Finsternis, also der Überdruß und die Sinnlosigkeit selbst, lösten Euren Geist aus dem wertlosen Blei der Verbannung und verstreuten ihn in das fahlglänzende Silber der seelischen Mondenwelt. Dort würdet Ihr heute noch zerstückelt, zersplittert und freudlos herumliegen, wenn sich die dämonische weibliche Kraft des nach unten geöffneten Dunkelmondes nicht in die Isispriesterin des nach oben geöffneten Hellmondes verwandelt hätte. So war es die lunare Göttin, die ganze zeitliche Natur, die sich vor Eurer Absicht, ein Adept der geheimen Heiligen Lehre werden zu wollen, verneigte und Stück für Stück wiederfand, was Euren Geist wieder zusammenfügen kann. So ist es geschehen. Denn Ihr steht nun - von Isis gebunden und von Seth wieder aufgerichtet - vor mir. An der Schwelle zu Eurer Nachtmeerfahrt seid Ihr bereit, Euch wie Osiris der Ganzheit zu schenken, bereit wie Osiris, vollbewußt herabzusteigen in die tiefste Mitternacht des Menschseins.

Ich sehe Euch als Mumie, verwickelt mit den Bändern der silbernen Welt, doch liegt Ihr nicht im Grab des Stoffes. Ihr steht aufrecht vor mir, und Eure vor der Brust verschränkten Arme vermögen nicht die rote Rose zu verdekken, die im Schnittpunkt des Kreuzes Eurer Glieder fünfblättrig erblüht ist. Euer Duft ist nicht der Duft von Verwesung und Tod. Eure Anwesenheit in dieser leeren Grabkammer erfüllt den Raum mit dem schwersüßen Duft der blutroten Rose des Äons von Meister Melchisedek. Der Züchter dieser samtblättrigen Purpurblume war Euer kleines "Ich". Jeden Tag hat Eure irdische Natur dem Knospen dieser veredelten Blume alle Freude und Hingabe, jedoch genauso viel Leid und Blut gegeben. Die kosmische Natur half von der anderen Seite bei dem allmählichen Prozeß dieser "Blüte". Und nun gibt es kein dominantes "Ich" mehr, denn seine Arbeit ist fast getan. Das wahre Selbst ist im Mittelpunkt des Kreuzes erwacht.

Doch nun pflanze ich Euch eine neue Botschaft, einen neuen Keimling in das Herz. Wisset, wie schön die rote Rose in Eurem Herzen auch erblüht sei, der Tag wird kommen, da müßt Ihr auch sie hergeben, denn sie wird zugunsten des Horusauges weichen müssen. Denn dies, mein Myste, ist der Ruf, der in einem anderen Äon an Euch ergehen wird. Denkt daran in der Tiefe Eures opferbereiten Herzens. Werdet in einem späteren Zeitraum selbst zu der falkengeflügelten Sonnenscheibe, löst Euch dann von der mystischen Verklärung der Rose und richtet Eure Augen empor zu dem goldenen Horusprinzip, das seine kosmischen Schwingen ausbreiten wird und Euch den Odem der Weisheit zufächeln will. Verwahrt nun diese Botschaft in der unendlichen Weite Eurer Einsicht. Vergeßt alle meine Worte, aber vergeßt nicht, den Keim zu gießen, den ich Euch damit gepflanzt habe.

Aber vorerst tretet ein in diesen leeren Raum. Möget Ihr hier die Fülle des Geistes finden. Fühlt Euch einverleibt in den dunkelsten Mutterschoß des Todes. Ihr seid nach Eurer langen Wanderung durch die mannigfaltige Welt der sichtbaren Formen endlich eingetroffen in dieser leeren Grabkammer, in dem der Zauber der äußeren Welt vollständig vergangen ist. Hier gibt es keine Wandgemälde. Keine ablenkenden Formen. Keine Versucher. Und auch keine Erkenntnislehre mehr. Diese Grabkammer hält Euch nicht fest. Diese leere Hülle der glänzenden Schwärze nimmt Euch liebevoll auf, um Euch in die Freiheit zu führen. Hier gelangt Ihr endgültig aus der Enge der stofflichen Welt hinaus in die feinstoffliche Welt Eures Bewußtseins. In diesem leeren Grab werdet Ihr die heiligen Schwingen finden, die Euch jenen berühmten Abgrund, der nur überflogen werden kann, überwinden lassen.

Euer Weg war lang und von Schwierigkeiten erfüllt, aber nun habt Ihr es gewagt, allen äußeren Vorteilen zu entsagen, um in dieser dunkelsten Nacht aller dunklen Nächte Euer weiterführendes Licht zu finden.

Geht nun hin in Frieden. Traut Euch, ein Gott in höchster Vollendung und Selbstzucht zu werden. Osiris und sein Ewiges Lächeln seien Euer Geist und Eure Freude. Ich umarme Euch. Im Namen von Ra als Euer Priester Ankh-af-na-Khonsu. So sei es!"

Der Priester berührt Sie nun leicht am Ellenbogen und deutet Ihnen an, selbst die wenigen Schritte zu dem Hohepriester zu gehen. Dann verläßt er leise schreitend die schwarze Grabkammer. Sie aber stehen schon vor dem von blauem Licht bestrahlten Hohepriester, der Ihnen ernst, jedoch vertraut in die Augen blickt. Dann setzt der Hohepriester sich auf seine steinerne Bank und legt die Hände ungefaltet in den Schoß. Sie wissen, das ist Ihr Zeichen. Schweigend steigen Sie selbst mit gekreuzten Armen in den Sarkophag. Schweigend lächeln Sie das Ewige Lächeln des Osiris. Schweigend legen Sie sich auf den Rükken und strecken sich in der Waagerechten aus wie Osiris. Und schweigend denken Sie daran, daß Osiris niemals getötet war, niemals bewußtlos oder ohne Leben gewesen ist. Alles hat Osiris freiwillig erlitten, damit der Sonnenlogos auch in die Unterwelt eingehen kann. Damit die Liebe bis in die Schwärze der Nacht vordringen kann. Doch für Osiris ist Leid kein Leid. Er hat gelitten und doch nicht gelitten. Er war vergessen und war doch nicht vergessen. Er war zerstückelt und doch nicht zerstückelt. Osiris tat, was er tun mußte. Denn ein Geist in der Vollendung tut immer nur, was zu tun ist!

Eins mit dem Willen des Himmels zu sein, das bedeutet Osiris zu sein. Ein wahrer Schöpfungsgenius bleibt nicht auf seinem himmlischen Thron sitzen, obwohl er dazu das Recht hätte. Oh, nein! Ein wirklich liebender Gott opfert sich erst dem Tag, dann der Dämmerung, später der

Nacht und am Ende auch der heiligen Mitternachtsstunde aller Initiationen. Weil dann suchende Menschen in seiner Wärme erwachen können, deren Ziel das größere Licht ist. Damit "die Sonne auch um Mitternacht scheint" und der geistige Urquell der Regeneration von jedem, der sich wirklich bemüht hat, gefunden werden kann. Vor allem aber, weil dann die nächste Morgendämmerung "golden" sein kann. Und jetzt vollziehen Sie selbst dieses Opferwerk nach. Sie werden selber osirifiziert. Sie fühlen sich vereint mit allen metaphorischen Wesenheiten, die dieses Werk immer wieder zeigen; vereint mit Osiris, mit Melchisedek, mit Christian Rosenkreuz, mit Jesus Christus, mit Merlin, mit Jonas, mit Herakles, mit Graf St. Germain und vielen, vielen anderen, die "aus Gott geboren, als Sohn gestorben und als geheilter Geist wieder auferstanden" sind.

Leise spricht nun der Hohepriester die uralte Tranceinduktion, die Ihnen bestimmt sehr vertraut erscheint: "Hole Atem von den blauen Strahlen des Himmels ... Dreimal kraftvoll einziehend ... So stark Du kannst ... Und du wirst Dich aufgehoben sehen und hinüberschreiten zu der Höhe ... So daß Du glaubst, mitten in der Luftregion zu sein ... Dann wirst Du neu sehen lernen ... Doch sehen wirst Du nichts von dem Sterblichen in diesen Stunden, sondern lauter Unsterbliches wirst Du schauen dürfen." Das ist alles, was der Hohepriester spricht. Seine gebündelte Konzentration und die blauleuchtende Kraftlinie sich kreuzender geomantischer Hauptadern, die Ihre Stirn durchstrahlt, reichen aus, um Ihren feinstofflichen Körper aus dem Grobstofflichen zu befreien.

Und nun können Sie ganz hinuntergehen zu Osiris. In seinem goldenen Schrein wird er Sie erwarten. Er wird genau wie Sie in mumienhafte Bandagen verwickelt sein, aber auch er trägt sie nur noch symbolisch, denn er wird nicht liegen, sondern aufrecht stehen. Genau wie Sie, wenn Sie vor seinem Schrein angekommen sein werden. Die Bandagen des aufrechten, olivgrünen Osiris zeigen an, daß das Werk der Entwicklung schon begonnen hat, aber die Arbeit noch nicht beendet ist.

So beginnt nun Ihr Seelenflug, und Sie werden in Empfang genommen von Anubis, dem schakalköpfigen Sohn von Osiris und dessen Schwester Nephtys. Er nimmt Sie bei der Hand und führt Sie in das unterirdische Reich Ihrer menschlichen Schuld. Diese Schuld ist grundsätzlich unvermeidbar, da der Mensch als handelndes Wesen in dem Gesetz der Polarität eingebunden ist. Was immer er tut, schafft auf der anderen Seite einen ebenso großen ungetanen Rest. Entscheidet sich der Mensch für friedliches Handeln, steht auf seinem unterlassenen Schuldkonto das kriegerische Handeln von Streit und Zwist, das er auf andere Seelenpersönlichkeiten projiziert, also von denen "leben" läßt. Aber hier unten im Reich der ungelebten Schatten muß er sich seiner eigenen kriegerischen Hälfte stellen. Um selbst heil und ganz zu werden, ist es nötig, diesen Ausgleich zu schaffen.

Also wird auch Ihr "Herz" gegen den "Verstand" aufgewogen, und wo immer eine Abweichung von der ausgeglichenen Balance sichtbar wird, schreibt der ibisköpfige Gott Thoth diese Schuld in das Buch Ihres Lebens. Dieses wunderbare Buch, das all das enthält, was Ihnen zu der kosmischen Vollkommenheit fehlt, wird dann niedergelegt im Schrein des Osiris.

Schon stehen Sie davor. Es ist ein großer Schrein, ganz und gar von feinstem Gold umhüllt, mit heiligen Zeichen graviert und am oberen Rand mit einer Reihe aufgerichteter Uräusschlangen abgeschlossen. Dreimal klopft Anubis an der kleinen Pforte des Schreins, in dem der Sonnenlogos Osiris Sie erwartet, um Sie teilhaben zu lassen an seiner eigenen feurigen Ganzheit.

Laut ruft jetzt Anubis die Worte aus: "Ihr Götter höret mich an. Der Geruch dieses Menschen gleicht dem unseren. Ich, Anubis, ein Sohn des Osiris, mache mich zu seinem Fürsprecher und bekunde, er ist einer der Unseren!"

Aus dem Inneren der Osiriskammer dringt die Stimme der Isis: "Wer ist der Wanderer und was wünscht er von uns?"

Und sogleich erleben Sie den Kontakt mit Ihrer inneren Stimme, die für Sie die rituellen Worte formuliert, die die Göttin jetzt hören möchte: "Wie Osiris bin auch ich fürwahr! Ich komme hierher, um die großen Götter in mir selbst zu erschauen. Ich war verloren, zerstückelt und wurde neu zusammengesetzt, mein Rückgrat steht aufgerichtet vor Euch, und ich bin lebend vorgedrungen zu dem heiligen Platz, wo Osiris die Nacht erhellt. Nun stehe ich hier in der Demut eines großen Gottes und bitte um die Löschung meiner Schuld, damit ich die Verschmelzung mit dem Sonnenlogos erfahren möge und geheilt als Phönix aus meiner eigenen Verbrennung aufsteigen kann! Denn mein wahres Selbst will das Auge des Horus am Himmel leuchten sehen!"

Das waren genau die richtigen Worte, denn jetzt hört man die freundliche Stimme von Nephtys aus dem Schrein: "Mein Sohn Anubis hat den Gott in diesem Menschen erkannt. Darum werde ich ihm helfen, seine kupferne Schuld zu finden und zu tilgen. Möge er den Ausgleich der Venus als Geschenk erhalten haben, wenn er aus dem heiligen Schlafe erwachen wird!"

Zart klingelnd vernehmen Sie jetzt erneut die Stimme der Göttin Isis: "Oh, dieser Mensch gleicht wahrlich meinem Gatten. Ich werde ihn in meinem lunaren Schoß aufnehmen und ihn teilhaben lassen an dem silbernen Werk der Werdung. Dieser Mensch hat den Weg durch seine eigene geistige Arbeit gefunden. Zu der urfeuchten Matrix selbst konnte er vordringen, und ich, die Göttin des Mondes, verneige mich vor ihm und möchte ihm eine Magd sein, wo immer er mich in seinen Dienst nehme! Möge er in den drei Tagen und vier Nächten seines Tempelschlafes alle seine silbernen Splitter finden, die er braucht, um einen weltengroßen Spiegel zu bauen, in dem er erkennt, daß sein himmlisches Antlitz golden aufleuchtet wie das Licht der Sonne - von Ewigkeit zu Ewigkeit!"

Jetzt dringt Helligkeit aus dem goldenen Schrein des Osiris. Nicht, daß sich die kleine Pforte öffnen würde, nein, ein gleißendhelles, bläulich schimmerndes Fluidum dringt langsam aus der Mitte der prachtvollen Schreinwände heraus und verstärkt sich in ungebrochenes reines weißes Licht. Niemals zuvor haben Sie ein solches Leuchten gesehen, denn ein solches Licht scheint nur auf dem Träger der allerschwärzesten Finsternis in der Unterwelt .

Ihre Augen halten dieses Licht aus, weil es nicht blendet. Ihr Herz hält dieses Licht aus, weil es dort bereits wohnt. Ihre Seele liebt dieses Licht und suchte es lange. Und Ihr Geist ist identisch mit diesem Licht.

Jetzt sind Sie ganz eins mit Osiris, dessen Sonne für Sie um Mitternacht erstrahlt ist, und laut und deutlich vernehmen Sie das brüderliche Versprechen des ägyptischen Gottes, der sich Ihnen als göttliches Licht offenbart hat: "Sei willkommen, Sohn und Bruder! Kraft meines kosmisch gewollten Amtes reinige ich Dich von den Schlacken Deiner menschlichen Schuld, welche allein in Deiner Absonderung von mir bestand, mögest Du, oh Mensch, der Du durch mich osirifiziert bist, drei Tage und vier Nächte in dem Buch Deines Lebens lesen dürfen. Wenn der Hierophant Dich bei Deinem Namen aus dem Tempelschlaf ruft, wirst Du gereinigt und zum zweiten Mal geboren aus Dir selber hervorgehen. Ein wenig freier von karmischer Schuld bist Du dann von etlichen Bandagen deiner Verwicklung befreit, und Du vermagst eine Hülle Deiner Illusion abzustreifen, wie die Schlange das alte Gewand bei ihrer Häutung. Dann fliegst Du über den Abyssos und darfst dem Ältesten der Alten gemeinsam mit mir die Hände küssen! Später wirst du zurückgehen in die Welt der Formen und so lange mit mir gemeinsam dort arbeiten, bis alle Menschen transmutiert sind und wie Du den Weg über den Abgrund gefunden haben, um sich gemeinsam von dem König aller Könige wieder einatmen zu lassen. Bis das geschieht, sagt Dir der Osiris des größeren Lichtes Lebewohl, denn ich werde hier im Reich der Schatten bleiben bis an das Ende der Zeit. Und so nimm nun meinen wahren Willen als Geschenk von mir mit Dir!"

Die Worte des Osiris verklingen als Echo in der Unterwelt und das Licht zieht sich zurück - doch auf geheimnisvolle Art und Weise verschwindet es, ohne Sie wirklich zu verlassen! Mag sein, Sie spüren dieses Licht von nun an für immer in Ihrem Herzen.

Ihre Seele wird jetzt ergriffen und beginnt zu fliegen. Zeit und Raum verschwimmen ... Flug ... Ihr Bewußtsein schwindet ... Löst sich auf ... Sie sind nicht mehr ... Ewigkeit ... Nichts ... Alles ... Wieder da ... Brot ... Blut ... Kelch ... Hostie ... Wein ... Ein Priester im Beichtstuhl ... Tiegel, in denes es brodelt ... Bücher ... Kinder ... Greise ... Paare, die sich paaren ... Schlösser ... Neid ... Feindschaft ... Gefängnisse ... Inseln ... Tempel ... Städte ... Menschen ... Tiere ... Fabelwesen ... Wasser ... Unterwelt ... Moder ... Bann ... Pakt ... Es brennt ... Ritter ... Pferde ... Lanzenstiche ... Liebesopfer ... Kreuz ... Schild ... König ... Krieg ... Ekel ... Verzicht ... Haß ... Macht ... Tiger ... Zähmen ... Ohnmacht ... Sterben ... Tunnel ... Rot ... Geburt ... Erster Atemzug ... Mutter ... Vater ... Lehrer ... Hochzeit ... Spinne ... Hexe ... Folter ... Magie ... Mystik ... Du und ich ... In Schmerz und Freude ... Trauer ... Gebet ... Licht ... Versöhnung ... Liebe? ... Welt? ... Bilder? ... Traum? ... Phantasie? ... Leben? ... Maya? ... Mensch? ... Hohepriester ... Sarkophag ... Tempelschlaf ... Und dann eine Stimme, die einen Namen ruft ... Ihren Namen!

... So hören Sie doch, es ist Ihr Name ... ! ... Ja! Genau! Der Hohepriester hat laut Ihren Namen intoniert. Drei Tage und vier Nächte sind vergangen. Draußen wartet ein neuer Morgen auf Sie! Der Mystagoge weckt Sie jetzt aus Ihrem Tempelschlaf ...

... Plötzlich sehe ich Sie wieder deutlicher neben mir in der schwarzen Grabkammer, und wir beide beobachten jetzt, wie Sie von dem Hohepriester erweckt werden. Sie sind nicht mehr vollbewußt in dem Körper, der dort im Sarkophag liegt, ich spüre Ihre Identifikation eher hier neben mir. So sehen Sie sich selbst auch als Beobachter. Der Hohepriester steht neben dem schwarzen Sarg, hat die Arme erhoben und vibrierte soeben laut und eindringlich den Klang Ihres Namen auf seinen geübten Stimmbändern. Ihren jetzigen! Das verwundert Sie? Das sei unlogisch! Sie sollten langsam aufhören, sich zu wundern und sich von dem verabschieden, was Sie mit "Logik" bezeichnen. So etwas wie "logische Folge" und "kausaler Zusammenhang" gibt es nur im Tagesbewußtsein, und da sind wir momentan nicht. Wir sind in Trance und haben ein atlantisches Bewußtsein. Also schauen Sie weiter, was nach diesem Tempelschlaf, der nach der alten ägyptischen Tradition durchgeführt wurde, noch geschieht.

Sehen Sie, jetzt erwachen Sie bald! Ihr Antlitz liegt mit weltentrückten Zügen, starr wie tot, in dem blauen Lichtstrahl. Der Hohepriester hält seine rechte Hand über Ihrer Stirn und seine linke über Ihrem Herzen, und sofort kehrt der unverkennbare Schimmer des Lebens auf Ihre vorher noch sehr fahl wirkende Haut zurück. Der feinstoffliche Leib hat sich wieder in den grobstofflichen Körper gesenkt, und ihre weiß umwickelte Brust beginnt sich deutlich wahrnehmbar im Atemrhythmus zu bewegen. Noch liegen Sie regungslos in dem Sarkophag, da öffnet sich die Tür der Einweihungskammer, und der andere Priester und die Priesterin kommen feierlich strahlend herein. Zu zweit tragen sie ein Gewand, das wie flüssiges Gold über die vier ausgestreckten Arme fließt. Beide schreiten nun zu Ihrer Ruhestätte, und der Hohepriester hebt Sie am Oberkörper hoch. Nun stehen Sie auf. Sehr sicher, ohne zu schwanken, stehen Sie auf Ihren beiden Füßen. Ein sphärischer Glanz umhüllt Sie, und Ihre schnell wiedererlangte Wachheit ist überraschend für mich.

Der Hohepriester blickt Ihnen fest in die Augen und spricht die rituellen Schlußworte: "Verehrter Myste, Ihr kamt als Fremder *zu* mir und geht als mein Geliebter *von* mir. Die Schwelle des Todes habt Ihr überschritten, doch wißt Ihr nun, daß kein Tod das kosmische Wesen in Euch auslöschen kann. Für Euch gibt es nur noch Leben, das hinübergeht von Pforte zu Pforte. Möget Ihr nun für alle Zeiten die Erinnerung an diese mystische Transition in der geheimen Kammer Eures Herzen bewahren. So mögen Eure Füße Euch in die Weite des Landes zurücktragen, doch Euer Geist und Eure Seele bleiben bei Isis und Osiris. Denkt daran, wann immer Ihr Eure Augen zum Firmament emporhebt: Sonne und Mond arbeiten in einem Band aus bedingungsloser Liebe an derselben Wirklichkeit, weil sie in Wahrheit ein und dieselbe Energie sind, obwohl sie sich auf der Erde nicht berühren. Jedoch könnt Ihr diese beiden Kräfte in Eurem Bewußtsein vereinen und als wahrer Mensch mit dem Ewigen Lächeln des Osiris die Welt der Isis betrachten. Möge Euer lunares Leben zu einer Barke werden, in der das Licht der Sonne getragen wird. So nehmt nun dieses goldene Gewand mit Euch und gehet hin in dem Licht der Einsicht, wohin Ihr von dem Euch überantworteten Willen des göttlichen Osiris gerufen werdet!"

Der Hohepriester bezeichnet sich jetzt als "Ihr Geliebter". Denn er hat Sie diese drei Tage und vier Nächte begleitet, er war Ihr Beschützer sowie Ihr neuer Geburtshelfer und aufgrund des vollständigen Verstehens Ihrer inneren Wahrheit gewann er Sie lieb. Jenes "Liebgewinnen" dürfen Sie keinesfalls persönlich auffassen. Dieser Ausspruch bezieht sich allein auf die gemeinsame Arbeit im Dienste des Osirisprinzips. Seit alters her bezeichnen sich Menschen, die in den Mysterien mit gemeinsamer Kraft auf höheren Ebenen gewirkt haben, als "Geliebte", und es ist von größter Wichtigkeit, in diesem Zusammenhang nur an den höchsten Agape-Aspekt der Liebe zu denken. Weder ergibt sich aus der gemeinsamen rituellen oder mystischen Arbeit eine alltägliche Freundschaft (Philia) noch wird diese Liebe jemals körperliche Formen (Eros) annehmen. Wenn zwei Menschen, die eine gemeinsame mystische Arbeit vollzogen haben, jene Agape, also die Liebe zu der reinen Gotteserkenntnis, miteinander fühlen, empfiehlt es sich, diese Hochpotenz nicht mehr durch geringere Liebesdimensionen herunterzupotenzieren, damit die Kraft der ganzen Welt zugute kommt. Denn Agape steigt hinauf in den Himmel und strahlt von dort aus für alle Lebewesen wieder auf die Erde zurück. Jedewede persönliche Nutzung dieser Energie wäre ein Sakrileg gegen den Geist des Tempelschlafes. Das Privat- und Intimleben eines Mystagogen muß strengstens von dessen Amt im Mysterienschlaf getrennt bleiben, sonst verliert der Mystagoge seine initiatische Würde und vor allem seine spirituelle Kraft.

Der Hohepriester tritt zur Seite und bittet Sie mit einer Geste seiner linken Hand, sich den anderen beiden Priestern zuzuwenden.

Sehr liebevoll und schweigend werden Sie jetzt aus den Mumienbinden gelöst, in die Ihr Körper noch immer eingewickelt ist, aus denen sich jedoch Ihr Geist längst befreit hat. Lage für Lage gleitet zu Boden. Was Sie im Tempelschlaf erfahren haben, zeigt sich noch einmal in dem Lösen der weißen Mumienbinden. Sie erleben Ihre Entwicklung mit. Es muß ein schönes Gefühl sein, wenn diese Bandagen vom Leib fallen wie die morsche Schuppenhaut einer sich häutenden Schlange.

Zum Schluß stehen Sie nur mit einem kleinen, weißen Hemd bekleidet in der schwarzen Granitkammer. Und jetzt fließt wie im Märchen das goldene Gewand über Ihre Gestalt. In weichen Falten hüllt es Sie von oben bis unten ein. Umarmungen folgen. Jeder der drei Priester schließt Sie lächelnd in seine Arme wie einen vertrauten nahen Verwandten. Sie fühlen Dankbarkeit in Ihrem Herzen. Dankbarkeit für die gute Arbeit dieser Priester. Dankbarkeit für die Handreichung Ihres Geistes. Doch schweigen Ihre Worte still, weil Ihre Augen besser ausdrücken, was Sie jetzt empfinden. Oh ja, Sie werden verstanden. Liebe, so groß, daß sie keinen Abschiedsschmerz mehr kennt, durchdringt den Raum. Und dann gehen Sie mit den Priestern hinaus. Wir folgen. Der Weg führt uns zurück, wie wir gekommen waren; über das Wasser, durch Pforten und die bemalten Gänge.

Am Hauptportal des Tempels angekommen, öffnet sich dieses lautlos und weit, und die hereinbrechende Morgendämmerung wirft uns flüssiges Rotgold zu Füßen. Denn die gerade aufgehende Sonne hat das Licht gefärbt, und Sie schreiten aufrecht und Ihrer selbst bewußt aus dem nächtlichen Dunkel des Tempels in die Helligkeit eines neuen Tages. Ihr goldenes Gewand fängt die rosafarbene Morgendämmerung in seinem sich in munterer Beweglichkeit um Sie herumschmiegenden Glanze, und Sie schreiten festen Schrittes und wissend erhobenen Hauptes in die lebendige Weite einer taufrischen Landschaft, der Sonne entgegen ...

... Auch wir lösen uns aus dieser Situation. Wir verlassen das Osireion und Abydos. Die Reise war lang, und die Erlebnisse waren schön. Doch jetzt kommen Sie bitte zurück in Ihre Identifikation in dem Zeit-Raum des zwanzigsten Jahrhunderts. Orientieren Sie sich wieder hier in Ihrer derzeitigen Lebendigkeit. Vielleicht legen Sie das Buch jetzt aus der Hand, schließen die Augen und geben Ihren inneren Bildern Zeit zum Fliegen ... Ein Herz, das für die Mysterien schlägt ... Ein Portal, das sich öffnet ... Räume, die sich auftun ... Erlebnisse, die gefühlt werden ... Mythen ... Reinkarnationsmythen ...

Man könnte die ganze Welt einen Mythos nennen, der die Körper und Dinge sichtbarlich, die Seelen und Geister in verborgener Weise in sich schließt. Würde allen Menschen die Wahrheit über die Götter gelehrt, so würden sie die Unverständigen, weil sie sie nicht begreifen, gering schätzen, die Tüchtigeren aber zu leicht nehmen. Wird aber die Wahrheit in mythischer Umhüllung gegeben, so ist sie vor Geringschätzung gesichert und gewährt den Antrieb zum Philosophieren.

Gajus Salustius Crispus 86 v. Chr.

7. Ritueller Tod und die zweite Geburt

Holen Sie sich noch einmal das Bild in Ihre Vorstellung zurück, wie Sie nach dem Tempelschlaf im Osireion in die goldene Morgendämmerung hinausgehen. Sie lagen für dreieinhalb Tage in einem rituellen Schlaf versunken und gelangten auf wundersame Weise in die Unterwelt zu dem Schrein des Osiris. Dort konnten Sie die Götter aus nächster Nähe anbeten, wie es sonst nur den Verstorbenen vorbehalten ist. Sie waren wie ein Toter in Grabbinden gewickelt, doch nun schreiten Sie in einem goldenen Gewand der Sonne entgegen und fühlen sich wie zum zweiten Mal geboren. Dieser Schein trügt nicht, denn der Tempelschlaf war zu allen Zeiten ein initiatisches Hilfsmittel, das jene begehrte zweite Geburt möglich macht. Der Gedanke, ein zweites Mal geboren zu werden, ist sicherlich für viele Menschen eine recht absurde Idee. Bei genauerer Untersuchung stellt sich jedoch heraus, daß ein solcher Akt nicht nur in allen Kulturen vorkommt, sondern auch sehr sinnvoll ist, führen doch die Wiedergeburtsriten eine freiwillige und bleibende Verwandlung herbei.

Mit Hilfe des symbolisch geschulten Blickes läßt sich die nochmalige Geburt eines bereits Lebenden in vielen Zeremonien der Völker erkennen. In primitiven Kulturen finden wir den mystischen Tod und die zweite Geburt in den Pubertätsriten, die auf teilweise recht grobe Art und Weise die Übergangsstadien von dem Kindesalter in das Dasein eines Erwachsenen hineinführen. In den hochentwickelten Kulturen haben sich diese Techniken verfeinert und vergeistigt. Es ist dort sogar meistens der Fall, daß sie im profanen Leben gänzlich vergessen wurden und sich nur innerhalb der Mysterienschulen oder in religiösen Praktiken in verfremdeter Form halten können.

Wenn beispielsweise der junge angehende katholische Priester ausgestreckt am Boden liegt und von dem Bischof laut bei seinem neuen klerikalen Namen gerufen und dann hochgehoben wird, so erkennen Sie in dieser Handlung unschwer die Signatur des ägyptischen Tempelschlafes. Zumal dieser "Erweckung" ein drei- bis viertägiges Exerzitium vorausgeht, in dem der junge Kandidat in einsamer Meditation versunken war. Der Mensch "stirbt" lebendigen Leibes, um ein zweites Mal als Priester in ein neues Leben gerufen zu werden. Außerdem fällt dem geübten Blick sogleich ins Auge, daß die Mitra des Hohepriesters, der jetzt Bischof genannt wird, einer Pharaonenkrone durchaus ähnelt. Das Bischofskreuz auf der Brust erinnert deutlich an die gekreuzten Arme des Osiris. Und der Krummstab demonstriert die Macht des Geistlichen genauso wie der Bischofsstuhl, der throngleich in der Altarnische des Chores die uneingeschränkte Mysterienwürde des Amtsinhabers anzeigt.

Gleichgültig, ob die Symbolik verfeinert oder grob zutage tritt, die Struktur der zweiten Geburt ist im Kernprinzip immer dieselbe. Der Tod des Kindlichen soll die Wiedergeburt des Erwachsenen ermöglichen. Der Niedergang des unbewußten Menschen leitet die Erweckung des bewußten Menschen ein. Oder das äußere Ich stirbt, damit das innere Selbst leben kann.

In welchen Niveaurahmen auch jeweils der Ritus gestellt wird, der anabiotische Mensch nimmt nach seiner zweiten Geburt eine deutlich erkennbare höhere Bewußtseinsebene ein, da er einen echten Reifungsprozeß vollzogen hat. Nach dem freiwillig erlittenen Tod und erfolgter Wiedergeburt wird er zu einem Eingeweihten, der sich voller Eigenverantwortung dem restlichen Teil seines Lebens widmet und sich allen Herausforderungen mutig und selbstbewußt stellt.

Das Mysterium beginnt immer mit der Trennung von der Familie, also mit dem Weggehen aus der Geborgenheit und dem Verzicht auf Versorgung durch andere. Beispielsweise muß sich der pubertierende junge Mann eines Naturvolkes in den Wald, in den Dschungel, in die Höhle oder auf eine einsame Insel zurückziehen. Dort verweilt er eine bestimmte Zeit - oftmals ungefähr drei Tage - um in der Finsternis oder der Einsamkeit seines Aufenthaltsortes in die kosmische Nacht einzutauchen. Manchmal wird er entkleidet und mit Blut oder roter Farbe beschmiert, ein anderes Mal streut man ihm Asche auf den Körper, als wäre dieser verbrannt. Mit all dieser Symbolik geht er gleichsam in den Zustand des Ungeborenen zurück, gibt also sein bisher gelebtes Leben sinnbildlich auf, als wäre es nur eine Scheinexistenz gewesen. Um das "Totsein" erfahrbar werden zu lassen, muß der Jugendliche körperliche Marterungen ertragen: Manchmal wird sein in Blätter fest eingewikkelter Körper in Erdlöcher gelegt und für eine längere Zeitspanne zugeschüttet. Oder die älteren Einweihungsmeister verletzen einzelne Körperteile des Pubertierenden mit Messern und Speeren und sorgen mit Hilfe von stark juckenden Pflanzensäften für grauenhafte körperliche Drangsale. Alle Variationen von Hautverletzungen stellen die persönliche Grenze des Individuums in Frage, und der junge Menschen erlebt den Zerstückelungsmythos sozusagen hautnah mit.

Dem Kandidaten wird auf diese Art und Weise die Mitschuld an dem Verfall der Einheit in die weltliche Vielheit angelastet. So stirbt das Heile-Welt-Konzept des unschuldigen Kindes, das für keine Handlung wirklich verantwortlich gemacht wird, und der Erwachsene lernt, die volle Konsequenz für die Absonderung von der Einheit zu tragen. Wer dieses große Mysterium in kultischen Handlungen sozusagen "am eigenen Leibe" erlebt hat, wird in dem weiteren Verlauf ganz von allein auch für alle seine individuellen Handlungen geradestehen. Er verzichtet zeit seines Lebens auf jegliche Form infantiler Abhängigkeit. Der Mensch wird in ein "Reifungselend" gestürzt, um an den erlebten Schwierigkeiten charakterlich zu wachsen.

In einer Hochkultur wie der unseren fehlen diese Riten für die Allgemeinheit. Das hat zur Folge, daß eigentlich niemand "erwachsen"wird. Das kindliche Weltbild stirbt nicht und fordert ein Leben lang "eine heile Welt", die es natürlich nicht gibt. Daraus ergeben sich viele Schwierigkeiten, die der Mensch heute erlebt. Der einzelne hat nicht gelernt, seinen Anspruch auf Versorgung aufzugeben, woraus sozialistische Weltbilder und Therapeuten, die ihren Klienten permanent "auffangen" wollen, entstehen.

Insgeheim gibt es aber auch bei uns Orte, an denen die zweite Geburt genau so erlebbar wird, wie in archaischen Kulturen. Doch kommen leider nur wenige Menschen damit in Berührung, da diese Riten sich auf die okkulten Orden, Logen und Geheimschulen beschränken. Der kultiviertere Mensch verläßt ebenfalls "seine Heimat und seine persönlichen Bindungen", um vorübergehend in einer Mysterienschule aufgenommen zu werden. Dort verbringt er gleich zu Beginn eine gewisse Zeit allein in einer dunklen Kammer. Schon hier zeigt sich zum ersten Mal die bewußte Ablösung von außen, damit danach die Neugeburt in das Innere eines Tempels hinein erfolgen kann.

In einer solchen Schule erfährt der Novize ebenfalls seinen großen symbolischen Tod mit nachfolgender Auferstehung. Manchmal wird er in einen Sarg gelegt, ein anders Mal ruht er in einem Gewölbe, er verbringt eine Zeitlang in einer Krypta oder es werden ihm wenigstens die Augen verbunden. Oder er muß als Zeichen für sein äußeres Sterben "Haare lassen" wie ein Mönch, der für das Leben draußen stirbt, um im Kloster geboren zu werden. Meistens "stirbt" der Mysterienschüler freiwillig, und manchmal wird er auch von anderen "getötet". In vielen Fällen spielen auch hier die Hautverletzungen als vorbereitendes Symbol für verantwortliches Handeln in der Zukunft eine zentrale Rolle. Der Ritterschlag, der das Ich des Menschen vernichtet und die Treue zum König bis in den Tod fordert, ist genauso ein Überbleibsel archaischer Initiationriten wie der Wangenschmiß eines Studenten und die Beschneidung der Juden.

Die Wiedergeburtsriten der einzelnen Strömungen sind unterschiedlich. Das eine Mal wird der Novize vollständig entkleidet, um in seiner Nacktheit zu begreifen, daß die Physis nur ein abstreifbares Kleidungsstück darstellt. Ein anderes Mal taucht man ihn in den Uterus des Schöpfungswassers unter, um ihm in dieser Taufe das wiederholte Verweilen im Mutterleib zu verdeutlichen. Das Anfeuchten der Stirn ist ein Relikt aus echten Taufriten, in denen der Untergetauchte fast ertrank und den Körper verließ. Das Wasser gilt immer als Geburtsort des Lebendigen, deshalb gleitet der Untergetauchte wieder in den großen Schöpfungsmythos zurück. Jede Taufe entspricht auch einer kleinen Sintflut, denn der Mensch kehrt lebendigen Leibes zurück in die Urfeuchte des Anfangs, um erneuert und - um die Ganzheit des Seins bereichert - auf einer höheren Bewußtseinsebene wiederzukehren. Auch im Christentum soll der Täufling als Heide sterben und als neuer Mensch, der in die christliche Gemeinde aufgenommen werden kann, daraus hervorgehen.

Wie sich auch im Einzelfall das symbolische Sterben vollzieht, und ob der Vorgang in seiner vollständigen Mysterientiefe vom einzelnen jemals begriffen wird oder nicht, der Kandidat erfährt letztendlich eine Gleichsetzung mit der Gottheit, die sich dem Stoff opfert. Wie Osiris liegt er einige Zeit in seiner "Kista Mystica" und wird dann daraus emporgehoben, um gleichsam als solares Geistprinzip im Namen des höchsten Schöpfungsgottes zu wirken. So wird der Novize nach der rituellen Erweckung durch die Mystagogen als vollwertiges Mitglied, als starkes Glied einer gemeinsamen Kette von den Mysterienbrüdern in ihrer Mitte begrüßt und zu seinen zukünftigen Aufgaben berufen. Jetzt ist er ein Mensch geworden, der "für die Ewigkeit" geboren wurde, denn er begegnete im mystischen Freitod seiner höheren Natur und begann, an seinem Unsterblichkeitsleib zu arbeiten. Er hat sich über die Kleinheit der natürlichen Geburt hinweggesetzt und ist in der Größe einer numinosen Wiedergeburt neu erkoren worden. Die Bedeutung der leiblichen Eltern verschwindet jetzt zugunsten der Priester oder Ritualbeamten, die eine stellvertretende Elternschaft der wahren göttlichen Abstammung übernommen haben. Der in dieser Weise "Neugepflanzte" macht von nun an den Himmel zu seiner wirklichen Heimat, kehrt jedoch meistens in seine Alltagswelt zurück und geht, parallel zu seinen profanen Verpflichtungen, einen esoterischen Weg.

Auch der hart geprüfte Pubertierende eines Naturvolkes muß nach seiner zweiten Geburt in das Dorf zurückkehren, wo er von den Stammesältesten erwartet wird. Diese helfen ihm, seinen männlichen Platz in der Hierarchie der Gemeinschaft einzunehmen. Bei einigen Völkern trägt die leibliche Mutter des Zweimalgeborenen Trauerkleider und beweint den Tod ihres Sohnes, der für sie wahrhaftig gestorben sein mag, denn er verwandelte sich in einen selbstbewußten, erwachsenen Mann, und die Mutter verfügt weder über die Pflicht noch das Recht, weiterhin in sein Leben einzugreifen. Der starke Mann hat in seiner Einweihung Marter und Schmerz ertragen, Mut bewiesen und oftmals auch seine sexuelle Potenz unter Beweis gestellt. Jetzt nimmt er seinen ihm von Natur aus zustehenden Platz innerhalb des Stammeslebens ein.

Für Mädchen gibt es auch entsprechende Riten, die sie in das archetypische Muster ihrer weiblichen Existenz einführen. Meistens werden sie bei Eintritt der ersten Menstruation isoliert und mit ihren spezifischen Aufgaben in Haus und Hof vertraut gemacht. Manchmal müssen sie das Spinnen lernen, um sich selbst als große Weberinnen der Materie zu begreifen. Die weibliche Natur entspricht der astralen Spinne, die das Netz und das Muster im Auftrag des männlichen Geistes für die sichtbare Welt webt. Die Frauen müssen jedoch eines Tages lernen, außer dem weltlichen Netzwerk auch den roten magischen Ariadnefaden zu spinnen, der den Menschen zu einem Begleiter auf dem Heldenweg werden kann.

Das vielsagende Sinnbild, das an einer Spindel anknüpft, zeigt sich sehr schön in dem Märchen des Dornröschens, das einen Wiedergeburtsritus in anschauliche Bilder eingekleidet hat. Hier sollte eine Prinzessin davor "bewahrt" werden, als Kind zu sterben, also erwachsen, magisch und geistvoll zu werden. Eine dreizehnte Zauberin, die ärgerlich darüber war, zu dem Fest anläßlich der Geburt jener Prinzessin nicht eingeladen worden zu sein, sprach den Fluch aus, daß die Königstochter sich im Alter von fünfzehn Jahren an einer Spindel stechen und daran sterben solle. Glücklicherweise hatte die vorausgehende Zwölfte ihren Wunsch noch frei und verwandelte den Todesfluch in einen hundertjährigen Schlaf. Die königlichen Eltern der Prinzessin verbannten alle Spindeln. Aber Reifung und Entwicklung, die im Keim bereits angelegt sind, lassen sich durch keinerlei Vorsichtsmaßnahmen verhindern. Eine verkörperte Seele, die aus früheren Inkarnationen einem initiatischen Weg verpflichtet ist, wird von keiner Macht der Welt davon abgehalten, diesen Pfad wiederzufinden. Gerade die leiblichen Eltern stellen sich im täglichen Leben oftmals unbewußt gegen jedwede esoterische Entwicklung, doch geschieht es dann genau so wie im Märchen: Im entscheidenden Moment sind sie trotz aller Fürsorge nicht anwesend, und das Schicksal nimmt seinen vorausbestimmten Lauf. Die Seele findet jenen Lichtstrahl wieder, der ihr längst zur wahren Heimat geworden war. Also sticht sich Dornröschen an der einzigen Spindel, die im Schloß verblieb und fällt für hundert Jahre in einen hypnotischen Schlaf. Diese "hundert Jahre" entsprechen einer metaphorischen Reifezeit, in der die Kindheit in den Zustand einer bindungsfähigen Frau verwandelt wird und die Seele reif genug ist, den Geistes zu empfangen. In der dichten Rosenhecke, die das Schloß umwuchert, fühlen wir uns an den Kokon erinnert, der einer Metamorphose vorausgeht.

Gleich das ganze Schloß ist mit Dornröschen eingeschlafen. Dies kann als Hinweis verstanden werden, daß Vater, Mutter, Dienstboten und Tiere nach außen projizierte innere Wirklichkeit darstellen, die von der seelischen Substanz als sogenannte Umwelt abgespalten wurde und im Mysterienschlaf als illusorischer Schattenanteil in die eigene Geschichte integriert wird. Der Kuß des männlichen Logos (Königssohn) ermöglicht der Seele "nachdem hundert Jahre vergangen waren" die zweite Geburt, denn er bringt den universellen Geist zurück. Dornröschen erwacht aus dem Mysterienschlaf und lebt nach ihrer Vermählung mit dem solaren Geist vergnügt bis an das Lebensende.

Wenn Sie aufmerksam beobachten und schauen können, begegnet Ihnen der Tempelschlaf in sehr vielen Märchen und Mythen. In dem ergreifenden Märchen "Sneewitchen" finden Sie den Mysterienschlaf und die darauffolgende zweite Geburt derart sauber in die Tradition eines echten alchemistischen Weges gestellt, als hätte sich ein fortgeschrittener Adept eigens bemüht, eine klare Anweisung von A bis Z für seine königliche Kunst zu veröffentlichen. Da der Tempelschlaf grundsätzlich nicht isoliert durchgeführt werden sollte, sondern Teil eines metaphysischen Weges sein muß, lohnt es sich, dieses Destillat aus dem bekannten Märchen einmal herauszufiltern.

Das Märchen beginnt mit der Geburt einer höheren Wahrnehmung im Menschen. Diese Geburt stellt den ersten Kontakt mit dem okkulten Weg dar. Mitten im Winter, wo die äußere Vielfalt unter einer weißen Schneedecke ruht, wird die himmlische Seele von einer lieblichen Königin in den Stoff geboren. Das besondere Kind hat eine Haut so weiß wie Schnee, Lippen so rot wie Blut und Haare schwarz wie Ebenholz. Hier begegnen uns gleich zu Beginn die drei alchemistischen Hauptfarben. Wobei Schwarz und Rot die Polarität von irdischem Tod und kosmischem Leben darstellen. Alle Eingeweihten siedeln den Tod im irdischen Leben an, das wahre Leben jedoch pulsiert für sie jenseits der Form. Weiß entspricht in der Alchemie dem Reinigungsprozeß, der zwischen diesen beiden Antagonisten stattfindet.

Der alchemistische Weg beginnt immer in der Schwärze, in der Farbe der Fäulnis, des Todes und der Abödung, also im Körpergrab der Seele. Schwarz leitet sich ab von dem lat. Wort *sordus*, das "ohne Licht" bedeutet. Schwarz ist immer die Farbe wahrer Einweihung. Das verstehen viele Menschen nicht, und sie versuchen das Schwarze zu vermeiden, da sie glauben, allein das lichte, helle Weiß suchen zu müssen. Doch welch ein Irrtum! Um wirklich "weiß" werden zu können, muß man erst richtig schwarz gewesen sein, denn das Licht erstrahlt nur in der Finsternis. Die weiße Asche erscheint, wenn die schwarze Kohle verbrannt ist. Schwarz ist das Geheimnis des Weges, wie der Tod das Geheimnis des Lebens ist. Anders gesagt, um richtig leben zu können, muß man das Sterben gelernt haben, weshalb das griechische Wort für Einweihung (telete) auch nah verwandt ist mit dem Wort für Tod (teleute). Allein das bewußte Durchlaufen düsterer Schwärze führt in das Licht.

Also beginnt auch das Märchen mit der schwarzen Phase des alchemistischen Raben. Gleich nach der Geburt stirbt die wahre jungfräuliche Mutter, und die Stiefmutter wird mehr und mehr zum erbitterten Feind des Kindes. Das Motiv zwei Mütter zu haben, bezieht sich darauf, daß die biologische Mutter eigentlich immer die "Stiefmutter" ist, denn die wahre kosmische Mutter heißt Isis Urania oder Stella Maris, trägt einen blauen Sternenmantel und wohnt jenseits der grobstofflichen Schwelle. Die Stiefmutter symbolisiert den dunklen Teil der Isis, den erdbezogenen Wahn der Weiblichkeit, das geltungssüchtige "Ich" des Menschen, das sich ständig selbst bespiegeln muß. Es ist die stoffliche Mutter, die das, was sie in sich nicht wahrnehmen kann, als Kind zur Welt bringen muß.

So fragt das niedere Selbst den lunaren Weltenspiegel, wer die Schönste im Lande sei. Dieser Spiegel, in den jeder verkörperte Mensch ein Leben lang schaut, ist immer ehrlich, und zunächst bezeichnet er das Ich als schön, weil sich das Selbst noch nicht zeigt. Doch langsam dringt das höhere Bewußtsein von innen durch, und als Sneewittchen sieben Jahre alt geworden ist - also nach der ersten Läuterungsphase des Initiationsweges - beginnt der Spiegel das innere Leuchten des Selbstes zu reflektieren und verkündet der Stiefmutter, daß dieses noch tausendmal schöner sei. Die stoffliche Mutter wird gelb und grün vor bitterstem Neid. Und der alchemistisch Geschulte erkennt sogleich den schillernden Pfauenschweif, der in der Transmutation des schwarzen Raben nun langsam grünlich schlierend anfängt, das Mondhafte unter leidvollen Schmerzen in Sonnenhaftes zu verwandeln.

Diesen Prozeß der Sonnenwerdung will das "mondige Ich" auf jeden Fall verhindern, weshalb die "böse Mutter" das "schönere Kind" einem Jäger übergibt, der es im Wald töten soll. Der Jäger ist der äußere Intellekt, der nur dem Animalischen nachjagt, und der Wald repräsentiert unbewußte Schattenbereiche. Beide Faktoren bringen es jedoch nicht fertig, das metaphysische Bestreben des bereits erwachten inneren Selbstes zu töten. Der Jäger läßt Sneewittchen laufen und übergibt der Stiefmutter die Leber und die Lunge eines Frischlings als "Beweis" für den Tod des Mädchens. Der Ferkelersatz stammt aus den griechischen Mysterienspielen von Eleusis. Auch dort wird ein junges Schwein (=Symbol für das niedere Ich im Menschen) getötet, damit der kosmische Anteil weiterleben kann. Die dunkle, irdische Natur versucht sogleich die höhere Qualität zu integrieren, indem sie Leber und Lunge verspeist. Weil der äußere Projektionsanteil des Menschen aber zunächst den Weg nicht so recht mitgehen will, merkt sie den Betrug des Jägers nicht und nimmt mit den Innereien des Ferkels unabsichtlich nur noch mehr Niederes Ich in sich auf.

In der Zwischenzeit setzt Sneewittchen den Einweihungsweg fort und gelangt bald in die weiße Phase, die in alchemistischer Sprache die Albedo des weißen Täubchens ist. Der Rabe verliert die schwarzen Federn, wird zur Taube, und der Mensch erlebt durch seine stufenweise

Katharsis eine kosmische Läuterung. Daraus ergibt sich die nächste Station des Weges, auf der eine echte spirituelle Schulung einsetzt. So gelangt auch Sneewittchen nun hinter den sieben Bergen in eine geistige Welt. Dort wohnen keine Menschen mehr, sondern sieben Zwerge, die unterirdisch an den Pflanzen wirken. Die sieben Planetenprinzipien arbeiten also an den Wurzeln des Seins, und Sneewittchen wird von ihnen aufgenommen, nachdem sie gelernt hat, die Urprinzipien zu erkennen. Eingekleidet wird die astrosophische Schulung Sneewittchens in den Fragen der sieben Zwerge: Wer hat auf meinem Stühlchen gesessen? (=weltlicher Sitz, Saturn) Wer hat von meinem Tellerchen gegessen? (=Mond) Wer hat von meinem Brot genommen? (=rundes Brot symbolisiert die Sonne) Wer hat von meinem Gemüschen gegessen? (=Venus) Wer hat mit meinem Gäbelchen gestochen? (=Dreizack Poseidons für Jupiter als Mitregent in den Fischen) Wer hat mit meinem Messerchen geschnitten? (=Mars) Wer hat aus meinem Becherchen getrunken? (=Merkur, in der Alchemie ist der Merkur mondig-wässrig).

Die Zwerge finden das innere Selbst - aus ihrer Sicht - zwar noch "schlafend", also "unbewußt" vor, das schöne Wesen gefällt ihnen aber so gut, daß Sneewittchen in ihrer "Mysterienschule" aufgenommen wird. Das höhere Bewußtsein dient den Mysterien jetzt mit großer Liebe. Wenn die Zwerge das Haus verlassen, um Erze und Gold in den Bergen zu suchen oder an den Pflanzen zu arbeiten, dann schafft Sneewittchen im Inneren weiter und hält "den Tempel" der Kobolde in Ordnung.

Sneewittchen lebt recht lange in der geistigen Obhut der Zwerge. Das weiße Werk macht Fortschritte, Sneewittchen wird immer bewußter und deshalb natürlich auch schöner. Letzteres erfährt jedoch die böse Stiefmutter aus ihrem unbestechlichen Spiegel. Das äußere Ich reagiert entsetzt, als es sogar den mysteriösen Aufenthaltsort seiner besseren Hälfte von dem Spiegel erfährt. Um in die Dimension außerhalb der sichtbaren Welt zu gelangen, muß sich das Ich verkleiden. Das macht die Stiefmutter und gelangt schließlich mit ihrer Mordabsicht in das Haus der Zwerge. Dort versucht sie Sneewittchen bald das anzutun, was der Mensch immer erfährt, wenn er sich sehr viel okkultes Wissen angeeignet hat: der Kontakt zur Außenwelt stirbt dahin. Die Stiefmutter nimmt nämlich Sneewittchen mit einem Schnürriemen die Atemluft weg, und das innere Selbst sinkt wie tot zu Boden.

Der Mensch fühlt sich auf dieser Stufe unverstanden und allein unter Millionen, kann er doch den Mitmenschen nicht alles mitteilen, was er gelernt hat. Und was für die anderen wichtig erscheint, langweilt den Schüler des verborgenen Wissens derart, daß er zwar nach außen hin Interesse vorspielt, sich aber insgeheim abwendet und in seinen eigenen Gedankenkammern einschließt. Wird dieser Zustand nicht wieder erlöst, stagniert sogar die geistige Entwicklung, weil der Strebende sich in seinen unfertigen esoterischen Philosophien verstrickt und praktisch nicht mehr vom Fleck kommt. Doch die Mysterienschule hilft, indem sie rät, den Kontakt zu der Außenwelt wieder herzustellen und nun ebenfalls als "geheime Schule" zu verwenden. Weil er gelernt hat, in allem, das ihm begegnet, einen sinnvollen Hinweis zu entdecken und das Außen als Projektion seines Inneren wahrzunehmen, kann sich der Okkultist wieder aktiv in seiner Umwelt einfinden, ohne allzu sehr an der Einseitigkeit oder Diesseitigkeit der anderen leiden zu müssen. Das Märchen umschreibt diese wichtige Station mit dem Hochheben des toten Sneewittchens seitens der Zwerge. Dann lassen sich die viel zu festen Riemen (=starren esoterischen Standpunkte) aufschneiden, worauf die Welt wieder eingeatmet werden kann.

Selbstverständlich war Sneewittchen nicht wirklich tot. Sie lag in der Agonie, die jeder großen Metamorphose vorausgeht. Von außen betrachtet, erscheint der Mensch dann wie "tot", doch befindet er sich tatsächlich in einer lethargischen Dunkelheit, die Altes vernichtet, damit Neues entstehen kann.

Kaum zu Hause angekommen, befragt die Stiefmutter erneut den Spiegel, ob sie jetzt die Schönste im Lande sei. Doch Sneewittchen lebt und ist immer noch tausendmal schöner als sie. Das niedere Ich versucht daraufhin den Kontakt nach oben, also die Intuition, die das Selbst aus dem Numinosen schöpft, zu töten. Der Angriff bahnt sich über die Haare seinen Weg. Haare werden oft als magische Antennen nach oben bezeichnet. Je länger sie sind, um so größer kann sich auch die magische Macht entfalten. Der mystische Verzicht auf magische Macht zeigt sich in der Kahlköpfigkeit oder der Tonsur der Mönche. Das böse Weib vergiftet Sneewittchen mit Hilfe eines Kammes, den das Mädchen ihr abkauft. Aber auch hier können die Zwerge helfen, denn sie selbst sind als Kobolde verantwortlich für Intuition und Inspiration. So kehrt das innere Selbst ein zweites Mal zurück in das äußere Leben. Diese beiden "Tode" sind notwendige Lebenskrisen, die der Mensch auf dem Einweihungsweg durchmachen und auch siegreich bewältigen muß. Es stirbt nicht der Körper. Aber Standpunkte, Weltanschauungen, Fixierungen und Leitbilder verwandeln sich mehrfach drastisch und teilweise auch recht schmerzhaft. Doch im Ergebnis wird das Selbst jeweils stärker durch den Menschen hindurchstrahlen. Was immer auch die niedere Stiefmutter, die ja nur den profanen Anteil des Menschen verkörpert, mit böser Absicht anstellt, dem höheren Wesen erwächst daraus Entwicklung und Heilwerdung. Wurde die Materie einmal von dem erwachten Menschen vor den Wagen des gnostischen Weges gespannt, dann hat sie im Endeffekt keine Chance mehr, die Rückkehr der Seele in den universellen Geist zu verhindern. Wie sehr sie sich auch zu behaupten versucht, all ihre Bemühungen, den Menschen im festen Stoff festzuhalten, sehen zunächst erfolgreich aus, scheitern jedoch im weiteren Verlauf so kläglich wie die bösen Absichten der Stiefmutter.

Also ist es kein Wunder, daß der dritte Versuch der Stiefmutter, das schönere Selbst doch noch auszuschalten, in die letzte große Katharsis des weißen Werkes und schließlich in eine endgültige Vervollkommnung führt. Das Selbst wird mit einem halben Apfel vergiftet. Der Apfel gilt als Einheitssymbol. Teilt man ihn in zwei Hälften, ist die kosmische Ganzheit zerstört. Der halbe Apfel versinnbildlicht die materielle zerstückelte Welt, in der jede Handlung nur Halbheit bedeutet. Daran stirbt das Selbst. Der Apfel gilt auch als Symbol äußerer Sinnlichkeit. Wenn die weltliche Lust noch größer ist als der Wunsch nach kosmischer Führung, zieht sich das Selbst zurück. Der erste Bissen von dem Apfel läßt Sneewittchen zu Boden sinken. Jetzt triumphiert das niedere Ich, denn nun ist der schönere Teil keine Gefahr mehr. Die Zwerge können Sneewittchen aus diesem letzten todesähnlichen Zustand nicht mehr zurückholen. Denn das Selbst ist nun sogar der Heiligen Lehre entwachsen. Die Zwerge repräsentieren die

Mysterienschule, die lediglich das Werkmaterial zur Verfügung stellt. Hat der Schüler die esoterische Schulung erfolgreich verinnerlicht, wird er das Ergebnis als großen alchemistischen Prozeß in sich selber wahrnehmen können. Die Lehre hat dann die zentrale Bedeutung verloren, denn der Mensch wurde durch sie verwandelt und erntet, was er durch seine Studien gesät hat.

Also hören wir von Sneewittchen, daß sie auch in dem leblos scheinenden Zustand noch schwarz-weiß-rot bleibt. Sie verwest nicht. Darum legen die Zwerge die schöne Gestalt in einen gläsernen Sarg, auf den sie mit goldenen Lettern den Namen des Sneewittchens schreiben "und daß es eine Königstochter wäre". Den Sarg stellen die Zwerge auf einen Berg, damit er bis weit in das Land hinein zu sehen sei.

In einem schöneren Bild kann man die Vollendung des weißen Werkes der mentalen Alchemie gar nicht darstellen. Die Seele hat das kleine Opus vollendet. Sie strahlt in weißer Reinheit, die irdische Lust ist vergangen, der mayatische Traum wird transparent. So mancher glaubt, hier sei das Werk zu Ende. Die Seele habe sich einen lichten Leib erschaffen, der frei ist von der Vergänglichkeit und nun als weißes Täubchen zurück in den Himmel fliegen könne. Doch weit gefehlt! Das alchemistische Ziel bleibt niemals dieses kleine lunare Werk der mystischen Weißung. Ihm muß die lebendige Rötung als zweite Geburt folgen. Selbst die weißeste Seele bleibt im Sarg des Stoffes liegen, und sei dieser auch noch so geläutert - also statt aus schwarzem Holz oder Granit schon aus reinem Glas. Der wichtigste Schritt muß noch erfolgen. Erst die Hochzeit von Sonne und Mond vermag das große Werk der Rötung aus dem kleinen der Weißung herauszuheben. Der feurige Schöpfungsimpuls, der männliche Geist allein kann die geläuterte weibliche Seele auf eine neue Ebene des Bewußtseins zurückholen.

In der ägyptischen Analogie hieße das: Wie sehr der helle Mond der Isis (Shneewittchen) und der dunkle Mond der Isis (Stiefmutter) auch an ihrer Läuterung arbeiten, wenn nicht eines Tages der Geist (Osiris oder Horus) selbst die weiblichen Anteile hinaufhebt, gibt es für beide kein Entrinnen aus dem irdischen Grab. Auch dann nicht, wenn die Seele schon allen Mysterienschulen entwachsen ist, wenn der Standort bereits den höchstmöglichen Ort nahe der Sonne erreicht hat, weil der pyramidenhafte Weltenberg als überwunden gilt. Erst wenn die Königin der Nacht sich mit dem König des Tages für immer auf einer höheren Ebene vereinigt, gibt es eine echte Erlösung der wässrigen Seele. Dann ist die Spaltung des Bewußtseins aufgehoben, und Himmel und Erde sind wieder eins.

Darum kommt natürlich irgendwann der Königssohn und sieht das scheinbar tote und doch sehr lebendig und schön aussehende Sneewittchen in dem gläsernen Sarg liegen. Er weiß, dort liegt ein reiner Diamantleib, der nur leblos wirkt, weil er auf den erlösenden Geist warten muß. Aus diesem Wissen heraus gewinnt er das Sneewittchen sofort lieb und will es mit in sein Königreich nehmen. Der Königssohn bietet den Zwergen alles, was sie dafür auch immer haben wollten. Aber die Zwerge geben es ihm nicht "für alles Gold der Welt".

Für das Gold der Welt ist die geläuterte Seele freilich auch nicht mehr zu haben. Das große Werk bezieht sich nicht auf materielles Gold. Das große Werk braucht das Gold des Himmels, und das ist die absolute Liebe, die nie mehr vergehen kann, weil sie sich von allen persönlichen

Vorteilen abgewandt hat und nur noch göttliche Vollkommenheit ersehnt. Diese höchste Form der Liebe läßt der Königssohn erkennen, und die Zwerge schenken ihm daraufhin das Sneewittchen mitsamt dem gläsernen Sarg. Die Ganzheit ist fast wieder hergestellt. Königstochter und Königssohn sind der Vereinigung nahe. Der zerstückelte Apfel verliert sein teilendes Gift und fällt von den roten Lippen. Sneewittchen, die wäßrige Seele, erwacht aus dem Mysterienschlaf, schlägt die Augen auf und fragt: "Wo bin ich!" - "Du bist bei mir!" antwortet der feurige Geist. Und er fährt fort mit den Worten: "Ich habe dich lieber als alles andere auf der Welt. Komme mit mir auf meines Vaters Schloß, du sollst dort meine Gemahlin werden."

Diese Hochzeit findet nicht auf der Erde statt, sondern im kosmischen Bewußtseinsreich, im "Reich des Vaters". Das rote Werk entläßt den geheilten Phönix in eine höhere Dimension der Wahrnehmung und Erkenntnis. Das gereinigte Wasser der Seele und der feurige Geist feiern ihre Vermählung für die Ewigkeit. Die Stiefmutter vergeht im Stoff. Das Märchen beschreibt den Tod der physikalischen Verhaftung in einem sehr anschaulichen Bild: In der restlichen, schon vergehenden irdischen Glut tanzt sich das niedere Ich unter qualvollen Schmerzen zu Tode.

Die drei todesähnlichen Zustände, die uns dieses Märchen aufzeigt, sind verschlüsselte Hinweise auf die Transformationen auf dem Weg und die sogenannte zweite Geburt nach dem Mysterienschlaf.

Unzählige Variationen lassen sich davon in allen Märchen und Religionsmythen finden. Wenn Jona von dem Walfisch verschlungen wird, kommt er genauso wesentlich bewußter und reifer wieder hervor wie Herakles, der die Königstochter Hesione aus dem Bauch eines Seeungeheuers befreit und selbst drei Tage lang im Bauch des Ungeheuers bleibt.

Sich von Drachen und Schlangen verschlingen zu lassen, ist eine archetypische Möglichkeit, das seeliche Unbewußte zu bearbeiten. Der Held taucht in den gefährlichen Schlund seiner eigenen Passivität, um das ihm Fehlende dort hervorzuholen. In jedem Verschlingungsmythos begegnen wir der Nachtmeerfahrt der Sonne: Das mondige Wasser (Seeungeheuer) schluckt vorübergehend das Tageslicht (Oberbewußtsein) und der Mensch holt seine verdrängten Anteile hinauf in das Licht der Morgensonne. Ob man diese wichtige Bewußtseinsarbeit nun bei Frau Holle (in der Hölle) leistet und danach ein goldenes Gewand übergeworfen bekommt oder man sich von einem Mystagogen in Trance versetzen läßt, um in den eigenen Drachenbauch, in die eigene Hölle hinabzublicken, macht für das Ergebnis wenig Unterschied. Das "goldene Gewand" einer größeren Bewußtheit bleibt immer der Lohn für den Abstieg in das Land der Verdrängungen.

Wenn St. Germain in dem Roman "Der rote Löwe" unter Beiwohnung seiner Brüder lebendigen Leibes in den Sarg steigt, praktiziert er genauso eine Form des Tempelschlafes wie Jesus Christus, der niedergefahren ist zur Hölle und am dritten Tage auferstanden. Apollonius von Thyana erweckt Merit aus dem Tempelschlaf, indem er sie laut bei ihrem Namen ruft. Und auch die mythologische Figur des Christian Rosenkreuz ruht mit überkreuzten Armen wie Osiris in seinem Gewölbe und wartet auf die Erwekkung durch den rosenkreuzerischen Adepten.

Das häufig beschriebene märchenhafte Motiv der zweiten Geburt ist untrennbar mit dem Tempelschlaf verknüpft. Der Myste taucht in das Wasser seiner Seelenlandschaft und holt so viele Schätze seiner abgesunkenen Anteile hinauf, wie er zu einem bestimmten Zeitpunkt wieder bei sich aufnehmen kann. Die Erfahrungen, die er dabei macht, werden zu einer guten Hebamme in die zweite Geburt.

Tritt ein und heilige dich! Denn noch bist du ein Tor! Und nicht ewig wirst du Sonne atmen, Sterblicher!

Ägyptischer Papyrus: Worte der Isis

8. Die Kammern des Tempelschlafes

Unzählig sind die über die ganze Erde verteilten Orte, an denen der mystische Schlaf als Einweihungsmysterium durchgeführt wurde. Sucht man die Plätze des Mysterienschlafes auf, so stellt sich bald heraus, daß der Seelenflug meistens an geomantischen Kraftorten praktiziert wurde. Die ganze Erde ist mit einem Netz von Kraftlinien durchzogen, und je nachdem, ob sich diese Adern kreuzen oder ob sogar mehrere zu Knotenpunkten zusammenlaufen, entstehen unterschiedliche Kraftfelder, deren Schwingungsfrequenz sich die Eingeweihten zu allen Zeiten zunutze machten.

Die feinstofflichen Energielinien der Erde lassen sich sehr gut mit den Meridianen des menschlichen Körpers vergleichen. Auch in der Geomantie gibt es Hauptkanäle, von denen kleinere abzweigen. Auf diese Weise entstehen unzählige Kreuzungspunkte, die spezifische Schwingungen erzeugen. Ähnlich wie Akupunkturpunkte, die einfach nicht da sind, wenn man den Körper aufschneidet, findet man auch die feinen Strahlenkombinationen nicht, wenn man im Erdreich nach ihnen buddelt. Doch in unserer Kultur des auslaufenden zwanzigsten Jahrhunderts ist es der wissenschaftlichen Forschung gelungen, unsichtbare energetische Ausstrahlungen zu messen. Deshalb dringt das Wissen um Kraft- und Strahlungsfelder langsam auch in nicht-esoterische Kreise. Doch gemessen an den erhaltenen Bauwerken waren uns die mystischen Vorgänger sowohl mathematisch wie auch geomantisch haushoch überlegen, denn sie nutzten die Pyramidenwinkel ebenso geschickt wie Wasseradern für die Inspiration der Menschen. Der gekonnte Umgang mit feinenergetischen Kraftfeldern fördert die Sensitivität und das Wohlbefinden der Menschen. (Leider sind im zwanzigsten Jahrhundert kaum noch eingeweihte Baumeister am Werk, weswegen unsere Gebäude eher baubiologischen Verbrechen gleichkommen.)

Das universelle Wissen um die geheime Bedeutung von Erdstrahlen war zu früheren Zeiten die Aufgabe der eigens in diesem Thema geschulten Geomanten. Die metaphysisch orientierten Baumeister alter Kultstätten waren immer fest in Geheimorden oder Mysterienschulen organisiert und verfügten daher über die Kenntnisse, geomantische Muster aus hochschwingenden Kraftlinien, Kreuzungspunkten und Gitternetzen für die Strahlungen innerhalb ihrer Gebäude zu nutzen. Bei allen sakralen Projekten wurden gute, fühlige Radiästhesisten zu Rate gezogen, damit Tempel, Kathedralen, Paläste, Kirchen, also sämtliche kultischen Bauwerke immer an geomantisch wirksamen Orten errichtet wurden. Die initiierten Baumeister brachten es fertig, Energien auf eine bestimmte Stelle zu konzentrieren und zu verstärken oder sogar gezielt kilometerweit umzuleiten. Noch heute fühlt ein empfindsamer Mensch sich von einer besonderen Schwingung berührt, wenn er sich in der Nähe des Altars, auf der Kanzel oder in der Krypta einer betagten Kathedrale aufhält. Es gibt Schwingungsfelder, die aufbauend und kräftigend auf den Organismus einwirken und solche, die eine latent vorhandene Medialität verstärken.

Für den Tempelschlaf wurden Strahlungskombinationen genutzt, die in Verbindung mit sich kreuzenden Wasseradern entstehen und dem Bewußtsein helfen, die Raum- und Zeitwahrnehmung außer Kraft zu setzen und deshalb den Weg in andere Dimensionen zu finden. Katzen sind sehr sensitive Tiere und suchen gerne Plätze auf, die Visionen und Träume begünstigen. Nicht umsonst haben die Ägypter die Katze verehrt, fand sie doch für die Menschen den richtigen Platz für Meditationen und Tempelschlaf.

Die bekannteste Tempelschlafkammer ist die sogenannte Königskammer der ägyptischen Cheops-Pyramide. Selbstverständlich war der dort seit Jahrtausenden stehende, einstmals blank geschliffene Sarkophag aus rötlichem Porphirgestein kein Sarg für Pharaonen, sondern ein "Gefäß" für die mystische Arbeit des Tempelschlafes. Wenn es Ihnen - wie mir im Jahre 1982 - mit Hilfe eines Bestechungsgelder verteilenden Freundes gelingt, zwischen zwei Reisegruppen ein halbes Stündchen ungestört in diesem Sarkophag liegen zu können, werden Sie noch heute spüren, wie leicht Sie in einen entrückten Zustand geraten. Selbst die sintflutartige Touristenwelle, die seit vielen Jahren täglich - gnadenlos - in dieses uralte Heiligtum einbricht, konnte das energetische Kraftfeld an diesem Ort nicht zerstören.

Waren Sie schon einmal Tourist im heutigen Ägypten? Wenn ja, dann erinnern Sie sich bestimmt an die sogenannten "Scheingräber", auf die uneingeweihte Fremdenführer sehr oft hinweisen. Sicherlich haben sich spätere Pharaonen solche falschen Grabkammern zwecks Irreführung zukünftiger Grabräuber bauen lassen, aber eigentlich ist es wahrscheinlicher, daß in vielen Tempeln und Palästen Kammern für den Tempelschlaf existiert haben. Da jeweils ein steinerner Sarg darin zu finden war, konnten spätere Generationen leicht auf die Idee gekommen sein, es handele sich um "Scheingräber".

Auch der bekannte Sarg bei den Externsteinen, der irrtümlicherweise schon als Kornmaß bezeichnet wurde, ist ein Ort, der eigens für den Mysterienschlaf erwählt wurde. Außerkörperliche Erfahrungen und Visionen stellen sich noch heute dort leichter ein als anderswo.

Es lohnt sich, auf die Suche nach echten Tempelschlafkammern zu gehen. Sie sind über die ganze Erde verteilt und es gibt sie in jedem Zeit-Raum und in jeder Kulturepoche. Echte Tempelschlafkammern findet man überall dort, wo drei Dinge zusammenkommen: Eine Mysterientradition, ein "strahlender" Ort und ein Gerücht, das besagt, daß dort irgendetwas stattfindet, was sich aus funktionalen Gesichtspunkten nicht so recht beweisen läßt, aber von dem einzelnen erfahren und widergespiegelt werden kann.

Und es werden etliche aus den Völkern und Geschlechtern und Sprachen und Nationen ihre Leichname sehen drei Tage und einen halben Tag und werden doch nicht ihre Leichname einlassen in das Grab. Und die auf Erden wohnen, freuen sich über sie und sind guter Dinge und werden einander Geschenke senden.

Die Offenbarung des Johannes 11, 9-10

9. Neue Gefäße für alte Mysterienkulte

Bitte gehen Sie nicht in Trance. Sie brauchen jetzt den Intellekt. Erlauben Sie mir bitte, Ihnen ein paar wichtige Aspekte und Veränderungen aufzuzeigen, die dazu führten, den Tempelschlaf in seiner Technik in einen neuen Rahmen zu stellen, damit er sich in unseren heutigen Zeit-Raum wieder eingliedern kann.

Wie wir im Osireion gesehen haben, lagen Sie selbst einstmals schon im traditionellen altägyptischen Tempelschlaf. Jetzt wissen Sie auch, weshalb "Es" Sie immer wieder auf den Pfad der esoterischen Mysterien zurücktreibt. Ganz egal, in welchem Zeit-Raum Sie inkarnieren, gleichgültig, mit welchen Lebensbedingungen Sie Ihre Existenz beginnen, früher oder später wird Ihre innere Sehnsucht nach "Entwicklung" und geistigem Streben so stark sein, daß Sie Ihren begonnenen Pfad erneut suchen und finden (fast möchte ich lieber sagen, von ihm gefunden werden). Das Gesicht des Hohepriesters werden Sie ganz sicher nimmermehr wiederfinden, denn seine äußere Hülle war vergängliche Form. Aber das, was als Botschaft, als "Anker", dahinterstand, die innere Gesinnung und die hohe Reifestufe einer Seelenpersönlichkeit, wird Ihnen niemals mehr verborgen bleiben können, in welcher Gestalt sie auch immer verpackt sein mag. Das, was Sie als Kind schon gespürt haben, als Sie den Erwachsenen bis auf den Urgrund ihrer versteckten Motivationen schauen konnten, oder das, was Sie später "gute Menschenkenntnis" nannten und auch die tiefe Weisheit und das Unabhängig-Sein von der Meinungsbildung der Masse, all das ist ein Ergebnis *Ihrer* in anderen Zeit-Räumen erworbenen *Selbsterkenntnis*.

Sie haben sich schon einmal mit dem Sonnenlogos, mit Osiris, mit dem Allgeist identisch gefühlt, und deshalb ist Ihr Inneres Selbst auf geheimnisvolle Art und Weise stets "auf Sendung" geblieben. Wie immer sich auch Ihre Seele einkörpern wird, Sie nehmen selbstbewußte Anteile von Inkarnation zu Inkarnation mit. Sie bleiben also schon ein wenig "derselbe". Glauben Sie bitte nicht, das sei selbstverständlich. Das ist es nämlich ganz und gar nicht. Der unbewußte Mensch, der sich nur mit seinem materiellen Körper und seinen Gehirnfunktionen identifiziert und niemals den mystischen Tod erlebte, geht nach dem irdischen Tode in die Gruppenseele der Menschheit ein, wo er sich mit den anderen vermischt wie der berühmte Wassertropfen, der in das Meer zurückfließt. Seine Individualität existiert noch gar nicht wirklich, denn seinem weltlichen "Ich" ist das Unsterbliche völlig unbekannt, und er verfügt deshalb auch nicht über einen sogenannten Auferstehungsleib. Dieser Leib, der auch Diamantleib genannt wird, muß durch die bewußt vollzogene "Absonderung von der Herde" erworben werden. Nur eine Individuation der Seelenpersönlichkeit bietet die Voraussetzung, an diesem Ewigkeitsleib bauen zu dürfen. Man hat ihn nicht von Natur aus. Er ist ein Ergebnis des geistigen Weges und der zweiten Geburt nach einem Mysterienschlaf. Sie aber haben sich jenes unvergängliche, unsterbliche Nichtstoffliche bereits ein wenig erschaffen, weshalb Ihre Seele Sie ständig wie "ein kleiner Quälgeist" drängt, weiter daran zu arbeiten. Diese innere Haltung, dieses nach kosmischer Führung verlangende Gewissen entspringt nicht zuletzt der Erfahrung des Tempelschlafes, in den Sie einst versunken waren.

Doch bestimmt sind Sie ein wenig traurig, weil Sie sich nur sehr vage an die individuellen Bilder erinnern können, die Osiris in dem Buch des Lebens für Sie auf ewig verwahrt. Nur sehr undeutlich blieben die Eindrücke, die Sie während Ihres Seelenfluges machten, in Ihrem Oberbewußtsein. Dabei waren es durchaus wichtige Wesensanteile, die Ihnen auch heute zur Ganzheit fehlen. Ja, das stimmt, es wäre wirklich gut, Sie wüßten um diese Erlebnisse. Aber alle Ihre Stoffwechselfunktionen waren seinerzeit ausgeschaltet, und Sie ließen Ihren Körpertempel tatsächlich wie eine tote Hülle in dem schwarzen Sarkophag mit dem blauen Lichtstrahl zurück und reisten in dem ätherischen Leib in das kreative Panorama Ihrer Bilderwelt. Sie erlebten tatsächlich das, was man den "mystischen Tod" nennt. Daß dieses relativ leicht möglich war, lag daran, daß vor circa viertausend Jahren der Astralkörper noch nicht so fest mit der Physis verbunden war, wie das aufgrund der fortschreitenden Verdichtung der menschlichen Natur in späteren Zeit-Räumen der Fall geworden ist.

Erinnern Sie sich! Erst durch die Mumifizierung der Körper fand langsam das statt, was wir heute noch erleben: Das Bewußtsein des Menschen wollte voll und ganz in der Materie ankommen. Dies bedeutet aber auch, daß wir natürlich Schwierigkeiten haben, unsere feinstofflichen Körper aus der irdischen Verpackung herauszulösen. Also mußten sich die Einweihungsmethoden im Laufe der Zeit ständig den neuen Bedingungen anpassen und in ihrer Technik verändern.

Der Nachteil der alten Tempelschlafmethode war, daß der Kandidat sich zwar wie neugeboren fühlte, weil er in dem kosmischen Licht seiner feinstofflichen Projektionen gebadet hatte, jedoch war sein "Ich", also sein Intellekt oder sein irdisches Verstehen, nicht beteiligt. Er vertraute der mystischen Technik des Tempelschlafes, daß seine Seele und sein Geist die richtigen Erfahrungen gemacht hatten. Im Ergebnis fühlte er sich ja auch irgendwie heiler und ganzer, hatte er doch aus dem Tempelschlaf ein umfassenderes Bewußtsein erhalten, das er niemals mehr verlieren kann, welchen Zeit-Raum er auch jemals durchwandern wird.

Und ginge der im Tempelschlaf Erwachte freiwillig in die Steinzeit zurück, er hätte die solare Schwingung des Osiris in seinem Sonnengeflecht verborgen. Wenngleich auch niemand anderes dieses inwendige Leuchten direkt erkennen könnte, er selbst würde heimlich darum wissen, und die Mitmenschen würden sich vielleicht zu seiner Ausstrahlung hingezogen fühlen, ihn intuitiv mit Verantwortung überhäufen und ihn liebend gerne zu ihrem Oberhaupt erklären. Oder sie würden ihm sein "Anderssein" neiden und ihn hassen.

Einige Jahrtausende wurde der Tempelschlaf als atlantische Überlieferung in Ägypten rituell an Mysterienkandidaten durchgeführt. Aber eines Tages mußten die Einweihungsrituale geändert werden, denn mit der Verfestigung der Ich-Strukturen gestaltete sich das Verlassen des Körpers immer schwieriger, so daß der Seelenflug in der überlieferten Form nicht mehr möglich war. Es kam immer häufiger zu dem Problem, daß der in Bandagen gewickelte Myste seinen physischen Körper nicht mehr verlassen konnte und den dreieinhalbtägigen Mysterienschlaf als äußerste Beklemmung erlebte. Oder, es gelang den Kandidaten zwar den Körper zu verlassen, jedoch riß die Silberschnur und die Astral- und Mentalkörper konnten nicht mehr zurückkommen.

Die Priester standen ratlos vor diesen Dingen. Zunächst boten sie darum oftmals sogenannte Schein-Seelenflüge an, in denen die Kandidaten starke Drogen aus Pilzen verabreicht bekamen und dabei ähnliche Erfahrungen machten wie die Mysten im traditionellen ägyptischen Tempelschlaf. Aber diese "synthetischen" Einweihungen zeigten bloß den Verfall der Mysterienschulen auf und bereiteten ihren baldigen Untergang vor.

Die meisten Arbeiten der Mysterienbünde, also äußere Zeremonien, innere Rituale und der Tempelschlaf, sind die Arbeit der "Hohen Magie". Aber Drogen, Alkohol im Übermaß und alle anderen bewußtseinsverändernden Stoffe haben dort, wo diese geläuterte Art der Magie praktiziert wird, absolut nichts zu suchen! Denn die Hohe Magie lebt von einem richtig herbeigeführten Kontakt zu den kosmischen Kräften, der auf dem spirituellen Netzwerk initiierter Priester hergestellt werden kann. Wenn beispielsweise die Arbeit in einem Ritual "unten" gut war, schenkt die obere Dimension dann die *bleibende* Erweiterung der Bewußtheit. Aber eine Droge kann dem Menschen das alles überhaupt nicht geben, weil die Droge nicht wirklich "hinaufrufen" kann.

Die Droge stammt von der Erde und hält den Menschen auch dort fest. Sie verknüpft ihn nur noch intensiver mit der Illusion des bocksgestaltigen Herrn der Welt. Halluzinogene führen also nicht aus dem vierelementaren Gefängnis heraus. Auch dann nicht, wenn der Drogenkonsument in seinen Trips der Täuschung unterliegt, auf der spirituellen Ebene zu verweilen. Es stimmt ja nicht! Die aus Pilzextrakten und Pflanzenauszügen gebrauten Rauschmittel haben auf das Bilden eines unsterblichen Leibes oder auf eine andere spirituelle Entwicklung keinerlei Einfluß, da sie selbst an der sichtbaren Welt festkleben. Drogenabhängige formulieren es ja dann auch recht ehrlich: Sie sind süchtig nach "Stoff", kommen nicht weg vom "Stoff" - und hier muß man sagen: Das ist leider die Wahrheit! Der "Abhängige" sitzt im "Körper-und Seele-Alltag" der beiden unteren Quadranten des Tierkreises fest und kann von der magischen und mystischen Arbeit der oberen Quadranten keinen blassen Schimmer haben, sonst bräuchte er mit Sicherheit keine Drogen! Die Hohe Magie, die im dritten Quadranten des Tierkreises wohnt, ist darum absolut unvereinbar mit der Droge, die ja nur scheinbar und in unerlöster Form - durch Wahn und die Vernichtung des Körpers - in den vierten Quadranten führt. Da auch die Technik des Tempelschlafes der Hohen Magie entspringt, versteht es sich von selbst, daß auch hier jegliche Suchtmittel fehl am Platze, ja sogar absolut hinderlich sind.

Was die Hohe Magie genau ist, möchten Sie wissen? Richtig ausgeführte, ritualisierte Religion, so hieße die kürzeste Erwiderung, doch möchte ich es nicht versäumen, diese Antwort zu untermauern.

Die Hohe Magie verknüpft den Menschen mit der kosmischen Wahrheit, die jenseits von Zeit und Raum in der Quintessenz des Christusgeistes liegt und sich symbolisch in einem aufgerichteten Pentagramm wiederfindet. Mit Hilfe kultischer Verehrungsriten verbindet die Hohe Magie den Menschen bewußt mit seinen höheren Wesensanteilen, und das allein bringt ihn allmählich dem kosmischen Bewußtsein näher. Die wichtigste Wirkungsebene der Hohen Magie ist das Ritual. So wie der Naturwissenschaftler die Materie "fragt" und von ihr Antwort erhält, so "fragt" der Mensch im Ritual das Numinose und erhält die Antwort aus höheren Ebenen in Form von Bildern und echter Intuition.

Denken Sie hierbei auch an das Aufrichten des Djedpfeilers in Abydos. Dies war ein sehr gutes Ritual, denn es zeigte einen kosmischen Vorgang aus der Einweihungstradition anhand einer ausgefeilten Symbolsprache. Diese wird von dem inneren Selbst immer verstanden, unabhängig davon, ob die äußere Ich-Struktur der Tiefe des Geschehens folgen kann oder nicht. Jedes wirksame Ritual, das den Menschen in universelle, göttliche Prinzipien erhebt, weiß sich der Hohen Magie verpflichtet. Ein brauchbarer Ritualbeamter muß darum im besten Sinne "Magier" sein, sonst bliebe das Ritual kraftlos, weil priesterliche Magier oder magische Priester da zu sein haben, die gemeinsam ein lebendes, vibrierendes Band zu der erhabenen Höhe spiritueller Dimensionen hinaufschleudern können, das von oben mit kosmischer Kraft gespeist wird und aufgeladen wieder herunterkommt in die transzendente Wirksamkeit des Rituals. In diesem Sinne ist die Hohe Magie auch Religion. Und jede Religion müßte zwingend auch Hohe Magie sein. Ist sie es nicht, stirbt die Religion, da sie keinerlei Rückbindung an das Numinose mehr zuwege bringt und deshalb kosmisch gesehen nicht installiert ist, also im Sinne eines magischen Rituals wie eine abgestreifte Larve "tot" im Raum schwebt.

Jedoch das Wort "Magie" verkam im zwanzigsten Jahrhundert leider zu einem "verlorenen Wort". Falsch verstanden und schmerzbeladen wurde es auf dem inquisitorischen Scheiterhaufen der Dummheit von tausend flammenden Mißverständnissen verzehrt. Das einst so heilige und kraftspendende Wort geriet unglücklicherweise in die schwelenden Sümpfe der Pseudo-Esoterik-Zirkel, wo sich engstirnige Spiritisten, halbseidene Geistheiler und hysterische Astraltanten seiner bemächtigten. Auch die Unterteilung in Schwarze Magie und Weiße Magie zeugt von einer grandiosen Unwissenheit. Denn die Hohe Magie kann weder "gut" noch "böse" sein, da sie immer "heilig" ist, weil sie sich stets um den Kontakt nach oben bemüht und immer symbolisch, also ergänzend arbeitet. Macht sie das nicht, so handelt es sich ganz sicher nicht um die Praxis der Hohen Magie, sondern um Zauberei, Quacksalberei und Scharlatanerie im Dienst einer kleinen weltlichen Ich-Kraft. Magie will niemals in alltägliche Bedürfnisketten eingegliedert werden. Das heißt, man beschafft sich mit Hilfe der Hohen Magie weder einen Parkplatz noch versucht man, damit andere Vorteile im Leben zu erzielen. Das altehrwürdige Wort Magie für solche unreifen Diesseits-Interessen einzusetzen, grenzt an ein Sakrileg. Es gibt keine subjektiven Alltagsebenen in der Hohen Magie! Aber die Hohe Magie heiligt die Hostie, wandelt jeden Wein in das Blut Christi, erhöht die Schwingung und bringt den Menschen mit dem Plan der kosmischen Weltdynamik in Kontakt. Vor allem jede Mysterienschule muß sich der Hohen Magie zutiefst verpflichtet wissen, sonst verliert sie ihr Daseinsrecht.

Vor zweitausend Jahren, zu Beginn des Fischezeitalters, waren jedoch auch die Mysterienschulen nicht mehr, was sie hätten sein sollen. Ihre Priester verloren die Schlüssel der Hierophanten, und die Rituale gerannen zu reinen Techniken, in denen die Beamten krampfhaft versuchten, die äußere Form aufrecht zu erhalten. Doch weil sie innen "hohl" waren, das heißt kein ordentliches Geheimwissen mehr besaßen, und nicht mehr die Archetypen, sondern ihr eigenes Wertgefühl oder ihre geheuchelte Demut beweihräucherten, verschwand die Hohe Magie aus ihrem Blickfeld. Die Gesichtszüge der Pharisäer bekamen finstere Falten, denn ihre Eigentümer wandelten sich in buchstabentreue Prinzipienreiter, die ihre grauen Mienen in einer erdig-dümmlichen Strenge zur Schau stellten, da ihnen die schönmachende initiatische Freude des geistigen Schöpfungsfeuers mittlerweile gänzlich fehlte.

In solchen Händen drohte die Heilige Lehre zu entarten. Osiris schien vergessen. Darum geriet auch der Tempelschlaf in eine betrübliche Abartigkeit. Da er wegen der langandauernden Drogenphase nicht mehr als natürlicher Erwecker einer schattenaufzeigenden Ganzheitsschau verstanden wurde, kam er als Therapeutikum gegen konkrete Krankheitssymptome zum Einsatz und welkte dadurch seinem engültigen Verblühen entgegen. (Darüber später mehr.)

Im Neuen Testament unserer christlichen Bibel finden wir einen deutlichen Hinweis auf die Erneuerung des Tempelschlafes, denn das Wunder von der Erweckung des Lazarus kleidet diese Wandlung des überlieferten Seelenfluges in eindeutige Bilder.

Doch bevor wir uns dieses Gleichnis gemeinsam anschauen, erlauben Sie mir bitte einige Worte über den Umgang mit Heiligen Schriften.

Ebenso wie Osiris und Isis rein mythologische Figuren darstellen, die natürlich niemals genau so, wie sie in der Legende beschrieben werden, gelebt haben, jedoch geniale Bilderschöpfungen sind, um dem Menschen in Mythos, Kult und Ritual die geheime Struktur des Universums zu erhellen, besitzt auch unser christlicher Mythos im Grunde nur sehr wenig historischen Wert. Die Bibel möchte sich als ein großartiges Album verstanden wissen, in das die Symbolik vieler Religionsmythen hineingeflossen ist. Deshalb entpuppt es sich bei näherer Betrachtung als gänzlich unerquickliches Spiel, herausfinden zu wollen, ob, wann und wo genau Jesus gelebt habe. Aber wieviel Freude steigt demgegenüber in einem Adepten auf, wenn seine neptunischen Augen gelernt haben, die künstlichen Wände der Formen zu durchschauen, und zu "sehen" beginnen, daß Osiris und Jesus Christus mehr gemeinsam haben als dies der äußere Anschein vermuten läßt. Beide tragen den Geist des Sonnenlogos, nehmen - jeder auf seine Art - ihr Kreuz auf sich, verbreiten Lichtstrahlen in finsterster Nacht und hinterlassen der Menschheit ein erneuertes Versprechen für ihre Erlösung aus der Knechtschaft der Unwissenheit und dem Würgeengel der Materie.

Und der Beichtstuhl der Katholiken? Entspricht er nicht sehr genau dem Schrein des Osiris? Der männliche Priester (=Geist/Sonne), eingehüllt in die lange Soutane (=Welt/Mond) entspricht ebenso wie der in Mumienbinden gewickelte Osiris einem Ganzheitssymbol (Geist und Stoff), welches allein das Fehlende zurückgeben kann. Doch leider hat die Kirche die Sünde in ein moralisches Konzept gezogen, in das sie eigentlich nicht gehört. Im richtig verstandenen Christentum beschreibt die Erbsünde allein den Verlust der Einheit, also die sethische Zerstükkelung der formalen Welt, und hat mit konkreten Taten (ob gut oder böse) gar nichts zu tun. Wenn das Geistprinzip sagt: "Deine Sünde (deine Absonderung von der Ganzheit) sei dir vergeben", so ist es allein die Kraft dieses Prinzips, daß diese Worte zu einer echten Aufhebung der Spaltung werden können. Denn der vollkommene solare Geist hat immer die Möglichkeit, Ganzheit zurückzugeben. Der Gang zu einem Beichtstuhl sollte ursprünglich den Kontakt mit der Ganzheit (Osiris) in das Bewußtsein des praktizierenden Katholiken zurückrufen, niemals aber konkrete Taten sühnen. Letzteres wird aber seit Jahrhunderten von den meisten Menschen angenommen. Also ist es kein Wunder, daß die Beichtstühle nur von sehr wenigen noch aufgesucht werden. Die Seele des Menschen wendet sich immer dann ab, wenn die Dinge ihren religiösen Sinn verlieren.

Auch die historischen Schauplätze sind für das Verständnis von allen Heiligen Schriften von geringer Bedeutung. Natürlich haben beispielsweise die weisen ägyptischen Mythenschöpfer geschichtlich und räumlich auffindbare Plätze gewählt, um ihren Mythos mit Echtheit aufzuladen, doch darf man diesen "Trick" nicht überbewerten. Der eigentlich bedeutungsvolle Aspekt aller Religionsmythen liegt "im Wort" selbst. Und das "Wort" enthält immer das gleiche komplette Mysterienwissen, das jeweils für ein neues Zeitalter neu zusammengestellt wird.

Betrachten Sie doch einmal den Osirismythos hinsichtlich seiner historischen Schauplätze. Sicher mag es ganz hübsch sein, nilabwärts auf den Spuren des Osiris zu reisen und in Byblos nach dem Rest der Zeder zu suchen, in die der Sarkophag eingewachsen gewesen sein soll. Man kann auch die Plätze anschauen, wo Isis die zerstückelten Teile des Sonnenlogos fand. Auch kann man sich durchaus freuen, wenn es heißt, sein Kopf lag in Abydos. Und es ist nichts dagegen zu sagen, all diese Schauplätze für die Lieben daheim zu fotografieren, doch stellt sich die Frage: Wozu macht man es? Bleibt man hier ehrlich und sagt "Aus Lust an Äußerlichkeiten!"- dann ist das völlig in Ordnung. Glaubt man aber, dem einweihenden Geist der Osirislegende damit näherzukommen, so irrt man sich. Je mehr ein Mythos in seinen historischen Stätten betrachtet wird, um so mehr geht seine religiöse Botschaft verloren.

So gilt es im christlichen Mythos auch nicht, den konkreten verfallenen Stall ausfindig machen zu müssen, in dem angeblich das Jesuskind in der Krippe gelegen haben soll. Die Bildersprache der Heiligen Schrift muß hereingenommen werden in die eigene Inwendigkeit und dort zu einer Erkenntnisfrucht heranreifen. Tritt diese dann in die Wahrnehmung, so erfaßt der Mensch die Metaphern in ihrer inneren Botschaft und weiß, sein "Ich" (nicht sein Haus!) sollte so weit abgebaut sein, daß es einem verfallenen Stall gleicht, damit die egozentrierten Absichten nicht stören, wenn der Sonnenlogos einen Raum in der Herberge des menschlichen Bewußtseins finden möchte, um dorthin herabzukommen.

Die Bilder der Weltreligionen gleichen wuchtigen Wandgemälden, die mit ausdrucksvollen Farben in die tieferen, unbekannteren Bewußtseinsschichten der Betrachter vordringen und dort eine nachhaltige Wirkung hinterlassen. Jedes Gleichnis, alle Wunder, das Leben, der Tod und die Auferstehung eines Gottessohnes, sind so etwas wie alchemistische Retorten, in denen unter den behutsamen Händen eines erfahrenen Meisters das Irdische in Göttliches hineinreifen kann. Jedoch sind die Gefäße nicht so lange haltbar wie ihr Inhalt, weshalb sich in regelmäßigen Abständen jemand bereiterklären muß, sie zu erneuern.

Der Lebensmythos von Jesus Christus zeigt sehr deutlich das Problem des defekten Gefäßes, in dem sich die Lehre vor zweitausend Jahren nicht mehr halten konnte, also praktisch herausfloß und ihren notwendigen Zusammenhang verlor. In der Folge degenerierten nicht nur die exoterischen Kirchen, sondern auch die esoterischen Geheimorden. Das ganze Leben Jesu stellt eine andauernde Kritik an den Pharisäern und Schriftgelehrten dar. Jesus bricht die zur Leblosigkeit entarteten Gesetze der Mysterienbünde und heilt zum Beispiel am Sabbat die Kranken. Oder er steht mit mahnenden Worten vor dem Hohepriester Kaiphas, weil dieser das Mysterium der Karwoche nicht mehr begreift, sich in Äußerlichkeiten verwickelt und die falsche Frage stellt, die ihn als jemanden ausweist, der die esoterische Tradition und die Mythologie genau so wenig verinnerlicht hat, wie er in Jesus den Christus erkennen kann. Als Hohepriester müßte er diese Dinge aber wissen. Doch Kaiphas versteht das okkulte System nicht mehr.

So geschieht es immer wieder. Der Geist zieht sich zurück, und die einstmals heißen Techniken der Einweihungen werden kalt und wirkungslos. Zwischen den Priestern herrschen dann nur noch Streitigkeiten um Statuten, materielle Mittel, Aktivitätszyklen, Roben und Ritualpraktiken. Des weiteren entstehen sektiererische Personenkulte, Revierverletzungen mit darauffolgenden Kompetenzproblemen, Betrügereien und schließlich Verzweigung und Spaltung überall dort, wo vorher für eine Zeitspanne das Prinzip der homogenen Eintracht regiert hatte. Die einst intakten Retorten und Phiolen liegen dann zerbrochen auf dem Boden des Erdenlabors, und der Reifeprozeß droht unterbrochen zu werden, da sich der wahre Geist ungehalten hier- und dorthin verströmt.

Diesen Verfall, der früher oder später alle Kulttempel trifft, muß man weder als hoffnungsloses Unglück beweinen noch mit großer Macht bekämpfen. Er ist "normal", denn auch Mysterienschulen unterliegen dem Wandel und machen Metamorphosen durch, wie jedes Ding im Universum. Nur die Heilige Lehre wandelt sich nicht. Sie zieht immer dort aus, wo gerade der Niedergang einsetzt, und sammelt sich quellfrisch in einem neuen Gefäß, das sie sich selber sucht. Ein solches Gefäß wurde einst eine Wesenheit, die sich dafür vorbereitet hatte. Der Mensch hieß Jesus. Seine Vorläufer waren Echnaton und Apollonius von Tyana. Diese zwei Männer taten vorher schon ein wenig das, was später Jesus recht gründlich machte: Sie offenbarten die streng gehüteten Mysterien einer breiteren Öffentlichkeit.

Das Neue Testament schildert dem Initiierten auf eine sehr deutliche Art und Weise die geheimen Bräuche der Mysterienzentren. Die sogenannten Wunder, die Jesus vollbrachte, dienten nicht etwa dem Hang des Gottessohnes zu einem massenbegeisternden Spektakulum, sie demonstrierten vielmehr ganz normale Übungen, wie sie in den Mysterienschulen die dafür vorbereiteten Neophyten gelehrt werden. Das ganze Leben Jesu stellt die öffentliche Enthüllung der geheimen Praktiken dar. Wir dürfen jedoch in Jesus einen kosmisch beauftragten Agenten sehen, der für drei Jahre den Christusgeist in sich entwickelte, um jedem Menschen zu zeigen, was er tun muß, um ebenfalls eins mit dem höchsten Geistprinzip zu werden. Er kleidete das Osiristhema neu ein. Dies war wichtig, damit die Bilder in den Köpfen der Menschen lebendig blieben und all jene die Einweihungsströmung erneut suchen, deren Seele die Metaphern erkannt hat.

Betrachten Sie die "Wunder" in dem neuen Testament einmal aus der Perspektive einer esoterischen Lehre, so merken Sie sehr bald, welche Übungen oder Praktiken dahinterstehen.

Jesus "foppt" die Meister der Geheimorden, indem er anläßlich der Hochzeit zu Kana Wasser in Wein verwandelt. Er sagt: "Füllet die Wasserkrüge mit Wasser" und kürzt dann den Vergeistigungsprozeß ab, worauf Wein entsteht. Dies bedeutet, als Ganzheitsprinzip verfügt er über die Kraft, die verkörperte Seele (Wasser) in Geist (Wein) zu verwandeln, was einer plutonischen Transformation gleichkommt und eigentlich die Aufgabe eines metaphysisch arbeitenden Orden ist.

Zu dem Gichtbrüchigen spricht er die rituellen Worte der Beichte: "Mein Sohn, deine Sünden (= die ungetanen Reste, die du der Ganzheit schuldest) sind Dir vergeben." Er stellt im Bewußtsein des Kranken die Einheit wieder her und setzt sich selbst als Hoherpriester ein, indem er sagt: "Wisset, daß des Menschen Sohn die Vollmacht hat, die Sünden (=Absonderung von der Ganzheit) zu vergeben."

Deshalb arbeitet ein Priester zu jeder Zeit "im Namen Christi" als verlängerter Arm dieses Jesuswortes.

Die Heilung des Blinden verweist auf die Gnosis, die sich in einer Mysterienschule den Mitgliedern offenbaren muß. "Der Blinde" stellt eine Metapher für den normalen, unerwachten Menschen dar, welcher laut ausruft: "Erbarme dich meiner, Jesus". Dieser Mensch macht also eine innere Wahrnehmung und erkennt in Jesus, dem Menschen zusätzlich Christus, den Gott und damit die gesamte Mysterientradition. Mit den Worten: "Dein Glaube hat dir geholfen" macht ihn Jesus dann sehend (= erkennend im Sinne der mystischen Lehre).

Auf offener See geschieht die "Stillung des Sturmes". Auch dies ist kein Wunder, sondern eine deutliche Umschreibung für das Beherrschen der Elemente: "Schweige und verstumme!" befiehlt Jesus dem tosenden Meer, nachdem er den Wind bedroht hat, und demonstiert damit seine Macht über das Irdische.

In diesem Sinne läßt sich Jesus wahrhaftig als Mysterienverräter bezeichnen. Anders sind die authentischen Lehren nicht zu retten. Innerhalb einer eingerosteten Tradition verkommen sie zu reinen Mechanismen. Doch war es seine Pflicht, dies zu tun. Natürlich muß ihn die Mondenwelt dafür töten, denn nichts entlarvt die mayatische Welt der Isis- und Sethkraft so gnadenlos wie der Kontakt mit der authentischen Heiligen Lehre. Immer wieder geschieht aber mit Hilfe der Avatare das gleiche. Sie werden von den unwissend gewordenen Traditionalisten verfolgt und am Ende beseitigt. Auf diese Weise versuchen die meisten Schriftgelehrten mit aller Kraft den Ausverkauf der esoterischen Axiome zu verhindern. Nur einige wenige unter ihnen streichen sich hinter verschlossenen

Tempeltüren besorgt über die langen weißen Bärte und erfassen das Gebot der Stunde. In den fleißigen Händen dieser Verständigen liegt dann die Regeneration der Einweihungskulte, sobald der Avatar die Weltenbühne verläßt. Ein kleiner innerer Kreis hebt in fiebrigen Aktionen das spirituelle Niveau in der Religion wieder auf eine sehr hohe Ebene und sorgt somit von innen heraus für neue Gefäße, in denen sich der sprudelnde Quell der erfrischten Lehre erneut in einer exoterischen und einer esoterischen Strömung sammeln kann. In einem Gleichnis sagt Jesus bei der Speisung der Fünftausend: "Sammelt die Brocken ein!" Und siehe, es reicht für alle. Die Fünf steht für das Rituelle und die Tausend sind die drei Nullen aus dem Reich des Ain, Ain Soph und Ain Soph Aur, der ganz weit über dem Lebensbaum schwebenden Nichtexistenz, in der alles ruht, was werden wird. Damit symbolisieren die Fünftausend, für die die Brocken der Lehre reichen werden, sämtliche Menschen, die es gibt. Sie erhalten von Jesus Christus die geistige Nahrung für das Fischezeitalter, denn "die zwei Fische" reichen ebenfalls für alle.

Auch der Tempelschlaf wird in einen neuen Zusammenhang gestellt. So hören wir im Neuen Testament unserer christlichen Bibel, wie Jesus, der spirituelle Meister für den Fischeäon, den Mysterienschlaf erneuert.

Mythologisch eingekleidet ist das Thema in der Geschichte von der Erweckung des Lazarus im Evangelium des Johannes. Unter den zwölf Aposteln war Johannes der einzige, der gründlich in die Mysterien der okkulten Anteile der christlichen Lehre eingeweiht war. Mit diesem Jünger konnte Jesus esoterisch kommunizieren, alle anderen verstanden nur die exoterische Lehre, die sich später in der weltzugewandten Petruskirche ausdrückt.

Der Johannäische Strom aber wurde zu der Linie der Initiatenschulen. Gnostiker, Freimaurer, Templer und Rosenkreuzer beziehen sich gerne auf das Johannes-Evangelium, da es wirklich voller Mysterienwissen steckt, das sich aber nur demjenigen offenbart, der in diesem Wissen bereits bewandert ist. Deshalb dürfen wir die Kompetenz des Johannes annehmen, zumal es von ihm oft heißt: "Johannes, den der Herr liebte". Diese Formulierung gehört, wie Sie aus der Schule des Osiris wissen, in die Mysterientradition. Demnach weiß Johannes, was er niederschreibt, wenn er die Geschichte von der Erweckung des Lazarus in sein Evangelium aufnimmt, um der Welt eine Botschaft zu übermitteln.

Dieses Gleichnis von Lazarus trägt in vielen Schichten das Signum des Tempelschlafes. An Lazarus wird gezeigt, daß der Astralkörper nicht mehr locker genug mit dem physischen Körper verbunden war, weshalb er die Projektion seiner Psyche nicht überlebte.

Die Geschichte beginnt so: Jesus weiß um den initiatischen Aspekt des Tempelschlafes, jedoch Martha und Maria, die Schwestern des Lazarus, wissen es nicht, denn sie senden Boten zu Jesus und lassen ihm sagen: "Herr, siehe, den du liebhast, der liegt krank."

Als Jesus dieses hört, spricht er die großen Worte, die den tieferen Sinn des Tempelschlafes wunderschön beschreiben: "Diese sogenannte Krankheit (-von der ihr sprecht) ist nicht zum Tode, sondern zur Verherrlichung Gottes (der Ganzheit), damit der Sohn Gottes (der Sonnenlogos als Mittlerprinzip) dadurch verherrlicht werde." Das Wort "Verherr-lichung" will in diesem Zusammenhang als Annahme einer größeren Macht verstanden werden.

Das kleinere Ich trägt das größere Selbst. Der Mond nimmt das Licht der Sonne auf.

Jesus bleibt anfänglich gelassen, da er die Technik des Mysterienschlafes kennt. Doch nach zwei Tagen macht er sich auf den Weg zu jener Höhle, in der Lazarus seit vier Tagen liegt. Das ist ein halber Tag zu lange für den Mysterienschlaf. Jesus weiß, Lazarus ist wirklich auf seinem Seelenflug gestorben. Der Astralkörper war gelöst, fand jedoch nicht mehr in den physischen Körper zurück.

Als Jesus den Ort erreicht, findet er Martha und Maria in Trauer. Jesus spricht dann zu Martha: "Dein Bruder wird auferstehen." Martha versteht dieses Mysterium nicht und glaubt, Jesus rede von der Auferstehung am Jüngsten Tag. Dieser exoterischen Haltung des weiblichen Prinzips wird nun die männliche, esoterische Unterweisung gegenübergestellt, indem Jesus die folgenden sehr bekannten Worte spricht: "Ich bin die Auferstehung und das Leben. Wer an mich glaubt, der wird leben, ob er gleich stürbe; und wer da lebet und glaubt an mich, der wird nimmermehr sterben."

Damit erklärt Jesus, daß er den Christusgeist (Osiris) trägt und somit die Kraft besitzt, dem Menschen jenen begehrten Auferstehungsleib (Diamantleib) zu geben, sofern dieser bereit ist, sich mit dem Geist des Alls rituell zu verbinden.

Das Wort "glauben" führt die meisten Menschen zu einer passiven "Lämmerhaltung", was jedoch nicht der wirklichen Aufforderung der Heiligen Schrift entspricht, wenn dort von "Glauben" die Rede ist. Glaube gehört zu einer Jupiter-Analogiekette, bedeutet also in der Bibel niemals blindes unwissendes Vermuten oder passives Hinnehmen. Wirklich "glauben" heißt vielmehr, innere Erfahrungen gemacht zu haben, die keiner äußeren Beweise bedürfen, da sie in eine absolute Gewißheit führten und sich in einem aufrichtigen Bekenntnis offenbaren. Genauso echt wie die Gewißheit einer großen Empfindung hinter den ehrlichen Herzens gesprochenen Worten "Ich liebe dich" steht, muß auch die Erfahrung sein, die des Begriffes "Glauben" würdig genug ist. Nur der Exoteriker "glaubt" im Sinne eines kindlichen Vertrauens mit einer Restspur von Zweifel. Der Esoteriker aber "glaubt" in der über alle Zweifel erhabenen Verpflichtung an eine Erkenntnis, die er in der Transzendenz einer spirituellen Dimension *wirklich* erfahren hat. Wenn nun Jesus die Menschen auffordert, an den Christus in ihm zu glauben, dann will er sagen, sie sollen den göttlichen Schöpfungsimpuls in ihm erkennen. Wenn sie diesen dann schließlich sehen können, sind sie selbst soweit "osirifiziert", daß sie in ihrem höheren Wesensanteil erwachen werden und mit dem Werk beginnen können, den unsterblichen Leib auszubilden. Deshalb erwidert Martha, nachdem sie erkannt hat: "Ja, ich glaube, daß du bist der Christus, der Sohn Gottes, der in die Welt gekommen ist." Marthas Bekenntnis entspricht der Sehnsucht von Nephtys nach dem Geist des Osiris, und Maria (Meer, Urfeuchte) atmet den mondigen Symbolgehalt von Isis. Wieder sind diese beiden weiblichen Aspekte der Schöpfung zugegen, wenn ein solarer Geist aus dem Grab des Stoffes befreit wird.

Jesus läßt den Stein vor der Höhle, in welcher der verstorbene Lazarus liegt, wegheben und ruft die Worte: "Lazarus, komme heraus!" Hier erleben wir Christus in seiner Tätigkeit als Hoherpriester, der einen Kandidaten laut bei seinem Namen rufend aus dem Mysterienschlaf zurückholt. Da Christus der Geist selber ist, gelingt es ihm, den abgetrennten Astralkörper des Lazarus wieder mit dessen Physis zu verbinden.

Bei den folgenden Worten, die in der Bibel stehen, erkennen Sie bestimmt sofort die Ähnlichkeit mit den Praktiken der Schule des Osiris: "Und der Verstorbene kam heraus, gebunden mit Grabtüchern an Füßen und Händen und sein Gesicht verhüllt mit einem Schweißtuch." Auch die Worte, die Jesus in diesem Augenblick spricht, entstammen der Mysteriensprache, er sagt nämlich: "Löset die Binden und laßt ihn gehen!"

Was geschah hier? In welcher Hinsicht hat Jesus Christus in diesem Mythologem den Tempelschlaf in seiner Durchführung geändert? Die Antwort läßt sich sehr kurz formulieren: Das "Ich" des Lazarus wurde mit eingeweiht. Das sterbliche Ich erhielt in dem traditionellen ägyptischen Tempelschlaf keine bewußte Erinnerung an frühere Leben oder makrokosmische Exkursionen. Es befand sich in einem hypnotischen Schlaf, und lediglich der Astralleib unternahm eine ausgedehnte Reise in die Bilderwelt jenseits der bewußten Wahrnehmung. Das Ich des Menschen behielt bloß vage Eindrücke einer langen Reise zurück, die ihm klarwerden ließen, daß wohl in ihm auch noch viele andere Identifikationen vorhanden sein mußten als die aktuelle. Doch konnte das irdische Ich diese Bilder nicht direkt an den Intellekt weiterleiten und dort zu Erkenntnis verarbeiten.

Lazarus starb aber in der alten Praktik wirklich. Der begleitende Mystagoge konnte seine Seele nicht mehr in den stofflichen Körper zurückholen, denn sie war mit der Ablösung des Astralleibes in die Transition gegangen. In ägyptischen Bildern ließe sich sagen, Lazarus trat gewissermaßen nach seinem Tode in Kontakt mit Osiris. Das brachte Lazarus die volle Einweihung. Er sah und erkannte seine Identifikationen. Seine Seele vereinte sich mit dem Geist. Und doch kam er in das Leben zurück. Der Sonnenlogos selbst, Christus, der Schöpfungsimpuls, holte ihn zurück in das Leben. Lazarus hatte also die Hochzeit von Sonne und Mond - die Vereinigung des äußeren Ichs mit dem inneren Selbst - erfahren und durfte die komplette Erinnerung daran behalten.

Von dieser Zeit an brauchte niemand mehr im Tempelschlaf hypnotisiert zu werden oder den Körper zu verlassen. Denn aufgrund seines *leiblichen* Opfers auf Golgatha ließ Christus der ganzen Menschheit "das Ich" (=Jesus) zurück. Darum heißt es auch, er läßt seinen Leib und sein Blut zurück. Christus geht nicht als Schattenpriester in die Unterwelt ein, sondern läßt den konkreten Jesus-Anteil für alle Menschen greifbar *auf der Erde.* - in den Ich-Anteilen der Menschen - zurück. Die urchristliche Kirche weiß, Brot und Wein sind *wirklich* der Leib und das Blut Christi (also Jesus), weil Christus es am Abend vor seiner Kreuzigung in einem hochmagischen Akt so bestimmt hat. Wer nicht weiß, wie die Hohe Magie arbeitet, kann das vielleicht nicht verstehen, aber dennoch ist es so. Jesus (der physische Leib, das entwickelte, eingeweihte Ich) bleibt also unter den Menschen, während Christus (der göttliche Geist) zu seinem Vater aufsteigt. So wurde es möglich, das kleine irdische Ich in allen Zeremonien und Ritualen einzuweihen. Jetzt war es nicht mehr nur der höhere Wesensanteil im Menschen, der initiiert wurde, sondern auch das irdische Ich darf verstehen und sich entwickeln. Wie Jesus sich verstanden und sich entwickelt hat, um den Christusgeist in sich aufnehmen zu können. Der Mensch erlangt aber nicht von allein das Bewußtsein von Jesus. Dazu braucht er die Anleitung der Mysterienschulen und Geheimorden.

Die neue Qualität der Ich-Einweihung floß im Laufe der christlichen Ära in alle Orden, Logen und Bruderschaften ein, denn der Mensch blieb von nun an in den Zeremonien wach und aufnahmefähig. Die Ritualtexte wurden verständlich formuliert, die Heiligen Schriften übersetzt und der breiten Masse zugänglich gemacht. Das hört sich vordergründig ideal und verheißungsvoll an, doch birgt eine solche Hinwendung zu den materiellen Ich-Kräften natürlich die Gefahr, sich nur noch diesen Mondaspekten zu widmen, was die Lehre unweigerlich verwässern und verharmlosen muß. Und dies geschah dann auch tatsächlich mehr und mehr. Die lunaren Kräfte unterwandern immer alles, was die Größe des Sonnenlogos ausdrückt. Da sie das solare Weltbild nicht verstehen können, haben sie Angst vor seiner Offenheit oder der vermeintlichen Konsequenz und Härte, und sie töten das Solare, wo sie es nur töten können.

In den meisten Orden und Mysterienschulen haben die mondigen und die sethischen Kräfte den solaren Geist besiegt, weshalb es heute nach zweitausend Jahren wieder einmal Zeit wird, sich an den Geist des Osiris und den Geist des Christus zu erinnern.

Und Osiris kommt wieder! Dieses Mysterium beobachtet man gegenwärtig gegen Ende des zwanzigsten Jahrhunderts in den geheimen Tempeln der Erde. Wer Augen hat der sieht: Der gute alte Sonnenlogos stieg wieder mit gekreuzten Armen über der Brust aus dem schwarzen Sarkophag der Widersacher. In seiner ungebrochenen Macht richtet er jetzt sein Rückgrat auf, wirft erneut Sprühregen göttlichen Feuers aus den glühenden Augen in alle Himmelsrichtungen, lenkt seinen unbestechlichen Blick auf die Schwachstellen, beseitigt die saturnine Enge, den lunaren Kitsch, die venusische Süße, vernichtet gnadenlos jegliche Heuchelei und setzt sich selbst wieder auf den Stuhl der Heiligen Lehre. Damit Echtheit aufersteht, so wie er selbst auferstanden ist. Wer Augen hat, der kann Osiris arbeiten sehen, und wer Ohren hat, der hört ihn im Osten des Tempels sprechen. Golden dämmert jetzt der Morgenhimmel einer neuen Religion, und die weitgeschwungene, feinstoffliche Treppe offenbart uns die nächsten Stufen, die der Sonne entgegen führen ...

... Gleiten Sie bitte jetzt in Trance ... und lassen Sie die Bilder aufsteigen, die Ihnen in diesem Augenblick von dem Sonnenlogos gezeigt werden ...

"Eskata Bebeloi! Zurück, die Profanen!"

Ruf des Herolds zu Beginn der Eleusinischen Mysterien

10. Das Asklepios-Problem

Lieber Leser, ich weiß, wir haben weit nach hinten ausgeholt, um zu erkennen, wie der Tempelschlaf sich heutzutage manifestieren möchte. Doch halte ich es für zwingend nötig, die alten Inhalte zu begreifen, weil sonst ein ungeplantes Bauwerk errichtet werden könnte. Der Tempelschlaf braucht aber ein sinnvolles geistig stabiles Fundament, sonst kann er seine ursprüngliche Kraft nicht ausdrücken.

Morgen werden wir uns anschauen, wie die neuen Tempelschlaf-Mysten des einundzwanzigsten Jahrhunderts aussehen sollten, aber jetzt suchen wir erst einmal den Prototyp eines echten Mystagogen von heute. Wer eignet sich dafür, die Mysten im Tempelschlaf zu begleiten?

Dazu möchte ich gleich zu Anfang behaupten: Ärzte, Psychologen und praktizierende Heilpraktiker unserer Gegenwart sind aufgrund ihres Ausbildungsweges und der grundsätzlichen Denkweise am wenigsten gut als begleitende Mystagogen im Tempelschlaf geeignet. Menschen mit Heilungsabsichten haben den Tempelschlaf vor ungefähr zweieinhalbtausend Jahren zerstört und sollten dies nicht noch einmal tun. Wieso? Die Antwort braucht ein paar Quadratmeter eigenwilligen Bewußtseinsraum und mindestens eine brennende Fackel okkulten Denkens.

Lassen Sie uns jene Dinge, die wir über den Tempelschlaf bereits herausgefunden haben, als Basis für weitere Nachforschungen verwenden. Nachdem Sie in verschiedenen Trancereisen erfahren haben, auf welchem Hintergrund die *Ver*wicklung und die Ver-Ich-ung des Menschen geschah und wie die *Ent*wicklung im Tempelschlaf eine Gegenbewegung dazu einleitet, haben Sie nun die geeignete Basis, ein paar unpopuläre Gesichtspunkte in bezug auf die Arbeit an Körper und Seele des Menschen zu betrachten.

Sollten Sie Arzt sein, so bringen Sie bestimmt die Kraft auf, Ihr eigenes Konzept in seinem begrenzten Rahmen zu begreifen, haben Sie doch zweifellos schon einmal bemerkt, daß die Patienten geduldig *immer wieder* in Ihre Praxis kommen. Sind Sie Psychologe, dann bitte ich Sie herzlich, Ihre systeminternen Kenntnisse für die nächste Zeitspanne, in der Sie dieses und das nächste Kapitel lesen werden, großzügig beiseite zu lassen. Denken Sie mit mir gemeinsam einmal ganz neu über den Hintergrund therapeutischer Bemühungen nach. Können oder wollen Sie das nicht, verfahren Sie umgekehrt - legen Sie das Buch über den Tempelschlaf an dieser Stelle aus der Hand! Es ist einfach nicht Ihr Thema! Denn auf den folgenden Seiten kommt derjenige unweigerlich in Streßsituationen, der festsitzt in jenem verbesserungssüchtigen Weltbild, das zwanghaft versucht, alles, was nicht in dem Gefüge der optimalen Brauchbarkeit liegt, in eine irdische Normalfunktion zu überführen. Und was eine irdische Normalfunktion kennzeichnet, definiert der gängige Zeitgeist. Der allgemeingültige natürlich! Also der "glücklich und gesunde" Zeitgeit, dem die Masse taumelnd und mediensuggestiv-geprägt nachjagt. Doch dieser Zeitgeist gebärdet sich in unserem aktuellen Zeit-Raum leider total geist*los*. "Unser Osiris" ist noch in Byblos in der Zeder eingewachsen, und viele Menschen irren wie die trauernde Isis - als Amme eines neuen Bewußtseins verkleidet - im Land der Spaltung herum und klagen laut, weil ihnen Osiris in Seths kristalliner Welt wirklich sehr fehlt.

Das Herumirren in dem geistigen Vakuum zeigt sich besonders deutlich auf den Gebieten der alten Medizin, der neuen Medizin, der Psychologie und der ökologisch orientierten "New-Age-o-logie".

Am besten hat es der apparatefreundliche, organspezialisierte Mediziner alter Schule, denn dieser merkt noch nicht viel von der Suche der Isis. Er schaut weder rechts noch links und verläßt sich auf die Erfolge seines Fachgebietes. Die Patienten reduzieren sich auf Herz, Lunge, Leber oder Ohr. Antibiotika und Cortison helfen, und bei Bedarf wird geschnitten. Das Ergebnis sieht jeweils gut aus, das Symptom ist weg, und der Patient ist froh. Ein solcher Mediziner fühlt sich beneidenswert wohl, denn der "Heilungsquotient", den er in seinem begrenzten Radius überblicken kann, hat viel Zufriedenstellendes für ihn.

Wesentlich schlechter geht es einem Mediziner neuerer Schule. Bei diesem hat die Suche der Isis schon eingesetzt, stellt er doch das rein schulmedizinische Wirken ernsthaft in Frage. Sein Schlagwort heißt "Ganzheitlichkeit". Dieses Wort gehört in die Metaphysik und bezieht sich eigentlich auf eine analoge Weltsicht. Doch hat der neue Arzttypus

- wie meistens, wenn es um Ableger aus der Mysterientradition geht - nur halb hingehört und stellt dem eingeschränkten Spezialistentum der älteren Kollegen eine flächendeckende Alternative gegenüber. Leider überträgt er den neuerdings beliebten Begriff "Ganzheitlichkeit" nur auf die äußere Vielfalt seiner Therapieformen. Von allem etwas und nichts richtig gut, dürfte seine versteckte Devise sein. Denn ein heilloses Gemisch aus Allopathie, Homöopathie, Blütenessenzen, Akkupunktur, Elektroakkupunktur, Ayurveda, Kinesiologie, Biochemie, Mesmerismus, Autogenem Training, Atemarbeit, Chakrenarbeit und Hypnose haben in seine "nach allen Seiten offene" Praxis Einzug gehalten. Das Ergebnis erinnert dann eher an eine mittelalterliche Cagliostro-Kopie, die auch ohne Bestallung in einem Pferdewagen über Land fahren könnte. Der "moderne aufgeschlossene" Arzt benutzt jetzt Techniken, die in ihrer Einzigartigkeit für sich absolut genial waren, als sie noch zu einem geheimen Weg gehörten, der tatsächlich gegangen werden mußte, um nach vielen Jahrzehnten des Ringens in der Praxis angewandt werden zu können. Ein echter Klassischer Homöopath schlägt nicht nur in einem Repitorium nach, sondern leidet lange ähnlich, bevor er "seine" gefundene Hochpotenz wie ein spagyrisches Elixier weitergibt. Diese Gabe wirkt dann, weil "er" sie verabreicht hat. Denn Homöopathie ist ein Einweihungsweg, und er ist ein Adept. Auch ayurvedische Goldpräparate gehören in Hände, die selber schon zu Gold geworden sind. In Bleifingern entsteht ihre Kraft gar nicht erst.

Doch der neue Typ des Mediziners weiß davon wenig. Sein kosmischer Auftrag scheint vor allem darin zu bestehen, eine allgemeine Verunsicherung unserer Zeit auszudrücken. Die alten Vorgehensweisen sind stark anzuzweifeln, aber für einen radikalen Schnitt fehlen Mut und initiatisches Wissen, und so kommt es zu jenem peinlichen Anwendungs-Shake aus Wissenschaft, Heilkunde und metaphysischer Halbweisheit. Der echte medizinische Doktortitel verleiht dann dem unfertigen Therapiechaos eine augenscheinliche Würde, die allerdings nur noch von der älteren Pluto-im-Krebs-Generation als ein Gütesiegel erster Klasse anerkannt wird. Die ganzheitliche Stümperei der neuen Mediziner ist aber letztlich um vieles wertloser als die funktionale Verschieberkunst der echten Spezialisten alter Schule, schwingt doch bei denen wenigstens noch das Gesetz mit, einer Sache ganz auf den Grund gehen zu müssen, bevor man sich damit an den Nächsten herantraut. Das Problem der alten Schulmediziner ist nicht *was* sie machen, denn das machen sie sehr, sehr gut! Ihr Problem liegt nur in einer verkehrten Wortwahl. Ihr Problem ist, daß sie glauben "heilen" zu können. Könnten sie sich eines Tages als sinnvolle Adresse begreifen, die es möglich macht, ein Symptom für eine Weile zu verschieben, damit der Patient Zeit gewinnt, an seinem Bewußtsein zu arbeiten, dann wäre die Praxis als florierende Reparaturwerkstatt bestimmt sehr geachtet und die anspruchsvolle ebenso Arbeit gut bezahlt wie die "Heilungs"- Absicht.

Ganz gleich, ob Sie einen apparatefreundlichen, organspezialisierten Mediziner alter Schule, einen suchenden Mediziner neuerer Schule, einen "Mama-ist-an-allem-schuld" Diplompsychologen oder einen "vor selbstherrlicher Ausstrahlung fast platzenden" ankersetzenden, neurolinguistischen Positivdenker aus der "Esoszene" konsultieren: das allgemein erklärte Ziel aller Therapieformen lautet: "Patient gesundmachen!". Das allgemein erklärte Ziel der Patienten lautet: "Onkel Doktor oder Bruder Heilpraktiker, *es* tut weh! Bitte mach´, daß *es* weg geht!" Da nicken sie dann alle mit dem Kopf. Der Onkel Doktor beginnt zu doktern. Und an seinem Medizinrad dreht emsig der Heil-"praktiker". Doch ahnt er es manchmal irgendwie schon ... was denn? ... na, daß es "praktisch" keine "Heilung" gibt ...

... Schon gut, reagieren Sie bitte nicht ausschließlich ärgerlich, ich weiß sehr wohl, daß meine Aussagen ein bißchen zu spitzfindig sind. Doch übertreiben macht anschaulich! Es ist wohl wahr: die genannten Berufsgruppen können allesamt große Erfolge vorzeigen, denn das schmerzhafte Symptom "geht wahrhaftig weg"! Die provokante Frage, die sich nun stellen läßt, heißt aber: Wohin?! Ja, wohin gehen denn die Symptome, wenn sie gehen? Weiß das der Arzt? Weiß das der Heilpraktiker? Oder weiß es der Mystagoge? Gibt es gravierende Unterschiede zwischen diesen dreien? Lassen Sie uns gemeinsam Antworten auf diese Fragen suchen ...

... Holen Sie Atem bei den Himmeln ... und gleiten Sie in Trance ...

... Der Hypnomeister aus Heliopolis begrüßt uns mit dem vertrauten Funkenregen aus seinen unsterblichen Augen, während sein rechter Arm mit einer weitschweifenden Geste auf die Umgebung weist, in der wir angekommen sind. Sofort erfassen wir diesen Ort hier. Es ist der Asklepiostempel in Epidauros.

Der alte Mystagoge begab sich - offenbar uns zuliebe -

durch die Schleier der Zeit in den bekanntesten Heilort des antiken Griechenlandes. Wir stehen mitten in einem großen säulengetragenen Therapieraum, in dem die kranken Menschen nachts schlafen, um von dem Gott der Heilung geheilt zu werden.

Ich spüre es deutlich: der weiße Marmor unter unseren Füßen, das würdige Einherschreiten wallend eingehüllter Priester mit weißer Stirnbinde um die heiligen Köpfe, ein Gewaber süßlich frischer Duftessenzen und viele weiße steinerne Liegen, die hier in geordneter Formation nebeneinander stehen, all das läßt Ihre Herzschläge ganz schön feierlich werden. Mit Sicherheit glauben Sie, hier eine weitere Stätte des Tempelschlafes gefunden zu haben, von der es sich lohnt, mehr zu erfahren.

Dieser Meinung bin ich auch, doch aus einem ganz anderen Grund als Sie. Im Zeit-Raum des zwanzigsten Jahrhunderts bekommen freilich alle Reinkarnationstherapeuten glänzende Augen und verzückte Anwandlungen, wenn das Zauberwort Epidauros fällt. Vermutet man doch hier die schönste Wiege der Reinkarnationstherapie. Das mag für die Reinkarnationstherapie, wie sie häufig durchgeführt wird, stimmen. Aber für den traditionellen ägyptischen Tempelschlaf ist Epidauros eine eher traurige Erinnerung, denn hier wurde er von seiner initiatischen Tradition abgelöst und zur Symptombekämpfung eingesetzt; also zunächst ein säkularisiert und in der Folge davon auf *allen* Ebenen unwirksam. Darum liegt auch nicht zufällig in Epidauros die Geburtsstätte der Mediziner, die vieles sehr gut können, nur eines nicht: heilen! Warum nicht, möchten Sie wissen? Erlauben Sie mir vorerst eine kurze Antwort: Sie können nicht einweihen! Aber wenden wir uns lieber dem traditionsgebundenen Hypnomeister des

Tempelschlafes zu. Dieser wird uns die passenden Gedanken hierzu bestimmt anschaulicher liefern können, als mir das möglich wäre.

Hochgezogene Augenbrauen, ein mitleidig sinnierendes Lächeln (das einem Wellensittich gelten könnte, der wie besessen versucht, mit seinem Spiegelbild zu schnäbeln), das tiefe Durchatmen und das abwehrende Verschränken seiner Arme in Leibesmitte deuten tatsächlich darauf hin, daß der kompetente Hypnomeister sich direkt aus Heliopolis in den Asklepiostempel von Epidauros begeben hat, um etwas Wichtiges klarzustellen.

So ist es auch. Er übermittelt uns jetzt, daß der Mythos des Asklepios demjenigen größere Einsichten geben könnte, der bereit ist, Dinge zuende zu denken, um tiefere Schichten der Wirklichkeit zu erreichen. So findet man bei genauerem Hinsehen in dem Asklepiosmythos exakt das Problem der Ärzte, das sich während der vergangenen zweitausend Jahre von Epidauros aus wie eine Epidemie über die ganze Welt verbreitet hat. Alle Ärzte und Heilpraktiker täten gut daran, ihren vielzitierten Schlangenstab-Mythos auch einmal in seinen weniger rühmlichen Anteilen anzuschauen. Das könnte ihrer realistischen Selbsteinschätzung sehr förderlich sein.

Zu Beginn gilt es, sich die Tatsache vor Augen zu führen, daß Asklepios, der Gott der Heilung, zunächst kein Gott war, sondern bloß ein Halbgott, also ein Sterblicher, der die Götter solange zur Weißglut gebracht hat, bis sie ihn - um des lieben Friedens willen - in den Himmel aufgenommen haben. Die metaphorische Figur des Asklepios steht also nicht - wie viele meinen - für den ersten Arzt, der wußte, daß die Seelenarbeit eine wichtige Funktion bei der Heilung von Symptomen einnimmt. Asklepios symbolisiert in Wahrheit den ersten weltverhafteten Scharlatan, der diesen Aspekt schon viel zu sehr vergessen hat.

Das sind harte Gedanken, die der Hypnomeister uns hier übermittelt. Damit wir ihn besser verstehen können, bittet er uns, den Asklepiosmythos von Anbeginn zu betrachten. So spiegelt sich bereits in den Empfängnis- und Geburtsmythen von Asklepios das ganze Dilemma irdischer Verwicklung, an der er und seine ihm zugetanen hippokratischen Eidgenossen bis in unsere heutige Zeit hinein schwer zu kämpfen haben.

Die wahrhaft beauftragten Götter der Heilung sind natürlich Apollon, der Sonnengott und Hades, der Gott der Unterwelt. Denn "heilen" im Sinne von "Ganzheit wieder herstellen" kann nur das göttliche Geistprinzip. Das gilt für Oben *und* Unten. Jedoch geschieht eines Tages etwas Verhängnisvolles, das dieses Gesetz umgehen wird. Apollon verliebt sich nämlich in die irdische Königstochter Koronis und beginnt mit ihr ein intimes Verhältnis. Das Mädchen trägt schon den geistigen Samen des Sonnengottes in ihrem Schoß, kann aber dennoch dem marsischen Werben eines sterblichen Mannes nicht widerstehen und gibt sich diesem ganz hin. Das war ein Fehler, denn Koronis verliert auf diese Weise ihre Jungfräulichkeit, die sie als Auserwählte für eine Befruchtung durch den Sonnenlogos hätte behalten müssen. Als Apollon von ihrer Untreue erfährt, reagiert er furchtbar ärgerlich und schickt seine lunare Schwester Artemis zu Koronis. Artemis tötet die Treulose sofort, und es wird ein Scheiterhaufen errichtet, um den Leichnam zu verbrennen. Als die rotflackernden Flammen schon genüßlich züngelnd den Körper der Koronis verschlingen wollen, kommt Apollon selbst aus dem Himmel heruntergestürzt, entreißt dem toten Leib den von ihm gezeugten Asklepios und rettet diesem damit das Leben.

Der Name Koronis bedeutet "Krähenjungfrau". Die Krähe ist ein Lieblingsvogel des Apollon. Einstmals waren die Krähen ganz und gar weiß gefiedert, aber als der göttliche Apollon von der sterblichen Koronis betrogen wird, bestraft der Sonnengott alle Krähen der Welt, indem er ihr Gefieder total schwarz werden läßt. Schwarze Vögel verweisen in der Mythologie immer auf den Herabsturz des unschuldigen, luftigen Lebensprinzips in die Spaltungsschuld der Materie. Dieses anschauliche Symbol für einen "Sündenfall" in die Nigredo der Stofflichkeit verdichtet sich später zu der materialistischen Sichtweise, die sich Asklepios gemeinsam mit der irdischen Ärztezunft teilen muß.

Obwohl der Seitensprung der Asklepiosmutter unentwegt von den Lippen aller griechischen Mythenerzähler fließt, verschweigt die offizielle Version, die in Epidauros verkündet wird, die skandalösen Umstände und erfand kurzerhand einen harmloseren Hergang der Legende. In dieser heißt es nur, daß Koronis das Kind ihres göttlichen Geliebten in Epidauros aussetzte, worauf er bald als Sohn des Apollon erkannt und verehrt wurde. Dieser Mythos ist eine reine Mogelei der bigotten Ärzte von Epidauros, die wohl offenbar noch soviel wissen, daß der wahre Geburtsmythos von etlichen Menschen "richtig" gedeutet werden könnte, die jedoch gleichzeitig schon so "heruntergekommen" sind, neue Mythen zu erdichten, die sich besser in ihre zukünftigen Machenschaften einsortieren lassen.

Der Hypnomeister aus Heliopolis rät uns, die älteste Version der Asklepioslegende zu betrachten, da sie den

Übergriff des Ärztegeschlechtes auf kultische Wurzeln am besten beschreibt. Denn, was auch immer von allen Vereinen und Gruppierungen für Beteuerungen nach außen gebracht werden, die verborgene Struktur einer Interessengemeinschaft ruht jeweils unverblümt in ihren Entstehungsmythen, Schutzheiligen und Symbolen. Darum hören wir tiefer in das überlieferte Mythologem des Asklepios hinein.

Apollon übergibt den geretteten Sohn dem heilkundigen Chiron. Ein Kentauer ist halb Mensch halb Pferd. Die direkte, körperbezogene symptomatische Behandlung liegt also nicht in den Händen der Götter Apollon oder Hades, sondern in den Händen und Hufen einer Chimäre. Hier tritt der gravierende Unterschied zwischen "Heilen durch Heiligung" und "Gesundmachen durch Behandlung" noch sehr deutlich zutage. Das Heilen liegt in göttlicher Macht, und die Priester sind auf Erden die beauftragten Handlanger der Götter, die befugt sind, die Menschen seelisch zu heiligen. Die funktionalen Mittel, wie Arzneien zu verabreichen und akute Verarztung vorzunehmen, befinden sich in dem irdisch-mythischen Zwischenreich der Kentauren, und ihre Handlanger auf Erden sind die Ärzte. Berücksichtigt man diese saubere Trennung, dann gibt es hier die Ärzte und dort die Priester. Daraus werden in Epidauros sogenannte "Priesterärzte", die jedoch bald darauf ihr "Priestersein" nicht mehr begreifen werden.

Von Chiron lernt Asklepios viele Arten der Behandlungskunst. Die Lust dazu entwickelt Asklepios wohl aus dem Erbanteil seines sonnenhaften Vaters. Den verkehrten Umgang mit diesem Wissen findet man eher in dem Blut seiner Mutter, die auch etwas "verkehrt" gemacht hat, war sie doch charakterlich zu schwach, jenem tantrischen

Gesetz gerecht zu werden, welches hinter der okkulten Befruchtung durch einen Sonnengott steht.

... Sie und ich sind gespannt auf die weiteren Ausführungen des Hypnomeisters, und es steht jetzt die Frage im Raum, welcher Art des verkehrten Umgangs mit dem Heilungswissen sich Asklepios verantworten muß ...

... Asklepios bringt unzähligen Menschen die Gesundheit und sogar das Leben zurück. Dagegen scheint vordergründig nichts zu sagen zu sein. Doch sind seine Handlungen von einer gewissen Kurzsichtigkeit geprägt und gefährden ernstlich die kosmische Ordnung. Hades zürnte ihm mächtig, da er in seinen Wirkungsbereich eingreift und wahllos Symptome hinwegtherapiert.

Hades entspricht in der griechischen Mythologie etwa dem Bild des grünen Osiris, der es als Gott auf sich nimmt, in der Unterwelt die "Bücher" mit den Schattenanteilen der Menschen aufzubewahren. Wem es aufgrund seiner Reife gelingt, lebendig in den Hades einzutreten, der darf in diesen Aufzeichnungen lesen und seine verdrängten Schatten durch das Licht der Bewußtheit erlösen. Diese Erhebung des Unbewußten in Bewußtes bringt es mit sich, daß kränkliche Symptome in der Physis des Menschen verschwinden, da sich ihr Hinweis auf unbekanntes Seelenpotential erledigt hat. Jedoch besteht die Notwendigkeit, den Abstieg in den Hades *tatsächlich* zu machen, damit das Gesundwerden mit einem Erkenntniszuwachs einhergehen kann und wahrhaftig zur Heilung führt. War doch die Krankheit in Wahrheit nur die verkleidete kosmische Aufforderung, diesen okkulten Weg in den Hades zu finden, weil der Mensch anfänglich gezwungen werden muß, seinen Erlösungsweg selbst zu suchen und zu gehen. Im Fall der "Heilungen" durch Chiron und Asklepios wird der Gang in den Hades unnötig. Damit fällt aber leider die metaphysische Bewußtseinsarbeit des Menschen weg. Die Heilung bleibt aus, da es Heilung ohne tiefgreifende Selbsterkenntnis nicht gibt.Das bedeutet gleichsam eine Stagnation in des generellen Entwicklungsprozesses. Der von den Symptomen Befreite geht nämlich froh und glücklich an sein Tagwerk und kommt überhaupt nicht auf die Idee, sich in den Hades begeben zu wollen. Warum sollte er das auch tun, denkt er doch anhand seiner Schmerzfreiheit, ihm fehle nun nichts mehr. Darin irrt er sich aber, ihm fehlt immer noch das Wichtigste, das jedem Menschen fehlt: der Schatten!

Denn in der Unterwelt wächst der ungetane Rest seiner spaltungsbedingten Halbheit zu einem "übelriechenden Monster" heran. Die Schicksalsmächte müssen sich deshalb härtere Herausforderungen ausdenken, um den Betreffenden schließlich doch noch dazu zu bringen, sich den unabdingbaren okkulten Weg in den Hades zu bahnen. Dieser Weg läßt sich niemals umgehen, da der evolutionsbedingte Aufstieg den vollzogenen Abstieg voraussetzt. Ausnahmen von dieser Regel gibt es nicht. Für keinen! Das weiß Asklepios nicht. Er "heilt", wo er Lust hat und hält niemanden dazu an, den Weg in die Unterwelt zu finden. Dies macht ihn bei den Menschen total beliebt, sind sie doch wegen ihres geringen geistigen Horizontes froh und erleichtert, schnell und unkompliziert gesund zu werden. Asklepios erfährt also die höchstmögliche Ehre der irdischen Ebene. Doch macht er sich mit seinen Spontanheilungen einen denkbar schlechten Ruf bei den Göttern, deren Pflicht es ist, die Gesetze des Universums unverändert zu lassen und jeden, der dagegen verstößt, gnadenlos zu eliminieren.

Der apollonische Sohn wird aufgrund seines vermeintlchen "Heilens", das eben nicht heilt, sondern die äußeren Bedingungen der Menschenheit langfristig erheblich verschlechtert, immer unhaltbarer, da er auch noch im Besitz des linksseitigen Gorgonenblutes ist und damit jederzeit Tote erwecken kann. Sogar das macht er häufig, ohne sich mit Hades zu beraten, der als einziger im Universum für die Erweckung von Toten zuständig ist. Hades erweckt Menschen, die sich geistig erweckt haben und es fertig bringen, mit einem Leib voller Bewußtheit in sein Reich zu gelangen. Wer diesen Leib nicht hat, verliert nach seinem Tod den Kontakt zur Seele und wabert als unbewußte Larve in der Unterwelt herum. Er verwest im Unbewußten und liefert nur den Bodensatz für neue Manifestationen.

Als Asklepios eines Tages den verstorbenen Hippolytos wieder zum Leben erweckt, empfindet Hades das als unerträglichen Eingriff in seine ureigensten heiligen Rechte. Es kommt einem Skandal gleich, was Asklepios wohl in bester Absicht, jedoch in höchst naiver Gesinnung tut. Hades´ Maß ist voll, und er erhebt endlich Klage gegen Asklepios bei Zeus. Der Göttervater sieht das aufkeimende Asklepios-Problem sofort und streckt den großen Gesundmacher, der sich zum Heiler berufen fühlt, mit seinem Blitz nieder.

Hier könnte der Mythos aufhören und die alte Ordnung wäre wieder hergestellt. Doch obwohl einzelne Menschen schon auf dem geheimen Rückweg in den Himmel sind, ist der tiefste Punkt der gesamten Menschheit noch nicht erreicht. Das Kollektiv braucht das größere Leid, um an der Wendeboje der Stofflichkeit ankommen zu können. Damit das im Endeffekt geschehen kann, muß die Ärzteschaft den kleinen, halbgöttischen Horizont des Asklepios übernehmen. Und damit dieser zu einer echten Kultfigur werden kann, setzt sich der Mythos weiter fort. So geht jetzt das Gerangel der Götter erst richtig los. Fast sieht es so aus, als ob ein einziger Asklepios gleich mehrere Götter zur Strecke bringt. Doch letztendlich bleibt - wie immer, wenn es bei den Urprinzipien Probleme gibt - die Souveränität von Zeus. Als Apollon nämlich von dem Tod seines Sohnes hört, kann er sich kaum halten vor Zorn und möchte Zeus am liebsten vernichten. Da er das wegen seiner Rangordnung nicht kann, tötet er die drei Kyklopen, die für Zeus die Blitze schmieden. Das wiederum ärgert Zeus derartig, daß er Apollon in den Tartaros verbannen will. Er hätte es wohl auch getan, wenn Apollons Mutter nicht eine ehemalige Geliebte von Zeus wäre, die ihn jetzt daran erinnert, daß er selbst Apollons Vater sei und von daher nicht ungebührend streng sein dürfte. Zeus beruhigt sich ein wenig und läßt sich darauf ein, die Bestrafung in ein Jahr Knechtschaft bei den Sterblichen umzuwandeln.

Hades jedoch bleibt übelgelaunt und wird noch mißmutiger, als Asklepios sich mit Hilfe des Gorgonenblutes und der Kraft seines Vaters wieder erweckt. Jetzt entsteht ein Patt: Ein Sterblicher, der genau so heilen kann wie die Götter, aber keinen religiösen Akt damit verbindet, verstößt gegen die göttliche Ordnung und müßte daher zu einem großen Übel der einfältigen Menschen werden. Asklepios muß also von der Erde weg. Aber wohin? Hades erträgt ihn ohnehin nicht. Apollon kann ihn nicht in seinem Sonnenwagen aufnehmen, weil er seine Strafe verbüßt. Also bliebe der Olymp. Um nicht noch mehr Unruhe heraufzubeschwören, erhebt Zeus den irdischen Arzt in den Himmel und macht ihn zu einem göttlichen Arzt.

Dies ist ein guter Schachzug von Zeus. Jetzt werden zwei Dinge möglich. Erstens bleibt für alle Zeiten der symbolische Hinweis bestehen, daß eigentlich nur ein Gott heilen kann, und so mancher Arzt oder Patient wird sich vielleicht daran erinnern können und den Erkenntnisweg zu Apollon und den magischen Weg in den Hades suchen. Zweitens aber vermag sich auf der Erde ein Ärztegeschlecht bilden, das über Jahrhunderte Asklepios nacheifern kann.

So avanciert Asklepios zu der größten Kultfigur der Ärzteschaft. Dargestellt wird er als kraftvoller väterlicher Typ mit einem welligen Bart und weisen, gütigen Augen. Eingehüllt in fließende Stoffbahnen stützt er sich auf den dicken Stab, um den sich eine Schlange nach oben windet. Wer hat nicht sofort Vertrauen zu einem solchen Mann, der bestimmt weiß, was er tut, strahlt er doch eine stabile Würde aus und bedient sich zudem noch eines uralten magisches Symbols, das in dem empirischen Kultschrein der Menschheit ruht. Solche kraftvollen Symbole haben immer eine ungeheure Faszination, weil sie die Erfahrung eines Geheimnisses versprechen. Der Schlangenstab verspricht die Erhebung des Bewußtseins aus der Waagerechten in die Senkrechte.

Doch der Schein trügt. In dem gesamten Heilungskonzept, dem Asklepios und seine Ziehkinder dienen, findet nicht statt, was der Schlangenstab verspricht. Dieser Stab gehört seit Anbeginn den Priestern und nicht den Ärzten! Die Menschen kommen unbewußt zu der Kraft dieses Symbols, da es unauslöschlich in ihrer Seele eingraviert ist und sie an eine echte Einweihungstradition erinnert. Eine sich am Stab hochwindende Schlange symbolisiert in allen Mysterienkulten - und auch bei Moses in der Genesis - grundsätzlich das Aufrichten des in den Stoff gestürzten Geistes. Es ist der Sündenfall selbst, der hier rückgängig gemacht werden soll. Es geht immer um das Erkennen der menschlichen Grundnatur, die wie eine kriechende Schlange zur Erde gestürzt ist und nun mit Hilfe der Heiligen Lehre zurück in die Vergottung strebt. Der Staub der Erde soll überwunden werden, das Bewußtsein soll sich wieder zu seiner ehemaligen Größe erheben. Es hat noch nie eine esoterische Tradition gegeben, in der dieser Schlangenstab gefehlt hätte; in Indien, Afrika, Mexico, Australien, Babylonien begegnen uns überall Stäbe, an denen sich entweder eine oder zwei Schlangen empor-winden.

Der Schlangenstab begleitet auch den Gott Thoth. Ein ägyptischer Tempel ist ohne Schlangensymbolik kaum vorstellbar, entspricht doch das Hinaufwinden der Schlange an einem Stab exakt der aufgerichteten Osirismumie, an der sich sogar Seth wieder erhöhen kann. Sehr schön sieht man diese Symbolik an der Pforte des Tempels in Dendûr. Rechts und links winden sich die Schlangen hinauf, um oben das solare, geheilte Horusbewußtsein, das in der geflügelten Sonnenscheibe dargestellt ist, zu erreichen.

Wann immer im Zusammenhang mit Stab und Schlange von körperlicher Gesundheit gesprochen wird, so handelt es sich lediglich um eine volkstümliche Umschreibung des "Heilwerdens" im okkulten Sinne von "heilig werden" bzw. eingeweiht sein. Dieser Prozeß beinhaltet aber zwingend eine geistige Erfahrung. Dahinter steht grundsätzlich das Heraufholen der Schattenanteile aus der Unterwelt mit anschließender Erhebung in die Welt der Archetypen. In einer anderen Form läßt sich überhaupt nicht von "Heilwerden" sprechen. Wenn die Haut "heilt", weil eine Creme mit wirksamen medizinischen Substanzen dazu beiträgt, eine Wunde zu schließen, hat noch lange kein Erkenntnisprozeß stattgefunden; schon gar nicht ist jemand davon im Bewußtsein "heilig" geworden. Der Auftrag von Schlange und Stab wurde also nicht erfüllt.

Dieses Mißverständnis, dieser falsche Umgang mit dem Wort "Heilung", wird zu jenem großen "Asklepios-Problem". Was in Epidauros im Namen des Asklepios beginnt, breitet sich weitschweifig in Zeit und Raum aus. Bereits im spätrömischen Reich werden dreihundert Asklepien die Tradition von Epidauros fortsetzen. In der ganzen Welt werden Heilzentren nach dem epidaurischen Vorbild gebaut werden. Ob auf Malta oder im französischen Grand, im Artemistempel des türkischen Pergamon oder im hessischen Schlangenbad, das "ganzheitliche" Heilungsmuster von Epidauros läßt sich überall entdekken. Und bis in das zwanzigste Jahrhundert hinein verwandeln sich die inhaltlichen Strukturen der Asklepien in Kurbäder, Kurkliniken, Krankenhäuser, Arzt- und Heilpraxen. Und über all diesen Aktivitäten wird eine uneingestandene Lüge stehen, denn der Schlangenstab des Asklepios wird seine traditionelle Wurzel verlassen haben und genau das tun, was Hades und Zeus so sehr an der Arbeit des Asklepios verurteilt haben. Aber die Götter haben dennoch bis zum heutigen Tage recht behalten: "Gesundmachen" ohne Einweihung und Schattenintegration ist noch lange keine Heilung!

Bei diesen Gedanken lächelt der alte Hypnomeister besorgt und bittet uns nun, die Heilstätte in Epidauros genauer anzusehen, um vor allem zu erkennen, warum der Tempelschlaf hier an diesem Ort seine initiatisch weihende, bläulich schimmernde Flamme verloren hat.

Unsere Augen schweifen wieder durch den Asklepiostempel, in dem wir noch immer stehen. Hier wird der Tempelschlaf durchgeführt. Nachdem der Hypnomeister uns die innere Struktur des Asklepioskultes nähergebracht hat, fällt Ihnen bestimmt ein Schleier von den Augen und Sie werden erkennen können, wie der "starke Baum" des altägyptischen Tempelschlafes zu einem verkrüppelten Bonsaibäumchen zurechtgestutz wurde, um in das Kurzentrums-Programm von Epidauros zu passen.

Wie wir es aus Abydos wissen, wurde der Tempelschlaf einst ausschließlich in echten Mysterienschulen praktiziert. Langsam sickerte aber "nach draußen", daß es nach dem Tempelschlaf häufig zu Quantensprüngen im Bewußtsein der Mysten kam. Dies war natürlich kein Wunder, denn die Kandidaten integrierten ihre unbewußten Schattenbereiche und wurden - wenn auch nur vorübergehend - in der Unterwelt eins mit der solaren Gottheit. Wo so viel religiöse Verschmelzung mit der Ganzheit geschehen ist, bleibt auch die Weisheit nicht aus. Der Myste verließ die Initiationskammer wissender, heiler und erhabener als er gekommen war. Ganz nebenbei - ohne daß dies in seiner vordergründigen Absicht lag - verschwand das eine oder das andere Krankheitssymptom aus seinem Körper. Seine Seele gab ihm neue Räume, das Bewußtsein wurde erhoben, er nahm sozusagen übersinnliche "Vitamine" zu sich, und deshalb veränderte sich auch seine körperliche Verfassung. Konnte jemand beispielsweise vor dem Tempelschlaf nicht sehr weit sehen, so war es denkbar, daß seine Kurzsichtigkeit danach geheilt war. Hatte er Probleme mit der Familie oder der Liebe, so konnte auch dieses sich danach verändert haben. Dies lag allerdings weder in seiner noch in des Hohenpriesters Absicht! Jede Form von körperlicher Gesundung galt als absolut unwichtiger Nebeneffekt. Ja, man sprach noch nicht einmal darüber.

Ein echter Okkultist hat zu keiner Zeit jemals das Ziel gehabt, über einen kerngesunden Körper zu verfügen und ein harmloses, zufriedenes Leben im Zwielicht einer spießbürgerlichen Scheinharmonie zu leben. Gesund- Reich- und Zufriedensein steht bei ihm *nicht* als erstrebenswertes Lebensziel im Vordergrund. Das anspruchslose Wörtchen "Zufriedenheit" , das in bürgerlichen Kreisen - der Einfachheit halber - auf das Lebensbanner geschrieben wird, ist für ihn ein Fremdwort, denn er fühlt eine göttliche Unzufriedenheit in seinem Herzen, die mit weltlichen "Geschenken" nicht mehr zu stillen ist. Ein Mysterienschüler kann also niemals mit *äußeren* Ergebnissen zufrieden sein; er ist im höchsten Maße unbescheiden. Seine "Gier" und sein Eigenwert beziehen sich aber auf höchstmögliche Erkenntnis und die absolute Willensfreiheit im Sinne des universellen Willens. Kümmert er sich dennoch ganz nebenbei um seine Körperlichkeit, dann ist dies nur ein Mittel zum Zweck. Er braucht den intakten "Bruder Esel", damit das geistige Wesen innerhalb der materiellen Welt handeln und wirken kann. Es gibt Erfahrungen, welche die Seele ausschließlich in der Physis machen kann, deshalb benutzt der Myste den Körper zeit seines Lebens wie eine kostbare Ritualrobe. Auch die Robe wird gepflegt und in Ehren gehalten, aber man weiß, sie ist nur Beiwerk und wird nach längerem Gebrauch verbrannt.

Was für die Mysten gilt, stellt sich in den Menschen, die keinen esoterischen Weg gehen, vollkommen polar dar. Uneingeweihte wollen um jeden Preis kerngesund sein, damit sich das Leben in vollen Zügen genießen läßt. Und weil es langsam aus den dicken Tempelmauern drang, daß die Kandidaten nach dem Mysterienschlaf oftmals gesünder, aufrechter und faszinierender als vorher waren, löste man die Technik aus dem hierophantischen Gefüge der Geheimschulen heraus und bot sie in Epidauros als "Kur" an. Das, was dabei herauskam, ist die Karikatur des Tempelschlafes. So, wie aus der Alchemie, die einstmals Heilslehre in bester Absicht war, die Chemie herausgefiltert wurde, nahm man jetzt das "Kleinere" aus dem Tempelschlaf, errichtete ihm einen Asklepiostempel und verlieh ihm das heilige Symbol des Schlangenstabes, das freilich jetzt verlogen war.

Der Hypnomeister erläutert uns, daß es in Epidauros anfänglich noch echte Hohepriester gegeben hat, die jedoch bereits an der Profanisierung tatkräftig mitgearbeitet haben. Viele Praktiken erinnern stark an den echten Tempelschlaf, obwohl es förmlich "zu riechen" ist, auf welch verkehrtem Boden sie stehen.

Der Alte aus Heliopolis führt uns jetzt zu einer Ansammlung von Votivtäfelchen, auf denen die "Geheilten" ihre Dankbarkeit bekundeten. Wir lesen die Täfelchen mit Interesse und erfassen, worin offenbar der große Irrtum der Therapeuten von Epidauros besteht.

Aus den Ausführungen der Patienten geht hervor, wie sie zu ihrer Heilung, die eigentlich keine ist, kommen. Sie werden nur vorübergehend gesund und nicht wirklich "heiler", da sie den Tempelschlaf isoliert von dem initiatischen Weg praktiziert haben. Jedoch wissen sie das nicht. Verständliche Begeisterung drückt sich in den Votivtafeln aus. Sicher sind die Priester, die hier arbeiten, stolz auf all die "Heilungswunder", welche in jubelnden Worten auf den Widmungen gepriesen werden.

Bei dem Lesen der unzähligen Danksagungen erkennen wir deutlich die epidaurische Struktur des Tempelschlafes. Hier zwängt man die Würde einer atlantischen Überlieferung in die lunaren Kästchen von Aberglaube, hintergrundsloser Demut und falscher Hoffnung. Und es macht uns ein bißchen traurig sehen zu müssen, wie rasant die Verflachung einbricht. Je jünger das Votivtäfelchen nämlich ist, umso alberner ist auch die sogenannte Heilungsgeschichte. Von Mysterienwissen abgespalten, feiern die Menschen hier ein Fest des Gesundwerdens und ahnen nicht, daß sie in Wahrheit immer kränker davon werden, weil sie das Verschieben der Symptome für Heilung halten.

Ein kindliches, devotes Konzept wird in Epidauros zu einer Ehre hochgejubelt, die es beileibe nicht verdient hat: Asklepios gilt als der heilende Gott, der sich den Patienten als Schlange zeigen muß, damit sie gesund werden können. Der Boden für die Hörigkeit und die Hysterie der Patienten ist darin bereitet. Anstatt von einer kriechenden, therapierenden Natter "träumen" zu müssen, sollte die Schlange am Stab anzeigen, daß nach dem Abstieg in das Körperliche das Aufrichten in das Geistige erfolgen muß. Aber dieses Wissen geht leider mehr und mehr verloren, weil die Hoffnung sich nur noch an die Fersen des asklepiadischen Gottes heftet und niemand mehr bereit ist, an sich selbst zu arbeiten, um seine eigene Schlange zu erheben.

Die Priester geleiten jeweils eine größere Anzahl von Kranken in den Asklepiostempel, wo sie sich alle auf den weißen Marmorbetten niederlegen und zwei oder drei Nächte im Schlaf liegen werden. Der Astralkörper kann nicht mehr bewußt verlassen werden, also hofft man auf Träume während des echten Schlafes. In diesem Zusammenhang paßt das Wort Inkubation, das ich persönlich nicht mag, denn es bedeutet eigentlich "das Liegen auf den Eiern, brüten" und bezeichnet gleichzeitig das Einnisten von Krankheitserregern und deren Zeit, die sie brauchen, um ihre Symptome herauszubilden. Dieses doppeldeutige Wort nistet sich aber wie ein Virus in den Begriff des Tempelschlafes ein, und "Inkubation" wird bald der auf Traumerlebnis hoffende Schlaf an heiligen Stätten genannt werden.

Aus der Sicht des Tempelschlafes liegt der größte Unsinn von Epidauros in der Hoffnung, von der Schlange im Traum "das richtige Heilmittel" erfahren zu können. Die Priester von Epidauros induzieren den Patienten tatsächlich die Bitte an das Unterbewußtsein zu richten, doch (bitteschön) das richtige Kräutlein oder das rechte Wässerchen gegen das Symptom zu finden. Und dann sieht der Patient manchmal eine Schlange mit einem Mittel, das ihm helfen soll. Daß dieses im Einzelfall natürlich auch tatsächlich funktioniert, steht außer Frage, aber mit der

Erhebung in die Erkenntnis seiner eigenen Wahrheit kommt der Patient damit keinen einzigen Schritt voran. Schlimmer noch: er gibt seine eigene Einsichtsfähigkeit an eine visualisierte Natter ab. Dümmliche Quachsalberei schwenkt ein Siegesfähnlein über dem eingesargten Osiris, und die irdische Heillosigkeit hält Einzug im guten alten Tempelschlaf.

Die Priester fangen an zu verweltlichen, indem sie funktionale Denkweisen annehmen und nur noch auf das Verschwinden der Symptome Wert legen. Welch ein Frevel! Im selben Moment, in dem uns dieses Thema bewußt wird, gerät der Hypnomeister aus Heliopolis fast aus seiner sonst recht stabilen Fassung, so sehr erregt ihn dieser Gedanke. Haben Sie es auch vernommen? Dachte er nicht soeben: "Diese Kleingeister, diese Dummköpfe!" Ich frage mich gerade, was ihn denn so sehr daran aufregt, da verstehe ich die Gedanken des Urvaters der Trance. Ja, natürlich, *das Sehen* der inneren Bilder im Tempelschlaf *ist* bereits das Heilmittel. Die Vision selbst ist das geniale Mittel, das Evolution und Erkenntnis bringt. Die Erweiterung des individuellen Bewußtseins geschieht durch das Bild, das verloren war und jetzt wieder da sein darf. *Nur das Bild hat gefehlt.* Sonst nichts. Das Bild reißt mit feinstofflichen Armen den Schattenträger aus der Seele und zeigt ihn dem Kandidaten im Tempelschlaf. Es gibt nichts Unweiseres, als zusätzlich noch allopathische Mittelchen zu verabreichen. Wer das tut, hat das System des Seelenfluges nicht begriffen. Was hier "heilt", ist die Integration des verlorengegangenen Schattenanteiles, der aus dem Buch des Osiris befreit wird und wieder einen Raum im Bewußtsein des Menschen finden kann. Möchte man im Einzelfall das Sehen der Bilder fördern, so empfehlen sich energetische Therapien wie Atemarbeit oder Fußreflexzonenmassage als unterstützende Begleitung bei dieser Arbeit. Aber weniger ist hier mehr! Denn es geht im Tempelschlaf um das Erleben und Integrieren der inneren Bilder an sich. Die Bilder des Tempelschlafes sind schon die Hochpotenz. Es macht kaum einen Sinn, noch homoöpatische Mittel zusätzlich zu verabreichen. Das kann man unabhängig vom Tempelschlaf gerne tun, da die Homoöpathie eine sehr gute feinstoffliche Arbeit leistet, doch während der Arbeit im Tempelschlaf wäre eine verabreichte Hochpotenz "doppelt gemoppelt". Im Tempelschlaf sollte der Mensch auf fremdes Gepäck verzichten, damit sein eigener Genius ihn mit neuer Erkenntnis beladen kann.

"In Epidauros greift der Unverstand des zukünftigen grobstofflichen Zeitalters schon mächtig um sich", denkt gerade der Hypnomeister, bevor er uns einen weiteren Beweis für das Nichtverstehen des Tempelschlafes in Epidauros liefert. Die Priester setzen sich nämlich allmorgendlich zu den Patienten an das Marmorbett und versuchen, die Traumerlebnisse zu deuten. Das ist grundverkehrt! Noch schlimmer wird es, wenn sie die Patienten einzelne Passagen der Träume in einem Psychodrama nachspielen lassen. Das macht die Patienten glücklich wie spielende Kinder. Sie werden davon äußerst spendierfreudig und manchmal auch gesünder. Doch nehmen die Therapeuten den Patienten damit die allerletzte Möglichkeit, neben ihrem Gesundwerden auch noch einen heimlichen Effekt für die Evolution ihrer Seelenpersönlichkeit zu erhalten.

Es ist besser, wenn der Myste seine inneren Bilder für sich alleine aufschreibt und ein Bild dazu malt. Er bleibt dann ganz bei sich selbst. Und das soll er im Tempelschlaf. Deshalb heißt er ja "Myste", denn das ist einer, der die Augen schließt und nach innen schaut. Die Traumbilder des Tempelschlafes gründlich auszudeuten oder verkürzt zu spielen, ähnelt dem Verfahren, eine sorgfältig ausgewählte homöopathische Höchstpotenz zu verabreichen und hinterher schnell die Urtinktur nachzuschieben. Was dann geschieht, ist ein großes "Nichts".

In Epidauros finden wir die Wiege der Medizin und die letzte Ölung des Tempelschlafes. Im Sinne der notwendigen Erneuerung des Mysterienschlafes stellt sich dieser Verfall erwartungsgemäß ein, das befreit jedoch die Mediziner nicht aus ihrer Verantwortung, damals in Epidauros ein okkultes Werkzeug zerstört zu haben. Sie sollten sich in späteren Zeit-Räumen dessen bewußt werden, und erst ein Hoherpriester werden, bevor sie sich an die feinstoffliche Arbeit des Tempelschlafes wagen. Es ist etwas ganz anderes, ein Herz zu verpflanzen, als wirklich die Verantwortung tragen zu können, an der menschlichen Seele zu arbeiten. Das eine ist die hochqualifizierte Arbeit eines vortrefflichen Handwerkers, das andere die Arbeit eines geweihten Priesters. Deshalb ist jeder initiierte Ritualbeamte einer Mysterienschule besser als Mystgoge im Tempelschlaf geeignet als jemand mit einem schulmedizinischen Werdegang. Es sind sehr verschiedene Ausbildungswege, die für beide Tätigkeiten notwendig sind. Innerhalb der heftig gespannten Polarität im zwanzigsten Jahrhundert müssen beide Arbeiten getrennt stattfinden oder es gibt ein heilloses Chaos.

Der Mensch muß sich jeweils fragen können: bin ich jetzt Priester oder Arzt? Er könnte theoretisch beides sein, weil er beide Ausbildungen hat, aber dann muß er beides auch zu getrennten Zeiten ausüben. Jegliche Vermischung tötet - allem Gerede von der Ganzheitlichkeit zum Trotz - die Struktur beider Arbeiten.

Der Begleiter im Tempelschlaf muß die seelischen und geistigen Ebenen gut kennen, auf die er die Psyche des Mysten erheben wird; und er sollte sehr genau wissen, was er tut, wenn er den sensitiven, feinstofflichen Anteil eines Menschen wie eine spirituelle Hebamme "in seinen Händen hält". Jede Unsicherheit auf mentalen Ebenen "spürt" der Myste und verliert sein Vertrauen. Von diesem Moment an, reißt dann leider das blaue Band von Mystagoge und Myste, und es findet nichts mehr statt.

Wer Menschen in Trance versetzt, muß demnach priesterliche Fähigkeiten haben. Aber der Arzt muß den menschlichen Körper genau kennen, wenn er ihn behandelt. Wer diesen Unterschied nicht als gewaltig empfindet und den Begriff "Priesterarzt" verwendet, kann nicht denken! Aber so wird es in Epidauros sein. Die Priester wandeln sich bald zu Priesterärzten.

Immer häufiger kommt es in Epidauros vor, daß die Arbeit der Priester nicht mehr fruchtet. Je mehr sie den wahren Hintergrund des Tempelschlafes verkennen, um so geringer werden natürlich die Heilungserfolge, war doch der Heilungseffekt der kleinste und unwichtigste Teil des Tempelschlafes. Bläst man diesen allein zu einer großen Seifenblase auf, platzt diese irgendwann und "aus ist der Traum". Die Priester verfallen deshalb in eine Ratlosigkeit. Die berühmte Heilstätte hat aber großen Zulauf, also besteht kein Zweifel, es muß etwas geschehen an diesem Ort.

Und es geschieht auch viel. Wie ein riesengroßer Heilungsrummelplatz sieht Epidauros aus. Für astrologisch Geschulte möchte ich sagen, es wimmelt hier nur so von

Wassermannaszendenten, die sich allesamt ihren Heilauftrag auf die hohe Stirn geschrieben haben und sich jetzt mit Riesenschritten in die Funktionalität begeben. Oder man sieht sogleich all die Krebsaszendenten, die sich mit kindlicher Philosophie in die Helferrolle stürzen, um ihrer eigenen Kleinheit zu entgehen.

In Epidauros werden die Schlangen von ihren Stäben gerissen und als Asklepiosnattern gezüchtet. Wenigstens ist dies ein ehrlicher metaphorischer Akt, denn die lebenden Schlangen kriechen nun endlich wieder auf der Erde herum und denken gar nicht daran, sich zu erhöhen. Wie wahr! Man entzieht ihren Zähnen das Gift und macht Medizin daraus. Großer Jubel breitet sich aus, denn die Medizin hilft. Die ersten kleinen Pharmakonzerne entstehen in Epidauros. Das schnelle Gesundmachen ohne Einweihung war früher die Spezialität von Zauberern und Hexen. Jetzt nehmen die Ärzte dieses Gebiet fest in ihre Hand, weswegen gerade sie später wie verrückt auf Zauberer und Hexen schimpfen werden. Das nenne ich "die Ironie der Projektion".

Können die epidaurischen Priester mit ihrem kleingeistigen Ansinnen an den Tempelschlaf keine Heilung mehr zustande bringen, geben sie die Patienten in die Hände der epidaurischen Ärzte. Und jetzt wird gekurt, was das Zeug hält. Arzneien werden getestet. "Hilft´s oder hilft´s nicht?" war auch immer die Frage der Hexen und der Zauberer. Psychologische Gesprächsgruppen, Bäder und Schlammpackungen, Quellwasser und Bewegungstherapie, Messerschnitt und Aderlaß, Schlangengift und Alraunewurz - die alten Somnambulen, die sich nun "neue" Ärzte nennen, quacksalbern wild herum und schaffen es genauso wie die alten Zaunreiterinnen, die Symptome bisweilen zum Verschwinden zu bringen. Die Hagazuzzas hatten allerdings noch den Vorteil eines metaphysischen Rückhalts, wenn dieser auch mit "unverständlichen" Aufträgen einherging. So gaben sie ihren Klienten neben den Kräutchen und Zaubersprüchen oftmals Aufgaben, die einem Wissen um Analogieketten entspringen. Zum Beispiel sollte der Gesundgewordene dreimal auf Holz klopfen (=Jupiters Erkenntnis anrufen), nachts über den Friedhof gehen (=Saturn befriedigen), eine schwarze Katze verbrennen (=Mars und Saturn einlösen), ein junges Schwein schlachten (=das Ich hergeben) oder dergleichen. In diesen von späteren Erdenbürgern irrtümlich als Aberglaube abgetanen symbolischen Handlungen schwangen noch brauchbare Kenntnisse über Urprinzipien mit, so daß nicht nur das Symptom kuriert war, sondern die Chance bestand, einen der Krankheit entsprechenden Erkenntnisprozeß zu initiieren. Wirklich abergläubisch ist man nicht bei dem Thema der schwarzen Katze, die über den Weg läuft, sondern wenn man bei der Wirkung einer Tablette von Heilung spricht. Entspricht doch die vorbeilaufende schwarze Katze lediglich einer saturninen Synchronizität, die sich auf vielen Ebenen gleichzeitig manifestiert. Die Tablette aber dient nur der Kunst der Verschieber und ist von dem Thema der Heilung meilenweit entfernt.

Hier in Epidauros beginnt der medizinische Dauerkampf mit der Krankheitshydra, der mindestens zweitausend Jahre anhalten wird. Die Hydra ist eine mythologische Figur, die seit alters her als Bild für einen legitimierten Schattenträger bemüht wird. Sie ist eine Wasserschlange, die in schleimigen, stinkig fauligen Gewässern lebt und sich von den nicht geliebten und nicht gelebten Schattenanteilen der Menschheit nährt. Sie muß besiegt werden, doch jeder Kampf mit ihr wird zu einem Problem. Schlägt man ihr einen der neun Köpfe ab, wachsen sofort wieder drei nach. Mit einfachen, irdischen Kampfesmitteln ist ihr also kaum beizukommen.

In Epidauros schlagen die Ärzte den ersten Kopf der Hydra - mit Hilfe eines Mittels aus ihren umfangreichen medizinischen Künsten - ab. Der Patient bezahlt dafür und geht körperlich beschwingt aber geistig unverändert nach Hause. Nach einigen Jahren kommt er wieder und seine Hydra besitzt mehr Köpfe denn je. Wieder erfolgt ein blutiger Strich mit dem scharfen Skalpell der Medizin und ein paar Hydraköpfe rollen grünschleimig spritzend vor die weißen Sandalen der Ärzte. Der Patient fühlt sich zwar nicht restlos gesund, aber "den Umständen nach" besser. Schmerzgelindert bezahlt er und geht wieder nach Hause, um genau das weiterzuleben, was er immer lebt.

Eines ist sicher: Der Geduldige wird in kürzer werdenden Abständen wiederkommen, bis seine Hydra tausend Köpfe treibt. Dann nimmt er eines Tages lieber den direkten Weg und legt sich endlich in den Sarg, um wenigsten hier eine vom Kosmos verschriebene Einweihungszeremonie zu "erleben". Nur wird er leider dabei zu seinem Bedauern feststellen müssen, daß er eben *nicht* mehr "lebt" und deshalb im Tartaros nur einer von vielen sein wird. Unmittelbar nach der Transition der einzelnen Seelenpersönlichkeit beginnt die Seelensubstanz deshalb noch ein wenig mehr als ohnehin schon von der Einweihung zu träumen und webt sich Schwierigkeiten in die nächsten Lebenswege der Seelen, damit sie daran erinnert werden sollen, ernsthaft nach Geheimnissen zu suchen.

Asklepios, "der Freudebringer der Menschheit, der schmerzhafte Übel besänftigt" (=Hymnos von Homer), wurde so zu dem ersten heimlichen Stammvater der hippokratisch vereidigten Symptomverschieber, die es sich zur Aufgabe gemacht haben, die Gesundheit herstellen zu wollen und dabei metaphysische Erkenntnisprozesse grundsätzlich auszuschließen. Sie werden sich das weiße Gewand der Essener stehlen, jedoch wird das, was sie darin vollbringen werden, weder religiös noch initiatisch sein, denn als Ärzte arbeiten sie dann auch weiterhin so handwerklich, wie sie es schon in der frühesten Antike getan haben, als sie sich noch nicht in den Dünkel einer Priesterschaft gehüllt haben, von der sie in Wahrheit jedoch schrecklich weit entfernt sind. Obwohl sie das Weiß der Essener tragen werden, wird das was sie tun, nicht religiös sein, sondern rein handwerklich. Eines Tages aber müssen die Ärzte den Rückweg antreten und sich wieder mit Asklepios und Chiron identifizieren, ohne diese beiden mit falschen Lampions zu glorifizieren. Asklepios ist ein Gott geworden, weil er die Götter erpreßt hat, und von Chiron wissen wir, daß sich seine Wunde, die ein Pfeil mit dem Blut der Hydra geschlagen hat, nicht mehr schließt. So wird Chiron - wie viele Menschen - über den Umweg eines körperlichen Symptomes endlich reif, in den Hades zu gelangen und seinen Entwicklungsweg von dort zu beginnen. Denn aufgrund seiner ewig blutenden Wunde tauscht Chiron seine Unsterblichkeit mit dem gefesselten Prometheus und geht freiwillig in den Hades. Von dort aus setzt sich sein Weg dann neu zusammen. Vielleicht, um seine Pferdeanteile in die menschliche Natur verwandeln zu können.

Wirklich brauchbare Reste von wahrer Initiation erhalten sich in Epidauros nur noch im Apollontempel. Hier versuchen einige traditionelle Priester überlieferte Rituale zu pflegen. Menschen, die einen Bewußtwerdungsweg gehen, bitten hier um Einlaß. Nicht in erster Linie, um Heilung zu finden, sondern um weiser zu werden. Auch durch das riesige Theater, das fünfzehntausend Zuschauer faßt und manchmal gottlob mythologisch verankerte Mysterienspiele und Tragödien aufführt, weht noch der okkulte Wind eines wahren Wissens. Aber auch hier werden immer öfters Komödien auf den Spielplan kommen, die allein der oberflächlichen Unterhaltung der Ahnungslosen dienen und nicht mehr das - schattenaufzeigende, heilungsfördernde - tragische Dilemma des Menschseins transportieren, wie es die echte griechische Tragödie vermag. Und Bruder Sophokles schaut händeringend aus den Wolken herunter und fühlt sich mehr und mehr unverstanden ...

... Auch der alte Hypnomeister sieht nicht glücklich aus und verschwindet ohne viel Aufsehen mit seinem "Ewigen Lächeln" aus unserer Wahrnehmung. Ich hätte ihm gerne noch für all die Einblicke, die er uns ermöglicht hat, gedankt, aber er war so schnell weg. "Weg"? Ach ja, schade, ich wollte ihn doch fragen, wohin die Symptome gehen, wenn sie weggehen! "In die Hydra, in die Hydra!", raunt es echoschallend durch den Äther.

Und ein paar glitzernde Funken aus Heliopolis begleiten die ebenfalls länger noch hallenden Worte: "Der Mediziner wird so lange "Patienten" in der Reinkarnationstherapie haben, bis er selbst zum Mystagogen geworden ist. Dann erst schlafen echte Mysten in seinem Tempel." Diese Worte klingen noch lange nach.

... Bitte kommen Sie aus Ihrer Trance heraus ... wie bitte, Sie wollen nicht ... Sie sehen ein Pferd? ... Chiron? ... Nein? ... ein dickes Pferd mit einer Krone? ... Pferdeherrschaft? ... Hippokrates?! ... hippo heißt Pferd und kratein heißt herrschen ... Sie sind auf der Insel Kos, sagen Sie ... gut, ich komme mit ...

... Das Asklepieion beherrschte einst die Insel Kos. Wir sehen nur noch Reste der von griechischer Sonne weißgebleichten Säulen, die vor mehr als zweitausend Jahren das Dach des hiesigen Apollontempels trugen. Zwischen zerbrochenen Bodenplatten in staubtrockener Erde streiten sich himbeerfarbene und blauviolette Steinblumenkissen mit wuchernden Hexenkräutern um die wenigen Schattenplätzchen, die von schlanken Zypressen und niedrigen Mauerresten geizig verteilt werden. Denn die Sonne steht mittagshoch über der berühmten Ruine eines antiken Kurortes.

Wie in Epidauros verliebte sich auch hier vor mehr als zweitausend Jahren eine Heilstätte so sehr in sich selbst, daß kein Raum mehr für einen kritischen Gedanken übrig blieb. Auch hier trat das Ringen zwischen dem Heilungsverständnis der Antike und der modernen medizinischen Wissenschaft in einer gewissen pionierhaften Aufgeregtheit zutage. Eine bunte Mischung aus priesterlichem Bemühen und ärztlichen Anwendungen zog - im wahrsten Sinne des Wortes: ver*zwei*felt - alle Register, um das Wohlbefinden der Menschheit aus der irdischen Kerkerfessel der Dualität zu befreien. Statt das Kranksein beseitigen zu wollen, hätte man besser versuchen sollen, die Polarität an sich abzuschaffen. Dann wäre man schneller an die kosmischen Schlüssellöcher vorgedrungen und hätte vielleicht schon eher einen Blick in das Heiligtum des

Sonnenlogos werfen dürfen. Aber das sollte wohl nicht sein. Also schmatzte sich die Hydra in ihren stinkenden Sümpfen unter der Erdoberfläche genüßlich fett, während oben im Schatten der Säulen gekurt, gecremt und gehofft wurde.

Heilschlaf, Heilfasten, Traum- und Musiktherapie sowie Theateraufführungen glichen noch Repliken eines religiösen "Heiligungs"-Verständnisses. Obschon sie aufgrund der großen Auflage den Originalen nicht mehr sehr ähnelten, retteten sie einen heimlich mitschwingenden Hauch des Mysterien-Andenkens. Und so mancher Mensch fand durch sie tatsächlich seine persönliche "Heiligung", weil seine Seele ihn an den Weg erinnerte, den er versprochen hatte zu gehen, und er ihn nun heimlich hinter dem Rücken der Ärzte fortsetzte. Geschah das nicht, war es - vordergründig betrachtet - auch nicht schlimm. Das ärztliche Angebot war groß und konnte einen sehr langen Therapieplan aufstellen. Medzinische Anwendungen wie Bindegewebsmassagen. Schlammkuren, Kräuter- und Pollentherapien, Licht- und Luftbäder, alte und neue Arzneien und chirurgische Eingriffe boten reichlich Möglichkeit dazu.

Bedenkt man, *was* hier alles praktiziert wurde, so begreift man endlich, warum noch heute jeder bessere Kurort ein großes Spielkasino vorzuweisen hat. Das "Gesundmachen" hat offensichtlich vieles mit dem Roulette gemeinsam. Bei dem Breitbandangebot des Asklepeions geistert dem Patienten leicht die rotierende Metallkugel in die Wahrnehmung, die wie eine goldene Lebenssonne entscheidet, ob hermanubischer Gewinn oder thyphonischer Verlust im karmischen Rad erfolgen soll. "Rien ne va plus", sagt der Groupier mit monotoner Strenge, und so mancher Spieler (bzw. Kranker) wirft noch schnell sein vorletztes Stück auf die Siebzehn oder auf Rot - doch die Kugel rattert ihr unbestechliches "rrrrrrrrrrr" und legt sich kurz und heftig ausklappernd bei Dreiunddreißig-Schwarz-Impair-Passe zur Ruhe. Verloren! Der gepflegte, coole Groupier mit dem Diamanten am kleinen Finger zieht das vorletzte Stück mit Hilfe eines silbernen Rechens vom grünen Stoff. Und heiß brennt das letzte Stück des Spielers zwischen Daumen und Zeigefinger. "Alles bezahlt, bitte das Spiel zu machen!"... Jetzt wirft er. Und er hofft! Das Leben reduziert sich auf die herzklopfende Frage: Wer wird gewinnen? Er oder die Bank? Die Antwort gibt die Kugel, die gar keine echte Sonne ist und in Wahrheit nichts anderes kann als "rrrrrrrrrrr".

Die Ruinen auf Kos erzählen uns: Ursprünglich war das Asklepeion dem Sonnengott Apollon selbst im besten metaphysischen Sinne gewidmet. Also fing alles recht himmlisch orientiert und kosmisch abgesichert an. Doch konnte sich das Geschlecht der Asklepiaden, welches sich mütterlicherseits auf den Sonnenhelden Herakles und väterlicherseits auf Asklepios bezog, nicht in der Mysterientradition halten, da die Kultfigur des Asklepios die neue Richtung zwingend vorgab.

So kam es, daß die Ärztezunft, die bei der Gründung der ersten Heilzentren noch mit Metzgern und Schuhmachern gleichgesetzt wurde, schon bald zu größerem Ansehen und halbgöttlichen Ehren kommen sollte. Dafür sorgte der berühmte Vater unserer Medizin: Hippokrates. Ich habe mich schon oft gefragt, ob wohl von ihm das anschauliche Wort "Roßkur" abgeleitet sein mag, weil er das Pferd - wohl irgendwie als Andenken an Chiron - in seinem Namen trägt.

Jeder Arzt bekommt leuchtende Augen, wenn er sich an den geleisteten Eid erinnert, den er vor dem unsterblich gewordenen Geist des Hippokrates abgelegt hat. Das liegt daran, daß die schöne sakrale Geste "einen Eid abzulegen" ein Überbleibsel aus den Mysterienschulen ist. Dort gibt der Eingeweihte das verbindliche Versprechen, nicht eher zu ruhen, bis er selbst so heilig geworden ist wie das Heiligtum, dessen Boden seine Füße nur deshalb berühren dürfen, weil er einen langen Erkenntnisweg hinter sich hat. Diese religiöse Handlung löst bestimmt jenes eigentümliche Hochgefühl aus, das unsere Ärzte bezüglich ihres hippokratischen Eides noch heute spüren. Ein Versprechen zu geben, auch die Weisheit der Götter (=Urprinzipien) in das Heilungsgeschehen einzubeziehen ist aber das eine, dieses nicht zu halten das andere. So mancher Arzt mag in seinen Präexistenzen jedoch schon Hohepriesteranteile ausgebildet haben, doch hat er vielleicht den Zugang dorthin verschüttet und das Wissen der Hohen Magie verloren. Und obwohl er sich möglicherweise unbewußt nach der alten priesterlichen Robe sehnt, kämpft so mancher Schulmediziner vehement gegen die Einsicht, daß jede echte Heilung nur metaphysisch erfolgen kann.

Zu dieser Haltung hat Hippokrates Wesentliches beigetragen. Auf der Insel Kos erblickte er um 460 v. Chr. als Sproß der Asklepiadenfamilie das Licht der Welt. Sein "Verdienst" besteht darin, das Heilungsgeschehen von der religiösen Rückbindung befreit zu haben, ohne sich dabei irgendwie unwohl zu fühlen.

Obwohl er den spirituellen Hintergrund des Krankseins von seinen Eltern noch beigebracht bekam, begann er, die krankmachenden Ursachen außen zu erforschen. Er untersuchte und anlysierte die Wirkung von Wind, Wasser und

Temperaturen auf den menschlichen Körper. Er forschte nach krankmachenden Faktoren im mineralischen Haushalt des Körpers oder im Stoffwechselgleichgewicht. Zwar vergaß er noch nicht so sehr wie seine Nachfolger den dreiteiligen Körper-Seele-Geist-Aspekt, jedoch begründete er mit dem Suchen und Bekämpfen äußerer Krankheitsursachen eine auf reinem wissenschaftlichen Denken aufgebaute Medizin.

Bei Hippokrates schlichen noch die Astrologie und andere Fragmente hermetischen Wissens mit hierophantischer Würde durch die Hallen, aber als auch hier Projektionsflächen entstanden und plötzlich die Dummheit aufkam, daß irgendwelche "Ursachen" in den Sternenkonstellationen zu finden sein sollten, zog sich die Astrologie angewidert in die unterirdischen Gewölbe der Okkultisten zurück und wartete auf bessere Zeiten, in der wieder Menschen geboren werden, die sie als Analogielehre erkennen können. Was alsbald noch holistisch genannt wurde, wurzelte nicht mehr im "Oben und Unten" der Hermetiker, sondern bezog sich nur noch auf die Vielfalt der funktionalen Maßnamen. Den "ganzen Menschen betrachten" hieß von nun an, die Ursachen innerhalb der überblickbaren Lebensumstände finden zu können. Aber dies hatte mit dem bedeutungsvollen Wort "Ur" im Sinne von "im unsichtbaren ersten Schöpfungsmythos bereits enthalten" nichts mehr gemeinsam. Das Mißverständnis bezüglich der Krankheits-"Ursachen"- Theorie geriet von hier aus in die Köpfe der Ärzte und Patienten. "Ur" heißt aber "in den Raum setzen", und "uro" heißt "schöpfen". Die einzige Ursache, die es für alles was ist gibt, ist also die Schöpfung selbst. Es können weder Viren noch Kindheitserlebnisse jemals Ursachen sein. Je mehr also ein Therapeut von Ursachen- der Kausaltherapie spricht, um so weniger gründlich kann er denken. Wer "Ursachen" zu finden hofft, muß sich also ein Ticket in das Paradies besorgen. Und das gibt es nicht an einer Universität zu erlernen. Man muß es sich in einer Mysterienschule erarbeiten.

Doch mit der willkürlichen Heiligsprechung der Funktionalität durch Hippokrates feierte die Ärzteschaft ihre Erhebung aus dem Handwerks-Image in die Ehren der Akademiker. Es erfolgte die strikte Abgrenzung von "Scharlatanen und Quacksalbern". Wer in Zukunft nicht in der Lage sein würde, die komplette Schuld des Kranksseins auf hygienische Umstände, Ernährungsschäden, Bazillen, Viren, Erbfaktoren, Kreislaufschwächen, Hormone oder andere nachweisbare (!) Übeltäter zu projizieren, war nicht kurzsichtig genug, ein angesehener Mediziner werden zu dürfen. Und ein Patient, der nicht seine komplette Eigenverantwortung und Eigenhandlung abgab, war nicht träge und feige genug, ein Leben lang von oben "be"-handelt zu werden.

Denn wie sagte doch Immanuel Kant:

> *Faulheit und Feigheit sind die Hintergründe, warum so viele Menschen, nachdem sie die Natur längst von fremder Leitung freigesprochen, dennoch gern zeitlebens unmündig bleiben, und warum es anderen so leicht wird, sich zu deren Vormündern aufzuwerfen. Es ist ja so bequem, unmündig zu sein!*

Das unverkennbare Asklepios-Problem verdichtete sich unter den hippokratischen Hufschlägen zu einer ungeheuren Borniertheit, die zweitausend Jahre brauchte, um endlich im Jahre 1983 einen gigantischen - vielleicht von heliopolischem Funkenregen begleiteten (?!) - Aufschrei aus der traditionellen Mysterientradition heraufzubeschwören, der die uralte Weisheit, daß "Krankheit" in erster Linie die Aufforderung sei, "einen Weg zu gehen", mit einem ergreifenden Buch zurück in die Welt brachte, das in seiner Einzigartigkeit unübertroffen bleiben wird. Das Gros der Menschheit wird noch eine Weile brauchen, bis es erkennen kann, was für ein wohlwollendes Mysteriengeschenk dieses Buch in Wahrheit ist.

... Wir verlassen die Ruinen von Kos in der Hoffnung auf die Rückkehr der Hohepriester, Hierophanten und Mystagogen, die unser medizinisches System als hochgeschätzte, legitime Verschieberzunft bestehen lassen, uns aber zusätzlich wieder beibringen, wie die goldene Morgendämmerung mit zweimalgeborenen, osirifizierten Augen erschaut werden kann ...

... Wer jetzt ein guter begleitender Mystagoge für den Tempelschlaf werden kann, möchten Sie genauer wissen?

Nun, ich glaube der Hypnomeister aus Heliopolis würde Ihnen antworten: Tiefgründige, sich selbst hinterfragende Plutoniker, die riesengroße Fragen an das Leben stellen und um die Antworten ernsthaft ringen. Harmlose, selbstzufriedene Menschen, die nur kleinste Fragen stellen, sind keine brauchbaren Begleiter, denn sie können den Mysten nicht erheben. In der Erhebung auf andere Seinsebenen liegt aber das eigentliche Mysterium des Tempelschlafes. Der Mensch wird buchstäblich aus der Verwicklung geführt. Also müssen es Menschen sein, die die Gradwanderung eines hermetischen Weges gehen, sich in allen Symbolen, Mythen und Analogien auskennen, wissen was Rituale *sind* und was Rituale *bewirken,* Menschen also, die gelernt haben, im Dunkeln und auf mehreren Ebenen sehen zu können; Menschen, die sich eine verläßliche Intuition verdient haben und in jeder Hinsicht belastbar sowie außergewöhnlich hart und weich zugleich sind, weil sie die Spannbreite der irdischen Dualität ganz ausloten können.

Auch müssen sie alle menschlichen Schwächen nachvollziehen können und absolut wertfrei vor jeder Perversion und jedem Verbrechen stehen. Sie sollten selber andauernd an sich arbeiten, bereits in der Hölle und im Himmel gewesen sein und die zweite Geburt erfahren haben.

Ob ein Mystagoge ein Mann oder eine Frau ist, spielt keine bedeutende Rolle, da ohnehin absolute Neutralität von ihm erwartet wird. Wie der geflügelte Götterbote Hermes muß er die Mysten in den Hades und auf den Olymp begleiten können, ohne sich zu verwickeln. Wer sich selbst mit den Erfahrungen des Mysten involviert, kann den magischen Vorgang der Übertragung "nicht tragen". Der Mystagoge muß real spürbar mit in das Wasser und das Feuer hineingehen können; und doch darf er zu keiner Minute naß werden und auch nicht in den Flammen zu Asche verbrennen. Er sollte die Technik der Tranceinduktion nicht nur äußerlich beherrschen, sondern innerlich erleben können. Ohne die angeborene oder mitgebrachte Sensitivität einer okkulten Priesternatur wird der Mystagoge selten begreifen, mit welchen hochmagischen Werkzeugen aus der esoterischen Tradition er tatsächlich hantiert. Seine Arbeit wird dem antiken Tempelschlaf nicht gerecht werden können, da er die mentale Kraft, die dazu nötig ist, weder kennt noch lenken kann. Gerade darin muß aber eine seiner Fähigkeiten bestehen.

Dem Mystagogen muß unbedingt klar sein, daß es Heilung nur "deo concendente", d.h. mit der Zustimmung Gottes, gibt. Und anstatt eine psychosomatische Heilungsabsicht mitsamt einer körperlich orientierten Heilpraktiker-Ausbildung mitzubringen, sollte er lieber astrosophisch und kabbalistisch gründlich geschult sein. Dann läßt er dem Mysten von Saturn die Schwelle freigeben, von Neptun die Widerstände auflösen, von Uranus die Schleier entzweireißen und die massivsten Türen aus den Angeln hebeln. Und Persephone selbst öffnet dann das Verließ der Schatten, woraufhin Pluto als "grüner Osiris" den Mysten zum Wesentlichen führt. Am Schluß ist es Hermes, der den Mysten zu Jupiter bringt. Und der Myste erkennt sich dort selbst.

Mit einem solchen Hintergrund gehört dem Mystagogen die übersinnliche "pars pro toto"-Gabe, die im kleinsten Teil das Ganze erblickt. Er kann hinter allen Formen die Inhalte sehen. Dann zeigt er dem Mysten auch die richtigen Portale, die das menschliche Bewußtsein in die langen Analogieketten eines Themas hineinführen, das der Myste in sich aufnehmen möchte. So bleiben weder der Mystagoge noch der Myste in der Vordergründigkeit stecken, und beide werden der alten Tradition des Tempelschlafes auch wirklich gerecht, die da heißt, in feinstoffliche Bereiche einzudringen und dort die gebundenen und eingekerkerten Schatten loszubinden.

Außerdem muß der Mystagoge wissen, wie weit die Dimension der Liebe reicht und was ein kosmisch verliehenes Amt ausmacht - und vor allem, welche Arten von Opfer ein solches Amt abverlangt.

Woran merkt denn ein Mensch, ob er all das in sich erarbeiten kann? An dem solaren Brennen in der Seele und einem Ritualgong im Herzen. Und daran, daß er die folgenden Worte von Eliphas Levi verstehen kann:

Frage: Was ist ein Opfer?

Antwort: Es ist der wohlwollende und freiwillige Verzicht auf das Recht.

Frage: Ist das Opfer vernünftig?

Antwort: Nein, es ist eine Art Wahnsinn, größer als die Vernunft, denn die Vernunft ist gezwungen, es zu bewundern!

Den Abgründen der Perversität entsprechen die Abgründe der Gnade. Gott hat schon oft aus Schurken Heilige gemacht; doch er hat es niemals mit den Lauen und Feiglingen getan.

Eliphas Levi

11. Reinkarnationsmythen als Schattenintegration

Nachdem der Tempelschlaf in Epidauros, auf Kos und in den Kurstätten des römischen Reiches zu einem Windmühlenkampf gegen das Kranksein reduziert worden war, wundert es wenig, daß man ihn daraufhin ganz vergaß. Hatte dieser Mysterienschlaf einst das Feuer der ursachenlosen Freude in den Herzen der Mysten angezündet, so war er in den Gruppentrancen der Asklepien nur noch eines von tausend Mitteln, das die körperliche Gesundheit zurückbringen sollte. Rücksichtslos das eigene Leben fordernd, klammerten sich die Menschen wie Ertrinkende an ihren Retter und zogen ihn durch ihre Lebensgier mit sich in die schwarzgrüne Tiefe des Wassers, wo sie dann gemeinsam den Tod fanden.

Der wiedergeborene Tempelschlaf heißt heute meistens Reinkarnationstherapie. Der Astralkörper muß nicht mehr davonfliegen, der Klient wird nicht in Grabbinden gewikkelt, und er liegt auch nicht mehr für dreieinhalb Tage in einem Sarkophag. Dafür liegt er auf weißen Laken, auf Wasserbetten oder ledernen Wackelliegen, holt Atem bei den Himmeln und gleitet in einen sanften Trancezustand, der es ihm möglich macht, sich selbst bei vollem Bewußtsein in dem eigenen Land der inneren Bilder zu begegnen.

Wie weitausgestreute Samenkörner, die gleichzeitig aufkeimen, sprießen junge Triebe der alten Hoffnung auf, mit Hilfe der Trance und der Regression in der Dunkelheit unserer Tage einen Strahl der goldenen Morgendämmerung zu erhaschen.

"Der Tempelschlaf ist zurückgekehrt" flüstern sich die Seelen mit vorgehaltener Hand heimlich gegenseitig zu. Viele, die ihn aus einem anderen Zeit-Raum kennen, begrüßen ihn mit feuchtglänzenden Augen und dem donnernden Herzklopfen eines Frischverliebten, der dem unergründlichen Zauber eines Wesens gegenübersteht, das ihm vertrauter und begehrenswerter erscheint als alles, was er je zuvor gesehen hat.

Was jedoch den Boden für den initiatischen Aspekt des Tempelschlafes im Moment noch ziemlich unfruchtbar macht, ist die vordergründige Gier nach einem konkreten Ergebnis. Die Gier nach einem festgelegten Ergebnis ist das hinderlichste Ansinnen, das ein Klient mit in eine Reinkarnationstherapie einbringen kann. Diese Gier nach einem definierten Ergebnis ist für den begleitenden Therapeuten ebenfalls eine denkbar schlechte Voraussetzung, sitzt er doch damit fest in seiner eigenen Begrenztheit, die er nun auch noch auf den Klienten überträgt.

Die Gier nach einem fixierten Ergebnis ist aber auch das Hauptproblem der populären Weltanschauung des zwanzigsten Jahrhunderts. Sie frißt sich wie ein Krebsgeschehen durch die gesamte Gesellschaftsstruktur. Auch in spirituellen Kreisen sitzt diese Schmarotzerin meistens mit auf dem Meditationskissen. Sie paßt auch auf, daß die "neugefundenen" Psychotechniken die Gier nach dem begehrten Ergebnis nur ja befriedigen können. Das wundert wenig, denn die Gier nach dem gewünschten Ergebnis ist der Unterpfand des Menschseins schlechthin! Sie ergibt sich aus der Gefangenheit im Polaritätsgefüge, und niemand kann sich davon freisprechen.

Der erste paradiesische Biß in den Apfel, der die Ganzheit spaltete, war begleitet von dem Versprechen, "erkennend" zu werden. Und dies, und nicht mehr oder weniger, will die Seele des Menschen wirklich. Jede andere Absicht kann nur vorgeschobene Ersatzbefriedigung sein. Die Gier auf Gesundwerden, auf Reichtum oder eine besonders glückliche Liebesbeziehung hält gerade so lange, bis der Wunsch erfüllt ist. Von diesem Moment an jagt die Gier sofort wieder einem anderen Objekt der Wahl hinterher. Ad infinitum.

Ein schönes Spiel. Und doch ist es diese Gier auf ein konkretes Ergebnis, die unsere Entwicklung verhindert. Denn, wer sich ein Ergebnis ausdenkt, nach dem er dann giert, schneidet sich von dem wahren Willen ab. Der wahre Wille ist aber immer der Wille des kosmischen Bewußtseins. Und das hat der Mensch, der nach "seinem" Ergebnis giert, bestimmt nicht. Ihm erschließt sich nur ein irdisch begrenztes Bewußtsein. Die einzige Gier, die es lohnt zu befriedigen, ist die paradiesische Gier nach Erkenntnis, liegt doch hier der Beginn des Menschseins. Wir wollten Erkenntnis. Mehr nicht. Worauf warten wir noch? Suchen wir sie doch!

Der Tempelschlaf führt aus der Verwicklung heraus,

deshalb braucht er den Mut, auf subjektive Vorstellungen hinsichtlich seines Ergebnisses zu verzichten. Es wird Ergebnisse geben, denn es geschieht viel im Tempelschlaf. Aber weder der Myste noch der Mystagoge kann vorher genau wissen, welche Lebensthematik die Seele dem Menschen im Tempelschlaf mit auf den weiteren Weg geben wird. Es wird mehr Klarheit in das Bewußtsein des Menschen kommen und einige gordische Knoten werden gelöst, aber im voraus lassen sich keine konkreten Ergebnisse oder gar Wünsche erzwingen.

Das ist für viele Menschen heutzutage schwer annehmbar. Sie benehmen sich seit Jahrhunderten so, als hätten sie einen Stieraszendenten mit einer Zwillingssonne im zweiten Haus und obendrein den Mond im Krebs im dritten. Anders gesagt, alles muß etwas bringen, Kosten- und Nutzenrechnungen müssen aufgehen. Nur das Faßbare, Konkrete und Berechenbare verfügt über ein Recht auf Leben. Was man haben und integrieren will, das muß man auch real anfassen, messen oder wiegen können, sonst ist es nichts wert. Das Unwägbare, das Geheimnis, das Unsichtbare, die okkulte Struktur hinter dem Lebendigen oder das seit Äonen gewobene Muster lebt in der Verbannung und wird umgehend verscheucht, wenn es sich irgendwie auch nur im Ansatz kundtut. Der wahre Wille hat also recht wenig Chancen, erkannt zu werden. Wenn er kommt, beginnt der Mensch gegen ihn zu kämpfen. Dies gelingt ihm alleine nicht auf Dauer, denn der wahre Wille hat den unbestechlichen kosmischen Auftrag, sich immer wieder durchzusetzen. Von diesem Recht macht der wahre Wille ständig unbeeindruckt Gebrauch und meldet sich durch die Lieferantentür, wenn er am Haupteingang weggeschickt wurde.

In seiner Not sucht sich dann der Mensch eine ganze Palette von Therapeuten, die ihm dabei helfen, den wahren Willen zu unterdrücken. Die Therapeuten machen sich dann oftmals zu Verbündeten des Klienten im Kampf gegen den wahren Willen. Und diesen alten Verdrängungsmechanismus mit neuen Vorzeichen nennt der Mensch dann "moderne Psychotherapie".

Das "schlimmste" Beispiel, das mir an dieser Stelle einfällt, stammt aus dem neuen "Kurzzeit- Simsalabim" der neuen deutsch-amerikanischen Psychoszene, die sich einen Dispositionskredit von der Esoterik geben ließ und das hypnotische Modell geradewegs aus Heliopolis importierte. Doch werden hier leider hochmagische Techniken für Alltagslaunen und die kurzatmige Lust am Positiv- und Happysein eingesetzt. Was wie Hohe Magie aussieht, ist gar keine Hohe Magie. Das epidaurische Asklepios-Problem hat einfach seinen Arm verlängert und greift auch heute wie Belsamo in den "Jahrmarktszauber ohne Bestallung". Um Esoterik handelt es sich weder im Reframing noch im Swich-Muster, weil die Absicht, die dahinter steht, nicht "esoterisch" sondern "verdammt weltlich" ist. Es sind nicht die Werkzeuge und die Techniken, die eine Handlung zu einer metaphysischen machen, es ist die Frage, ob der Mensch seine fixierten Grenzen mit Hilfe der Werkzeuge überwindet oder nicht.

Wenn das Ziel heißt: Besser fühlen, Phobie auflösen, Allergie beseitigen, Freßlust beenden, Schwäche vernichten oder Traumata ändern, OHNE bewußt realisieren zu können, WARUM all diese Ausdrucksformen des wahren Willens denn überhaupt manifest geworden sind, dann ist jede Form von psycho-energetischer Hilfe auch nichts anderes als das Ausschalten des berühmten roten Öl-

Kontrollämpchens im Auto oder seelisches Antibiotikum. Weder findet hier eine Bewußtwerdung statt noch fühlt sich der wahre Wille über längere Sicht zur Strecke gebracht. Denn er zuckt gelangweit mit der Schulter und arbeitet bereits an einem komplizierteren Projekt, das er demnächst herausbringen wird, weil die Phobie und die Allergie als Hinweis nicht gereicht haben. Und wohin wird der Müll der verschwundenen Phobie gekippt? In die Hydra! Das Spiel geht weiter. Das Asklepios-Problem treibt - wie schon so lange - seine glibberigen, olivschleimigen Hydraköpfe, die selbst einem Künstler wie Giger langsam zu eklig werden könnten. Und unser seelischer Müllberg wächst ungehindert vor sich hin und füllt den stinkenden Trauersumpf der Seeschlange fettleibig aus.

Vielleicht leben wir deshalb in einer Kulturepoche, in der sich das äußere Müllsortieren bereits zu einer wahnwitzigen Karikatur gesteigert hat. Mit meinen erstaunten Augen sehe ich Menschen vor drei verschiedenen Müllcontainern stehen und ihre Flaschen und Marmeladengläser nach Farben sortieren. Mindestens drei verschiedene Mülltüten stehen auch in der umweltbewußten Küche unserer Tage. Wer nicht anständig sortiert und nach Vorschrift entsorgt, erntet strafende Blicke derer, die den halben Tag damit verbringen, den inneren "Abfall" ihres einseitigen Bewußtseins außen zu sortieren. Ein ganzes Volk wollte in den vergangenen Jahren das Grauen und alle Übel der Welt abschaffen und kehrte dem Gorgonenabgrund des griechischen Hades den Rücken. Sogar die Märchen der Kinder sollten von Modermist und Zapperment befreit werden. Es gibt Verbände, die alles Dunkle, das Perverse und überhaupt jedwede Grausamkeit aus der Welt verbannen wollen. Doch wohin damit?

Das Prinzip des Grauens erkämpft sich heute sein Terrain über Chemiekatastrophen und Giftmüll zurück. Um die äußeren Schäden kleiner zu halten, schicken sich die Menschen selbst in den Tartoros ihrer konkreten Hausmüllthematik, weil der Schmutz des Bewußtseinshauses in die Sichtbarkeit gequollen ist und sich dort in eine lebendige Hydra verwandelt hat. Anstatt immer mehr Interessenverbände für das richtige Entsorgen chemikalischer Gifte zu gründen, würde es sich für jeden lohnen, den individuellen Pilgerweg auf sich zu nehmen, der in das feinstoffliche Reich der Hydra führt, um dort an der seelischen Wurzel des "kollektiven metabiologischen Abfalls" zu arbeiten. Getreu dem Motto: Was du für dich erkennst, erkennst du für die ganze Welt!

Lassen Sie mich an einem markanten Beispiel aufzeigen, wie ein exoterischer Verdrängungsweg zu einem esoterischen Pilgerweg umgewandelt werden könnte:

Es ist doch unglaublich, da bemüht sich der wahre Wille, eine inzestiöse Kindheitserfahrung in das frühe Muster eines Menschen zu weben, damit dieser - so er denn einmal erwachsen geworden sei - genau in diesem schwierigen Kindheitsmythos einen Schlüssel finden möge, der ihm die Tür in das Heiligtum seiner Selbsterkenntnis öffnen kann, und ein Psychotherapeut versucht, dieses Erlebnis auf der Festplatte des Lebens zu löschen. "Re-Imprint" nennt er das dann. Es funktioniert, und er setzt an die Stelle der väterlichen Vergewaltigung in der Kindheit die Imagination eines neuen lieben Papas, der so harmlos und vertrauenswürdig ausschaut wie der freundliche, gepflegte Herr aus den Tagesthemen. Natürlich erntet der Therapeut hier Erfolg, denn die Veränderungen gelingen im gedanklichen Bereich viel besser als im grobstofflichen. Der uneingeweihte Mensch unserer Zeit fühlt sich von dieser Tatsache freudig erregt, ist das doch recht neu und großartig für ihn. Klient und Therapeut sind begeistert, die traumatische Kindheiterfahrung drückt den Menschen nicht mehr, und gewisse Symptome, die mutmaßlich ihre "Ursache" in der frühkindlichen Vergewaltigung hatten, geben eine Weile Ruhe. Die negativen Erinnerungen sind entmachtet. Wie schön, daß wir heutzutage einfach ein bißchen herumvisualisieren können, um herbeizuzaubern, was uns Freude macht! Die wirkungsvollen magischen Techniken wurden dem Okkultismus entrissen und endlich in die Knechtschaft einer kleingeistigen Lebensstruktur gezwängt. Auf daß das Leben und der Mensch immer besser und besser werde! Die alten Poesiealben der Kindheit ruhen in den Rumpelkammern der Hirnzentren und sind noch nicht in der "Zweiten Geburt" entsorgt worden: "Edel sei der Mensch, hilfreich und gut!" steht dort in Großmutters verblassender Schrift.

Ja, Sie haben recht, so kann man durchaus denken und leben. Kurzfristig schon. Aber das dicke Ende davon kommt noch! Denn die Hydra wächst, und der Kampf, der eines Tages mit ihr auszufechten ist, wird mit jedem Wachstum schwerer. "Ich will aber überhaupt nicht mit meiner Hydra kämpfen", könnten Sie jetzt sagen, "das überlasse ich den Helden; ich will meinen Frieden haben und *ganz normal* leben!" Gut. Dann hören sie hier auf, weiterzulesen, und tun Sie das doch einfach!

Da sie aber doch schon bis zu dieser Stelle mitgekommen sind, werden Sie die Notwendigkeit jener bewußten Auseinandersetzung mit der Hydra wohl bereits akzeptieren und das Buch hier nicht weggelegt haben. Diesen Drachenkampf nicht zu wagen hieße, auch mit achtundzwanzig Jahren noch in den Tag zu leben wie ein behütetes Kind und das Märchen von Sneewittchen weiterzuträumen, ohne sich selbst auf jenen gefährlichen Weg in den dunklen Wald zu begeben, um "hinter den sieben Bergen" eine neue Dimension der Wirklichkeit zu finden. Wie sonst soll sich der schwarze Sarg in einen gläsernen verwandeln? Die zweite Geburt muß irgendwann in der irdischen Existenz einmal stattfinden. Kindsheitsmuster zu ändern oder gar aufzulösen ist ein total infantiles Unterfangen. Natürlich war das Erlebnis schrecklich. Natürlich kann einem das leid tun. Aber ohne eine Resonanz zu diesem Thema hätte der Mensch es nicht erleben können. Wenn es nun schon einmal geschehen ist, dann ist eine echte Auseinandersetzung damit immer noch besser, als das Ersticken der Glut mit Hilfe von Ersatzmythen.

Schauen wir uns einmal den klügeren Umgang mit einer Vergewaltigung in der Kindheit an. Der Pilgerweg beginnt mit der Frage: Wer wird von wem vergewaltigt? Das Kind vom Vater. Der Mond von der Sonne. Also das Gefühl vom Geist. Oder die Subjektivität von der Objektivität. Das kindliche Weltbild von einem erwachsenen Umgang mit dem Leben. Der Betroffene wird diese Signatur *überall* in seiner Biographie erfahren. So viel könnte man gar nicht umdeuten und submodalieren, um dieses wichtige Muster auszulöschen. Besteht doch die Aufgabe jenes Menschen darin, sich im Laufe seines Lebens "von etwas Geistigem berühren zu lassen". (Ich weiß, dies klingt in Anbetracht dieser traumatischen Kindheitserfahrung wie blanker Hohn, aber irgendwann muß man doch einmal die engen Grenzen der Weltbetrachtung sprengen. Stimmen wir also nicht mit ein in das lunare Gejammer der Ahnungslosen, sondern versuchen wir, die Inhalte in den Formen zu erkennen.) Der nächste Schritt des geistigen Pilgers könnte sein, sich inzestiöse Themen in der Mythologie und den überlieferten Tragödien anzuschauen. Er wird staunen, welche neuen Räume sich ihm nun eröffnen: Das größere Wissen wird sich in ihn hereindrängen und ihn von innen heraus geistig wachsen lassen. Und dies bringt den Menschen seinem wahren Willen näher. Wenn er den roten Faden weiterverfolgt, gerät er vielleicht an die Pforte metaphysischer Studien, und er integriert den Geist der Hermetik. Sein Weg hat ihn in ein erweitertes Wahrnehmen geschoben. Er verlangt jetzt "nach Höherem und das Kleine wird ihm gegeben". Die Dimension seiner Weltbetrachtung hat sich stark erweitert und hebt ihn aus der kausalen Verwicklung. Ängste lösen sich auf, einstmals gebundene Energie wird frei, und das Rückgrat richtet sich zum Himmel empor, weil eine echte Menschwerdung beginnt und Schuldzuweisungen sich in eine Verantwortung verwandeln, die getragen werden will.

Aus dem einst bedrückenden Kindheitserlebnis entpuppte sich ein echtes Heilmittel, das diesen Namen verdient, denn anhand seiner Schlüsselfunktion ist der ganze Mensch im Bewußtsein heiler und heiliger zugleich geworden. Jetzt zieht der Erwachte seine ihm zugehörige Bahn, die er für sich wiederfand. Er entdeckt den Vergewaltiger eines Tages in sich selbst und löst sich - frei von Projektion und Verdrängung - aus diesem Kindheitsmythos. Und ein besonders fetter Kopf der Hydra trocknet langsam aus und bröselt in winzigen Partikeln zu Boden.

Ähnliche Bewußtwerdungsarbeiten will der Tempelschlaf heutzutage unterstützen. Denn das Hauptproblem des modernen Menschen liegt in der Schuldprojektion auf andere. Immer sieht er sich als armes Opfer. Er denkt ernsthaft, es könne ihm besser gehen, wenn die Dinge von außen "schöner", "einfacher" oder "mitfühlender" auf ihn zukämen. Der Mensch unserer Tage sieht sich willkürlich hineingestellt in eine Welt, die ihm pausenlos etwas antut. Wie ein Kind bleibt er ein Leben lang überwiegend verantwortungslos.

Den meisten Menschen gelingt es gerade noch, Verantwortung innerhalb der eigenen Familien- oder Berufsstruktur zu tragen. Und manchen gelingt nicht einmal das. Da dies jedoch ein total unreifer Umgang mit der Welt ist, wird derjenige, der von sich behauptet, einen esoterischen Weg zu gehen, aus den Tiefen seiner Seele aufgefordert, voll und ganz für alles was ist, verantwortlich zu sein. Es gilt zu lernen, daß die Umwelt, die Mitmenschen, Freude, Schmerz, Krieg, die wirtschaftlichen Verhältnisse und alle anderen Aspekte der sichtbaren Welt lediglich die vierzehn Teile des zerstückelten Osiris darstellen. Der Mensch muß wie Isis auf die Suche danach gehen. Er muß die Teile in seinem eigenen Bewußtsein wiederfinden. Wer die zerbrochenen Mosaiksteinchen des Menschseins erneut zusammensetzen möchte, wer "Welt" bereits als Symbolsprache des Bewußtseins entlarvt hat oder kurz davorsteht, das "Denkmal Welt" aus dem Leinentuch der Unwissenheit zu enthüllen, der eignet sich als Myste für den Tempelschlaf.

Wie so vieles heutzutage zeigt sich auch der Mysterienschlaf in einer neuen Ausstattung. Doch betrifft das nur seine Form und die dem starken Ich-Bewußtsein angepaßte Technik. Inhaltlich geschieht das Gleiche wie vor fünftausend Jahren. Der Myste legt sich waagerecht wie Osiris in den Sarkophag des Stoffes. Waagerecht nennt man auch die materielle Denkweise, die sich auf das Betrachten der irdischen Form reduziert. In diesem bewußten Liegen auf dem Rücken soll der Myste die Grundsituation seines Geistes verinnerlichen. Seine "verwickelte" Gefangenheit in der Grabkammer des Materialismus und seine Passivität sind die realistischen Ausgangspositionen für eine geistige Entwicklung. Die Mumienbinden werden von einer weißen Decke angedeutet, in die der Myste eingehüllt wird, während der begleitende Mystagoge ihn für zwei Stunden in eine leichte Trance versetzt.

Nicht mehr dreieinhalb Tage an einem Stück, sondern zwei Stunden am Tag im Ablauf von zwei oder vier Wochen liegt der Myste im Tempelschlaf. Eine zweistündige Trance pro Woche innerhalb von Monaten kann die Arbeit des Tempelschlafes nicht vollbringen, weil der notwendige initiatische Aspekt sich dann auf keinen Fall herstellen läßt. Der Myste muß ganz aus dem Alltag herausgehen, sich der gewohnten Nahrung enthalten und darf währenddessen keiner weltlichen Arbeit nachgehen, damit er seine ganze Kraft für den okkulten Prozeß des Tempelschlafes zur Verfügung hat. Nur so erfährt der Myste eine wirklich spürbare Erweiterung seiner Bewußtheit, und er kann in größere Erkenntnisräume vordringen. Mit dieser Horizonterweiterung wird er sich dann nach zwei oder vier Wochen wieder voll bewußt in seinem aktuellen Lebensmythos einfinden und die Kraft spüren, mehr tragen, erleben und erkennen zu wollen. Der vollständige Ausstieg aus dem Alltag und der komplette Rückeinstieg nach erfolgter Wiedergeburt entspricht der Tradition der Mysterienschulen und ist aus vielen Gründen, die sich dem Mysten erst während der praktischen Arbeit im Tempelschlaf zeigen können, sehr sinnvoll.

Zwar ist die Technik des Mysterienschlafes teilweise

neu, doch das alte Ansinnen bleibt bestehen: der Tempelschlaf soll keine vorher festgelegten Ergebnisse bringen. Das einzigartige Versprechen des Tempelschlafes war seit eh und je die Garantie von mehr Erkenntnis. Das mag für den Unvorbereiteten sehr wenig sein. Für den Wissenden ist es sehr, sehr viel, wenn nicht gar das einzig wirklich Erstrebenswerte im Leben. Gesundheit und Glück sind etwas Relatives. Und "krank" sind wir letztlich alle, weil wir eben nicht "heil" sind. Heil werden wir zuerst im Bewußtsein. Wer dort keine Heiligung sucht, sondern nur vorübergehend körperlich gesunden möchte, da seine Symptome einer Behandlung bedürfen, der gehe besser in eine asklepiadische Reparaturwerkstatt. Wer den Klienten in der Reinkarnationstherapie als "Patienten" bezeichnet, tritt die erhabene Idee des Mysterienschlafes mit Füßen. Dieser Seelenflug kann nur Klienten, Aspiranten, besser noch: Mysten, ansprechen. Die Absicht des Tempelschlafes liegt weder im "Heilen" von Knochenbrüchen noch im Beseitigen von Tumoren. Für körperliche Beschwerden war immer schon das Handwerk der Ärzte zuständig. Das ist auch in der Gegenwart gut so. Denn eine physikalische Hilfe können unsere Ärzte heute besonders gut leisten, dazu brauchen wir keinen Seelenflug.

Doch wer die Sprache seiner Symptome wieder verstehen lernen möchte, der ist im Tempelschlaf richtig. Körperliche und psychische Beschwerden, wie Phobien, Ängste, sexuelle Störungen etc. werden zwar nicht als Heilungsauftrag mit in den Tempelschlaf gebracht, aber ihre inhaltliche Symbolik eignet sich sehr gut, um anhand ihrer metaphorischen Sprache Analogieketten anzuschauen, die den Mysten in neue Dimensionen seines Daseins führen werden. Nicht der Mystagoge pfropft dem Mysten einen "passenden Heilmythos" auf, sondern der geistige Pilger sucht selbst im Land seiner inneren Bilder nach der langen Kette von Geschichten, die sein Symptom ihm zeigen möchte.

Der Tempelschlaf will Erkenntnis und Entwicklung bringen. Er setzt die Osirismumie wieder zusammen, richtet das Rückgrat auf und dringt in Schattenbereiche vor. Es ist der schrittweise Abbau der Täuschung, der zu erfolgen hat. Der Mensch "ent"-täuscht sich endlich selbst freiwillig, nachdem er im Leben schon so oft unfreiwillig enttäuscht worden ist. Der Mensch hat sich selbst belogen, und seine Symptome haben ihn ehrlich gemacht. Im Tempelschlaf wird der Mensch wieder ehrlich. Mag sein, daß er dann seine Symptome nicht mehr braucht. Oder er lernt, sie als Wegbegleiter zu akzeptieren. Wie genau das im Einzelfall sein wird, weiß niemand.

Der Tempelschlaf verschönert das Leben nicht unbedingt. Aber er bereichert die Wahrnehmung und bringt frühlingshaftes Blühen und neue Begegnungen in die Seelenlandschaft. Das mag sich bei den einzelnen verschiedentlich im Leben manifestieren. Jeder kann es miterleben, aber nicht systematisch kalkulieren, denn diese Praktik ist kein Produkt eines naturwissenschaftlichen Systems, sie läßt sich also nicht willkürlich für formale Effekte einsetzen.

Im Tempelschlaf-Geschehen stehen wir vor dem absoluten Gegenteil unseres an Funktionen gebundenen Weltbildes. Gerade deshalb sehnt sich die Menschheit so sehr nach dieser uralten Erfahrung. Besteht doch hier die Chance, den heilgen Schauer wieder zu fühlen und das geheimnisvolle Grauen wieder zu erleben, das durch die Maschen der Aufklärungsnetze fiel und sich am Ende des

Zwanzigsten Jahrhunderts nur noch durch äußere Katastrophenmeldungen ein Gehör verschaffen kann. Das menschliche Empfinden und das "Gehör" ist so entmystifiziert, das es höchste Zeit wird, wieder in Mythen und Märchen hineinzulauschen. Denn nur dort brennen die Fackeln der Wahrheit. Sie warten dort geduldig zwischen den Zeilen auf den, der sie in die Hand nimmt und sich damit den Zugang in die kosmische Weltdynamik erhellt.

Der Myste schaut sich im Mysterienschlaf viele Mythen an. Es sind die Mythen der Menschheit. Es sind seine eigenen Mythen. Es sind die Mythen seiner früheren Leben. Im Tempelschlaf "erinnert" man sich nicht an frühere Inkarnationen, man macht das, was das Wort meint: "er" geht in das "Innere" und findet dort all die Räume, Kammern, Hallen, Verließe und Refugien, in denen "er" gleichzeitig existiert, und von denen "er" nur durch den Zeitfaktor getrennt ist. "Recordare"- in das Herz zurückrufen - lautet das italienische Wort für "sich erinnern".

Holen Sie in der Trance all die aufregenden Reinkarnationsmythen in das Herz zurück, die Sie in Ihrem großen Seelenpalast finden können. Bitte rechnen Sie nicht die Jahreszahlen nach, weil Sie gehört haben, es gäbe einen Inkarnationszyklus. Das sind Fehlinformationen von Menschen, die keine metaphorischen Zahlen verstehen. Solche Zahlen wie: 100, 120, 144, 1001, 30.000 usw. sind immer symbolisch zu verstehen. Sie ergeben sich aus 10 Sephiroth mal 12 Tierkreiszeichen, oder aus 12 Tierkreiszeichen mal 12 Häusern oder vielen anderen Symbolschlüsseln. Ein zeitlich meßbarer Zyklus existiert nicht, da es in Wirklichkeit keine Zeit gibt. Im Zeit-Raum 1000 vor Christi können Sie auch *nach* Anno 1740 inkarnieren. Beide Qualitäten befinden sich im gleichen Gebäude, es kommt nur darauf an, in welchen Raum Sie gerade hineingehen wollen. Da hängen doch nur bunte Schleier zwischen Ihren chronologischen Wahrnehmungen. Es gibt Türen, die die Zeit-Räume trennen. Doch auch diese haben Sie selbst dorthin gebaut. Und deshalb können Sie sie auch öffnen. Oder hindurchgleiten. Wie Sie wollen.

Die Nebel von Avalon durchdringen sanft, was trennt, denn diese Nebel gehören nicht allein Lancelot und Morgaine, diese Nebel gehören Ihnen. Suchen Sie auch nicht Ihren Namen aus einer vergangenen Inkarnation im Lexikon. Trauen Sie sich aber trotzdem, Cleopatra oder Nero zu sein. Lassen Sie sich ruhig von dem Schlangengift töten oder freuen Sie sich, wenn "Ihr" Rom brennt. Alle Mythen sind Ihre Mythen. Erleben Sie einerseits die großen Mythen der Menscheit und dann auch Ihre kleinen. Sie werden staunen, wieviele solcher Geschichten auch in Ihnen darauf warten, auf einer feinstofflichen Ebene wieder erlebt zu werden.

Schauen Sie im Tempelschlaf in den silbernen Spiegel der Nacht, erwecken Sie die ägyptischen Katzengötter oder speisen Sie in einem indischen Palast. Alle Mythen gehören Ihnen. Es ist doch auch *Ihre* Welt, in der Sie leben. Entreißen Sie dem gefräßigen Schlund der Menschheitshydra ein paar Emotionen und Gefühle und nehmen sie die verdrängten Anteile des Lebens wie arme Waisenkinder in Ihr Haus auf, damit diese Kinder eine Chance auf Ausbildung und Entwicklung erhalten. Suchen Sie den Ort, wo die Quelle Ihrer Freude wirkich entspringt und wo Sie Ihren seelischen Schmerz wieder spüren lernen müssen. Steigen Sie hinunter zu Osiris und lassen Sie sich zeigen, welcher Mythos Ihnen zum Heilsein fehlt. Erleben Sie ihn dann wieder und erlösen Sie so die Hydra von ihrer Überlast.

Beschweren Sie sich nicht bei Menschen, von denen Sie glauben, sie hätten Ihnen im Mittelalter "etwas angetan". Sie nähren damit nur wieder Ihre Hydra. Denn mit so einem Gedanken projizieren Sie Schuld weiterhin nach außen. Was Sie bei anderen am meisten bekämpfen, sind Sie garantiert selber. Darin liegt ja das Wesen der Projektion. Der besessene Tierschützer bekommt einen grausamen Zug um den Mund, wenn man seine Meinung nicht teilt; der Feuerwehrmann wird zum Pyromanen, wenn es lange nicht mehr gebrannt hat; und der pensionierte Richter läßt im Kaufhaus ein Päckchen Tabak mitgehen ... das sind Projektionsgeschichten, die das Leben schreibt ...

Der Tempelschlaf will Ihnen aber Projektionsflächen nehmen und nicht neue errichten helfen. Statt schuldzuweisende Anklagen auszusprechen, nutzen Sie die Erlebnisse im Tempelschlaf lieber dafür, herauszufinden "wer" Sie sind und "was" Ihr wahrer Wille will. Wie sieht die Bahn aus, die Ihr Stern fliegen will? Betrachten Sie Ihre Symbolwelt, und Sie finden die Antwort. Im Tempelschlaf zeigt sich Ihnen diese Bahn eher als im Wachzustand. Denn die Trance, in der Sie sich befinden, macht absolut authentisch. Sie sind wacher als sonst, wenn Sie im Tempelschlaf liegen. Sie können in Trance nicht mogeln, selbst dann nicht, wenn Sie es versuchen. Sie werden ehrlich und aufrichtig Ihr Muster hervorbringen! Mit Sicherheit. Das ist das Geheimnis des Tempelschlafes. Und das ist die Chance für den Mysten. Aufrichtig sich selbst gegenüber zu werden. Das ist es, was einweiht.

Eingeweiht werden bedeutet, bei vollem Bewußtsein sterben zu lernen und wiedergeboren zu werden. Zwischen dem Sterben und dem Wiedererwachen muß die Erlösung des Schattens stehen. Der Mensch muß niederfahren zur Hölle und dort angstfrei sagen können: Jetzt hat die Finsternis das Wort! Was sich hier auch immer zeigt, es muß integriert und geliebt werden. Der Schatten will aus dem Abyssos gezerrt und "versorgt" und "adoptiert" werden. Denn alles wird nur so weit verstanden, als es geliebt wird.

Was ist denn Schatten? Alles, wozu ich nicht sagen kann: das bin ich! Wer bildet Schatten? Jeder, der lebt. Der liebe, harmlose Kleinbürger, der eine Geburtstagskarte an Mutter Beimer aus der Lindenstraße schickt, sonst keiner Fliege etwas zu leide tut und seit neuestem seinen Müll sortiert, hat im Schatten den skrupellosen Mafioso, der die Eisdieleninhaber abkassiert und mit kaltem grausamen Lächeln unter dem schwarzglänzenden Oberlippenbärtchen seine selbstgemachte Justiz auslebt.

Die Eltern bringen als Schatten ein Kind zur Welt, und das Kind manifestiert sich als Schatten die Eltern. Hier besteht jetzt ein Leben lang die Aufgabe, diesen Schatten lieben zu lernen. Eine Liebe wird aber in Wahrheit nur empfunden werden können, wenn der Mensch gelernt hat, Schatten zu integrieren. Bei unbewußten Menschen existiert die Eltern-Kind- oder die Kind-Eltern-Liebe in einem tieferen Sinne noch nicht. Dort wird sie an der Oberfläche geheuchelt. Diese Liebe wahrhaftig zu entwickeln gehört zu der schwierigsten Aufgabe des Menschen und ist ohne mataphysische Arbeit in den feinstofflichen Bereichen nicht möglich. "Die erste Hälfte unseres Lebens wird von den Eltern ruiniert und die zweite von den Kindern" sagte einst Clarence Darrow (1857-1938), ein amerikanischer Strafverteidiger, der es wohl wissen mußte.

Genauso zeigt sich der Schatten zwischen Ehepartnern. Je größer die Leidenschaft ist, die zwei Antagonisten zusammenbringt, desto größer ist auch die Wahrscheinlichkeit, daß sie sich sowohl abgöttisch lieben als auch erbittert bekämpfen. Dann entsteht Spannung und viel Lebendigkeit. Der eine lebt meistens den Schatten des anderen, und auch hier besteht die Aufforderung, die unbewußten Mechanismen verstehen zu lernen. Das eheliche Schattenboxen kann ein hervorragendes "Symptom" sein, dessen inhaltliche Botschaft sich im Kettenlauf eines Tempelschlafes sehr gut entlarven läßt.

Zum Schatten gehört all das, was der einzelne zutiefst ablehnt, wogegen er oft mit Vehemenz kämpft. Das Eigentümliche am Schatten ist, daß man einen Menschen nur lange genug beobachten muß, bis er genau das leben wird, was er Jahrzehnte lang als: "Das bin ich nicht" bezeichnet hat. Der feine Kerl wird sich irgendwann einmal besonders link verhalten. Der eiskalte Verbrecher wird plötzlich rührselig in Tränen ausbrechen, weil sein Wellensittich gestorben ist, oder der Prüde könnte über Nacht seine Perversion entdecken und als Exhibitionist eine entblößte Karriere im Schatten der Gesellschaft starten. Geschehen diese Dinge zwanghaft - sozusagen vom Schicksal verordnet - geben sie weiterhin Anlaß zu Projektion und Schattenbildung, da der Umpolungsprozeß nicht als Heilungsprozeß entlarvt wird. Je nach Motiv und Milieu wird der "Ausgeflippte" dann geächtet oder als "armer, kranker" Neurotiker in den vorhergehenden "Normalzustand" zurücktherapiert. Der Mantel des Exhibitionisten bleibt wieder zu, und das Chaos bricht von außen auf den Wieder-

Normalgewordenen herein. Dann feiert die Schuldzuweisung für den Rest seines Lebens taumelnde Freudenfeste.

Was in Wirklichkeit geschehen ist, als ein Mensch von einer Minute auf die andere in den Gegenpol seines bisherigen Verhaltens verfiel, entgeht den meisten Menschen. Das große Geheimnis des Lebens ist der Wunsch nach Vollkommenheit. Und die Vollkommenheit strebt nach Schattenintegration und Ich-Erweiterung. Diese Prozedur geschieht in jedem menschlichen Leben. Entweder bewußt durch eine geistige Arbeit, wie sie der Tempelschlaf bietet, oder unbewußt, wie sie das Schicksal "schickt". Das eine führt zum begehrten Lernziel des Lebens wie das andere. Der Mensch selbst kann entscheiden, ob er sich freiwillig in den Hades begibt oder ob der Hades zu ihm kommen soll. Hades bleibt Hades. Müll bleibt Müll. Der Kampf mit der Schattenhydra kann im Bewußtsein auf einer Phantasieebene ausgefochten werden, wo man sich regelrecht grauen kann. Oder, der Kampf mit der Hydra kann im realen Leben ausgefochten werden, wo man sich regelrecht grauen kann.

Im Tempelschlaf kann die überpersönliche Karrierefrau ihre Sehnsucht nach kindlichem Ernährtwerden in einer mittelalterlichen Bauernfamilie entdecken; der Ängstliche erlebt sich als Löwenbändiger; die Keusche wird fassungslos vor ihrer Leidenschaft in einem zerwühlten Mätressenbett zu Zeiten des Sonnenkönigs stehen; der seriöse Professor kann mit Eimerchen und Schäufelchen im Sand spielen; und der durchtrainierte Macho wird vielleicht vor Rührung weinen, wenn er an Mamas Kartoffelpuffer zurückdenkt. All diese Gegensätze sind Ausdruck des archetypischen Wunsches nach Vollkommenheit durch Schattenintegration und wollen als ein solcher Wunsch einfach in ihrer dualen Natur geliebt werden. Die alten Hypnomeister von Abydos haben gewußt, warum sie den Mysten vor dem Tempelschlaf den Isismythos durchleben ließen. Die Suche der Isis nach dem Geist, die Zerstückelung des Geistes, das Wickeln der Mumie, das Aufrichten der Mumie und die Versöhnung von Stoff und Geist müssen vor dem Tempelschlaf verinnerlicht werden. Nur dann versteht der Myste diese Arbeit. Ohne diese Vorbereitung wäre der Myste nicht in der Lage, Projektionen aufzulösen. Und dann würde das Anschauen seiner Folterung nicht zum Heiligungsmittel, sondern bliebe funktionales Gift. Und davon gibt es auch ohne Tempelschlaf schon genug.

Da aus meiner Sicht nur ein einziger kleiner, aber dennoch sehr bedeutungsvoller Unterschied zwischen Phantasie und realem Leben besteht, empfehle ich den Tempelschlaf, der die Schattenintegration anhand von Reinkarnationsmythen erlaubt. Die Phantasieebene hat den Vorteil, sich an der schwerfälligen Natur des Saturnprinzips (Seth oder Chronos) ein bißchen vorbeizumogeln. Sie ist auch noch "stofflich", aber eben schon "feinstofflicher". Mit anderen Worten, der Myste kann in zehn verschiedenen Zeit-Räumen zehn verschiedene Ich-Identifikationen innerhalb kürzester Zeit finden. Im realen Leben braucht der Mensch sehr viel Zeit, um zu erkennen, daß er sich im Büro auch nicht anders verhält, als ein Römer, der seine Mitstreiter beim Wagenrennen mit üblen Tricks von der Rennbahn vertreibt.

Schatten*bildung* gehört zwangsläufig zur Menschwerdung Gottes. Schatten*erlösung* aber muß derjenige betreiben, dem daran liegt, an dem Werk der Apotheose der Menschheit mitzuwirken.

Wer einen esoterischen Weg gehen will, kommt um eine bewußte Schattenarbeit nicht herum. Versäumt er sie, dann hört günstigstenfalls sein Weg auf, ohne daß er davon Kenntnis erhält. Und schlimmstenfalls manifestiert sich die Hydra recht unangenehm rechts oder links neben ihm oder in seinem Körper. Aus diesem Wissen heraus gab es in den antiken Mysterienschulen viele Möglichkeiten für die Integration der verdrängten Schattenanteile. Jedes Märchen, jeder Mythos, jede Lebens- und Opferbeschreibung eines Avatars und jede Tragödie diente dem Prozeß, Verdrängungen wieder bewußt zu machen.

Der Tempelschlaf bildete schon immer den krönenden Abschluß in einer langwierigen esoterischen Unterweisung. Auch solche Einweihungsstrukturen wie die Eleusinischen Mysterien arbeiteten mit dem Mysterienschlaf. Wenn der Myste in die "fluidale Trunkenheit" glitt, erhielt er den Passierschein in den Hades, wo sich die Kammertür, hinter der seine Hydra lebt, weit öffnete und ihn hineingehen ließ. Mit größerer Erkenntnis kam der Myste wieder heraus.

Selbsterkenntnis ist auch heute noch der Lohn für diesen Abstieg in die Unterwelt der Schatten. Wer frei von der Gier auf ein anderes Ergebnis bleibt, dem legt sich im Tempelschlaf vielleicht das goldene Gewand des Horusbewußtseins um die Schultern, und es geschieht mit dem Mysten etwas, das ihm die Bewußtheit auf zwei Ebenen erlaubt. Er weiß um sein waagerechtes Liegen in der Grabkammer des Materialismus, und er vergißt es auch nicht, aber seine innere Wahrnehmung richtet sich auf wie der Djedpfeiler im Ritual von Abydos.

Der Myste wandert auf den Spuren des Osiris und er lernt, in der Finsternis seiner Unterwelt zu sehen. Er gelangt bis zu dem Schrein des grünen Gottes und darf in dem Buch seiner Schatten lesen. Dieses Buch ist voller Lebendigkeit, und statt Buchstaben enthält es schöne und grausame Geschichten, angereichert mit bunten anschaulichen Symbolen. Der Myste erweitert von diesem Moment an den Wahrnehmungsradius seiner Ich-Natur und erlebt diesen Prozeß für den Rest seines Lebens als besondere Erkenntnistiefe.

Am Anfang dieses Prozesses stehen die Bilder im Tempelschlaf. Der Myste erlebt sich selbst in anderen Verkörperungen. Er handelt einmal als Mann und einmal als Frau. Er leidet, liebt, haßt, tötet, hilft, weint, jammert, freut sich, umarmt die Geliebte oder den Geliebten, küßt den Rubin auf dem Ring des Meisters, stirbt in den Flammen der Inquisition, macht sich zum Retter oder stürzt andere in ihr Verderben. Ganz egal, ob er Schüler segnet, Spinnen züchtet, weise Frauen trotz seines herzklopfenden Begehrens zu Tode foltert, seine Hände zum Gebet erhebt, Menschen auf dem Schlachtfeld tötet oder ein Leben lang in der Einsiedelei nur Kräuter erntet ... was immer er auch tut ... der Myste erlebt sich ... immer wieder sich selbst ... alt und jung ... als Mutter ... als Vater, Kind und Bruder ... er empfindet sich dahinsiechend ... und sterbend ... oder im Geburtsvorgang ... immer wieder ist er es selbst, der weißbedeckte, waagerecht liegende Myste, der sein Bewußtsein am Stab des Hermes aufrichtet und mit überkreuzten Armen in die dunklen Augen der Nacht blickt ... es ist der Myste selbst, der seine eigene Natur als sethischen Zerstückler begreift ... doch ist er auch Osiris mit der Krone von Unter- und Oberägypten ... wenn Seth sich von Osiris wieder als Bruder umarmen läßt, geschieht das Wunder des Tempelschlafes ... Isis und Seth helfen in einträchtiger Geduld, den verwickelten Kokon zu lösen ... und die Bandagen fallen ... der Myste sieht ... der Myste erkennt .... der Myste baut auf ... der Myste zerstört ... seine Tränen verwandeln sich in magisches Wasser, das die Kraft hat, den seelischen Durst der Engel und Dämonen zu stillen ... der Schmerz steigt als Weihrauch in den Himmel ... was ist jetzt noch Zeit? ... was ist Raum? ... da ist viel Phantasie ... und da ist viel Realität ... da bin ich ... und da bist du ... wer bin ich? ... und wer bist du? ... wer ist Adam? ... wer ist Lilith? ... wer ist Eva? ... und wer ist Sneewittchen? ... was bedeuten noch Namen? ... wozu nach Jahreszahlen schauen? ... was bleiben für Grenzen? ... was heißt ja? ... was heißt nein? ... und alle Legenden gehören dir und mir ... wir beide aber gehören der großen Seelensubstanz ... der Myste ist frei, wenn er die Mythen des Menschseins gefunden hat ... er weiß jetzt, daß er seine eigene Geschichte auswählen muß, da er nicht alle zur gleichen Zeit leben kann ... der Myste findet jene Bahn, die er als leuchtender Stern in seiner menschlichen Existenz ziehen muß ... der schwarze Rabe und die weiße Taube bringen gemeinsam eine aufgeblühte fünfblättrige rote Rose in das Sanctum der Meister ... und die weiße Hostie schwebt wie ein heiliges Versprechen über dem leuchtenden Kelch ... die Schleier sind gefallen ... Jenseits und Diesseits erkennen sich wieder ... wenn die Seele alle Lieder der Nachtigall singen kann, lösen sich die Kulissen des Theaters auf, und Romeo und Julia nehmen einander in die Arme ... die Ritualbeamten von Abydos räumen den hölzernen Sarg des Osiris in die Requisitenkammer ... und die Pharaonin setzt den Kopfschmuck der Isis ab ... die Opferbrände schwelen schwärzlich aus ... und der rote Wein fließt in fünf Strömen über die weißen Marmorstufen des Tempels ... die geflügelte Schlange des Himmels hat die kriechende Schlange der Erde ergriffen ... und der Kreis ist geschlossen.

Der suchenden Menschheit werden die Tore Jahrtausende alten Weistums geöffnet. Das Horuszeitalter läßt jeden Schleier, jede Dunkelheit, jeden falschen Mystizismus fallen und erleuchtet die Finsternis der Unwissenheit im Menschen mit dem harten, klaren Licht wahrer Erkenntnis.

Gregor Gregorius

12. Das Horusbewußtsein

Lieber Leser, ich hoffe, Sie haben in den vorausgehenden Kapiteln gefunden, was Sie gesucht haben und konnten den Tempelschlaf wie einen alten Bekannten begrüßen. Wenn dem so ist, dann werden Sie auch Freude an meinen abschließenden Worten finden, mit denen ich einige Hinweise auf das Horusbewußtsein geben möchte. Selbstverständlich kann dies nur in einer fragmentarischen Form geschehen, stehen wir doch als Menschheit vereint an der Schwelle dieser Bewußtseinsstruktur. Ja, man könnte sagen, die Menschheit erfährt zur Zeit die Einweihung in den "Gradus Mercuri", denn das Horusprinzip untersteht dem

Merkur ✚, in dem sich Körper ✚ Geist ☉ und Seele ◡ in ausgewogener Trinität befinden. Von einem derart großen Thema kann ich hier nur winzige Facetten beleuchten. Ohnehin wird sich das gesamte Spektrum erst in den nächsten Jahrhunderten entfalten. Trotzdem ist das Zeitalter des Horus bereits da, und die Geburtswehen erleben wir alle heute schon "hautnah" mit.

Das Horusbewußtsein gab es seit eh und je, doch konnten es nur wenige Menschen in sich hervorbringen, da es eine Frucht des okkulten Einweihungsweges darstellt. Heute scheint nun ein weitaus größerer Teil der Menschheit bereit zu sein, diese Bewußtseinsstruktur zu erfahren. In diesem Sinne werden nun mehr Menschen, als es in der Vergangenheit der Fall war, zu Okkultisten. Die Menschheit gelangt damit aus der Einseitigkeit des rationalen Weltbildes heraus.

Doch an der Schwelle zu dem neuen Horusbewußtsein ergeben sich ein paar grundlegende Schwierigkeiten. Im Übereifer einer esoterischen Hochblüte entstehen viele Mischformen aus dem materialistischen Weltbild *und* der okkulten Lehre. Hier liegt aber eine große Gefahr der Verwässerung, der Irritation und sogar der Zerstörung alten Weistums.

Wer sich dem Okkultismus zuwendet, sollte einige Regeln beachten. Aus meiner Sicht gibt es keine eigenmächtig "abgemischte" okkulte Lehre, und es sollte besser auch keine geben, da die "eine große" Heilige Lehre schon immer dagewesen und "ganz vollkommen ist". Und "ihr fehlet nichts" kann man mit Hermes Trismegistos sagen. Daß "jeder in seiner Wahrheit lebt", wie es uns die Geistlosen weismachen wollen, stimmt nur für die äußere, formale, mayatische Weltbetrachtung. In einem wesentlich tieferen

Sinne leben wir kollektiv in *derselben* Wahrheit. In ähnlicher Weise bleibt die stets unveränderte Heilige Lehre in allen Zeit-Räumen bestehen. Sie ist also das einzige, worauf man sich verlassen kann. Deshalb muß der Mensch der esoterischen Überlieferung nichts hinzufügen und sollte ihr auch nichts wegnehmen. Was er darf ist, sie - möglichst frei von Beimischungen selbsterdachter "Neuerungen" - in moderne Ausdrucksformen zu kleiden. Spirituelle Inhalte bedürfen keiner Anpassung oder Modernisierung, da sie niemals "alt" werden können. "Alt" werden nur die materiellen Formen, aber nicht die Urideen. Die Lehre ist zu allen Zeiten blutjung und straft jeden "Reformer" mit dem raschen Verfall seiner selbsterdachten Struktur. Im Rampenlicht der Weltenbühne hält sich nur, was "echt" ist. Alles "unechte" wandert in den Müllschlukker der Unwichtigkeit und kehrt zum Staub der Erde zurück. Wer jedoch die überlieferte Tradition sehen gelernt hat, findet ihre unverkennbaren Ableger überall und hat keine Bedürfnisse mehr, sie zu verändern. So ist auch alles, was in diesem Buch bislang gesagt wurde, nichts anderes als die aufbereiteten Worte der "Älteren Brüder", zu denen sich jeder von Ihnen selbst wieder Zugang verschaffen kann.

Deshalb werden auch die folgenden Gedanken über das Horusbewußtsein keine Privatmeinung von mir wiedergeben. Ich habe einige Ideen aufgegriffen, die mir in alten Büchern und Monographien verschiedener Mysterienschulen zu einer okkulten "Augensalbe" wurden. Mein besonderer Dank gilt drei Ordensbrüdern, die mir seit vielen Jahren eine ruhige, aber stetig fließende Quelle der Inspiration waren, und von denen ich weiß, daß sie sich alle drei demselben Gewährsmann verpflichtet fühlen. Wann immer ich an einer schwierigen Station des Weges angekommen war, saß zum Glück einer dieser Brüder neben mir auf den steinernen Treppenstufen vor dem Heiligtum, um mir - im Schatten tragender Säulen - ein paar unverkennbare Funken aus uralten Mysterienaugen und "greifende" Worte mit transformierender Kraft zu schenken. Selbst die knappsten Worte solcher "Verwandter" befördern das eine Mal mit einem heftigen Paukenschlag auf eine neue Ebene und beruhigen ein anderes Mal die unstet suchende Seele wie ein liebevoll linderndes Adagio. Vor vielen Jahren war es nur eine knappe Bejahung meiner Frage durch ein kaum wahrnehmbares Kopfnicken, die meine metaphysische Datei erweitert und mich reichlich beschenkt hat. Ich bin heute noch dankbar dafür und werde den Blick, der mich dabei traf, wohl niemals mehr vergessen.

Jeder, der sich auf dem okkulten Weg befindet, wird zu gegebener Zeit dieser "kostenlosen" Liebe der Mysterienverwandten begegnen, denn die Bruderkette ist eine lange Kette, gegliedert und verknüpft von gesunden zupackenden Händen. Das eigene Sehnen und Suchen bringt den Menschen in die Nähe dieser aufregenden Kraftquelle, die so manches bewirken kann, das dem Leben dann eine ungeahnte Würze verleiht.

Ich liebe den tradierten Okkultismus auch in seinen exaltierten Randerscheinungen und fühle mich ihm dankbar verpflichtet. Denn ich erfahre ihn - trotz der Würde seines unermeßlichen Alters - immer wieder als wenig zimperlichen Draufgänger und regenerativen Jungbrunnen, ist er doch quecksilbrig durchflutet von echter Heiligkeit einerseits und jenem spezifischen bodentiefen bis sarkastischen Humor, der in dem Spektrum einer irdischen Profanität einfach nicht vorkommt, andererseits.

Der Okkultismus führt den Menschen manchmal in Räume, in denen er "bis auf die Knochen" leiden muß, er reicht aber auch bisweilen eine Hand, die wie Moses "die Wasser teilt", und der Mensch steht erschüttert vor dem Mysterium einer spirituellen Erfahrung, die über jede verbale Preisgabe erhaben ist. Weil "es sich nicht mehr sagt", wie Herbert Fritsche das einstmals sehr treffend formulierte. Wer diese Handreichung spürt, verliert jegliche Spur von Langeweile und wird nie wieder einsam sein, da er sich beamtet weiß in der großen Tempelarbeit des Lebens. Ein solcher Mensch erträgt Verzicht, Opfer, Verleumdung, Ächtung, Gefängnis, Folter und sogar Tod, weil ihm die erkannte Wahrheit hinter allem Sichtbaren für immer als Trost bleibt.

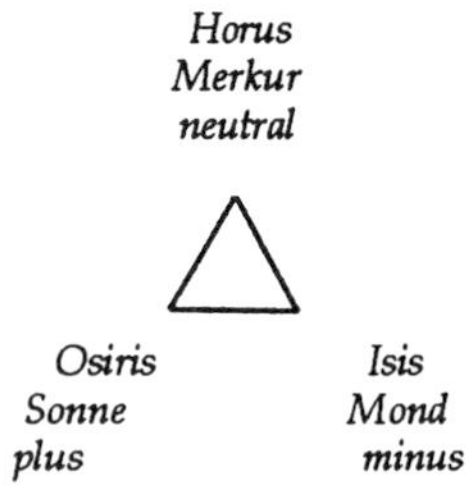

Das Horusbewußtsein ist ein Schlüssel zu einer geheimen Kammer des Okkultismus. Jeder einzelne muß diesen Schlüssel finden und diesen Raum selbst aufschließen. Lassen Sie mich noch einmal kurz auf den Isismythos zurückgreifen, um das Horusbewußtsein genauer definieren zu können. Erinnern Sie sich! Isis wickelte den Leichnam ihres Gatten zu einer Mumie zusammen, schwang ihre Flügel und wurde mit Hilfe von Anubis schwanger von dem solaren Geist. Das Kind trägt beide Qualitäten der Eltern und gilt als erhabener Heiliger Geist über der Spannung zwischen zwei sehr unterschiedlichen Prinzipien. Horus steht als Merkursymbol an der Spitze des heiligen Dreiecks und bringt den weiblichen und den männlichen Pol in ein absolutes Gleichgewicht. Aus diesem Horusknaben fließt die Idee des Horusbewußtseins, das seit alters her als Charakteristik für das Wassermannzeitalter, in das wir in unserem Zeit-Raum eingetreten sind, bezeichnet wurde. Horus wird von den Ägyptern meistens als Falkengott dargestellt. Ein Falke ist ein Vogel, der mit offenen Augen der Sonne entgegenfliegt. Eines seiner Symbole ist die geflügelte Sonnenscheibe, trägt das Horusprinzip doch den Auftrag, den Menschen auf den Flügeln der geheiligten Isis in das Reich des solaren Geistes zu erheben.

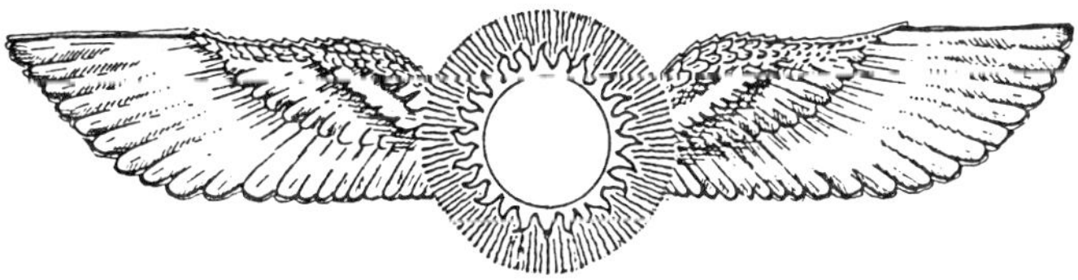

Dieses Horusbewußtsein will nun von sehr vielen Menschen erlangt werden. Der Tempelschlaf unterstützt sein inneres Heranreifen. Wer diese Trancearbeit - unbefleckt von jeglichem Zweckdenken - durchgeführt hat, wird dem Geheimnis des Horusbewußtseins näherkommen. Wenn der Myste aus dem Tempelschlaf erwacht, verläßt er den Tempel, schreitet in die Morgendämmerung und erlebt sich wieder als Mensch, der genau dorthin zurückgeht, woher er gekommen war. Doch ist er ein Verwandelter. Er trägt jetzt die Kenntnis seiner eigenen Wahrheit unter dem Herzen. Als Myste hat er Isis und Osiris zusammengeführt. In ihm selbst fand die Befruchtung seiner lunaren Komponente durch den Sonnenlogos statt, und er sieht die Welt mit den Augen des Horus.

Während die gekrönte Isis den kosmischen Horusknaben für die gesamte Menschheit säugt, erwacht der einzelne selbst zu jenem Harpokrates, der die Wiederholung des Horusknaben darstellt. Der Mensch wird in der Zeit nach dem Tempelschlaf ein zweites Mal als "Harpokrates" geboren. Dieser Vorgang läßt ihn bewußter als vorher in das mentale Fluidum des Horus hineinwachsen. Der Mensch entwickelt selbst "im linken Auge den Mond und im rechten die Sonne", so heißt es in alten Texten. Denn sein Vater wurde nun Osiris, der Geist des feurigen Urwillens, und seine Mutter Isis, die wässrige Urfeuchte. Mit dem Hervorbringen des Horusbewußtseins verwandelt sich der Mensch in einen vollständigen Beherrscher sowohl des rein stofflichen als auch des rein geistigen Poles der Wirklichkeit.

Damit stürzt das unipolare "Entweder-Oder- Bewußtsein" des Fischezeitalters zusammen, um von dem bipolaren "Sowohl-Als-Auch-Bewußtsein" des Wassermannzeitalters ersetzt zu werden. Wir alle werden eines Tages aus unserer Stoffgebundenheit herauskommen und lernen müssen, von einem dritten überpersönlichen Punkt wertfrei und unverwickelt auf zwei Pole gleichzeitig herabblikken zu können.

Unipolar denkt der Mensch im Fischezeitalter, denn er setzt ständig Standpunkte in den Raum. Er sortiert die eine Hälfte der Wahrheit für sich aus und bezeichnet die andere als unwahr. Er "weiß, was er will" und schafft damit Schattenbereiche, in denen er mittlerweile schon fast umkommt. Der Unipolare streitet sich um die Frage, ob das Licht Korpuskel oder Welle sei, und stellt überrascht fest, es ist beides. Der Unipolare diskutiert nächtelang, ob es einen Freien Willen gäbe oder ob der Mensch determiniert sei, ohne erfassen zu können, daß er genauso frei wie determiniert ist. Der Uniopolare hält es nicht aus, wenn man sagt, daß Urprinzipien neutrale Kräfte *und* intelligente Wesen sind, verlangt er doch immer Eindeutigkeit. Der

Unipolare sieht nur einen Pol und versucht den anderen auszumerzen. Wer als Unipolarer "mehr" zu wissen glaubt, bewegt sich zwischen seinen Standpunkten hin und her und versucht - vor lauter Zerrissenheit - in die Mitte zu kommen. Doch geht er hier buchstäblich in einer recht trotteligen "Megatoleranz" unter. Worauf mit ihm gar nichts mehr anzufangen ist, da er mit süßlich-weihevoller Stimme und einem dörflich-schlichten Abendlauten im Gesicht scheinbar alles gelten läßt. Aber er traut sich eben am Ende doch nicht, die Polspannung selber einmal bis zum Exzeß auszukosten. Bis ihn eines schönen Tages die naturbedingte Diskrepanz zerreißt und ihn ohne sein Einverständnis in Dr. Jackyll und Mister Hyde aufspaltet.

Bipolar wird die Betrachtungsweise der Welt in naher Zukunft sein. Die Wahrheit war immer schon bipolar. Man konnte schließlich noch nie sagen, das Einatmen sei wahrer oder besser als das Ausatmen. Es war immer beides gleich wahr und gleich gut, jedoch hatten nur vereinzelte Menschen die Folgerichtigkeit dieser Erkenntnis auf andere Bereiche übertragen können. Was sich nämlich bei dem Atem noch harmlos und selbstverständlich anhört, stellt sich bei Reizthemen wie Krieg und Frieden oder Krankheit und Gesundheit schon schwieriger dar. Mit der bipolaren Erkenntnis stürzt aber letztlich das ganze Kartenhaus des im Fischezeitalter errichteten Gut-Böse-Konzeptes zusammen. In der Konsequenz gibt es kein Richtig und kein Falsch mehr. Das wird schwierig für all jene, die konkrete Sicherheit anstreben. Der neue Menschengeist möchte wieder ein atlantisches Bewußtsein entwickeln und global mit allem, was es gibt, verquickt sein. Aufgrund der erfolgten Ich-Strukturierung kann er allerdings die Pole bewußt trennen. Auf diese Weise kehrt das Horusbewußtsein in die Menschheit ein. Erde *und* Himmel werden gleichermaßen wahrnehmbar.

Der konkrete Auftrag unserer Zeit lautet, aus der Enge gezwungener und bewertender Begriffe in die Freiheit des bipolaren Denkens herauszugelangen. Das hört sich in der Theorie einfach an, doch kann es im praktischen Leben schnell zu einer Marter werden. Stellen Sie sich vor, Sie blicken tief in seine (oder ihre) Augen und fragen: "Liebst du mich?" Die Antwortet lautet jetzt nicht mehr wie im schönen alten Fischezeitalter "Ja" oder "Nein" - womit Sie in jedem Fall irgendwie zurechtgekommen waren - sondern "Janein"... Na, und? ... Wie fühlen Sie sich jetzt? ... Verunsichert? ... Komisch? ... Ja, ich glaube es Ihnen! Aber bedenken Sie, genau so fühlen sich im Moment die meisten Menschen, wenn sie das krass aufgespaltene Weltgeschehen beobachten. Viele Zeitgenossen haben - freiwillig oder unfreiwillig - die alte Philosophie der einseitigen Weltbetrachtung verlassen, sind aber in der neuen Lust auf Paradoxien noch nicht angekommen. Es ist uns fremd, zwei Pole auf einmal zu betrachten, ohne unter einem nervösen "Ping-Pong-Zucken" des Kopfes zu leiden.

"Wenn Gegensätzliches, sich einst Widersprechendes, gleichermaßen gelebt werden will, wie mache ich das?" lautet die bange Frage. Sobald die Antagonisten in ihrer höchsten Spannkraft gleichberechtigt nebeneinander stehen, fallen die Elfenbeintürme der Wertungen und die meisten irdischen Gesetze wie Pappmaché in sich zusammen. Die schöne Moral, die wir uns aufgebaut haben, bekommt genauso empfindliche Risse, wie unsere kultivierte Ethik, auf die wir sehr stolz sind. Moral und Ethik wollen bald als Gesellschaftsspiel von Malkuth begriffen werden. Im

Irdischen sind solche Spiele sinnvoll und vielleicht sogar notwendig, aber im esoterischen Bereich existieren sie nicht.

Die Gewohnheit läßt uns gerne Worte sprechen wie: Meine Frau ist immer treu! Oder: Ich könnte niemals töten! Oder: Einmal Verbrecher, immer Verbrecher! Diese Aussagen stimmen für eine größere Zeitspanne so nicht. In dem einen Zeit-Raum ist die Frau tatsächlich treu, in einem anderen aber ganz und gar nicht. Wenn die Trennwände zwischen den Zeit-Räumen wegfallen, stehen beide Möglichkeiten als herausforderndes Paradoxon vor uns. Mit dem Töten und dem Verbrecher stellt es sich ähnlich dar. Wenn dem so ist, dann kann man nicht mehr "fischig" sagen, die Frau sei ein bißchen treu und ein bißchen untreu. Nein, sie lotet die Dualität vollständig aus! Sie ist richtig treu. Und sie ist auch richtig untreu. Auch Sie töten. Oder Sie töten nicht. Alles zu seiner Zeit.

Der zukünftige bipolar denkende Mensch muß lernen, die Pole ganz und gar in ihrer Konsequenz zu erfassen. Er muß den Spannungsschmerz der Schöpfung in sich selbst nachvollziehen, um seiner Vollkommenheit entgegenzureifen. "Die Lauen werde ich ausspeien", heißt es in der Offenbarung des Johannes. Die Harmonie liegt also demnächst nicht mehr in der vermeintlichen Ruhe eines lauen Mittelweges, auf dem keiner etwas wagt, sondern im mutigen Hineingehen in *jeden* der beiden zur Verfügung stehenden Pole. Nur so kann das Wunder des heilenden Horusbewußtseins geschehen, weil jeder Mensch selber die Verantwortung für die sethische Spaltung trägt und diese Pole wie ein echter, erfahrener Okkultist durch einen Bewußtseinsschritt ausgleicht und auf einer feinstofflichen Ebene zusammenführt. Dann reitet der Horosknabe mit dem wehenden Banner der Dualität auf einem weißen Pferd in unser Leben ein. Die Zukunft verlangt das vollkommene Ausbalancieren der maximalen Dehnung.

Eine solche Weltanschauung basiert auf mitleidloser Liebe und ist ohne esoterische Schulung nicht möglich. Sieht man einmal ab von Skorpion- oder Wassermannaszendenten, die das Extreme - wenn auch aus unterschiedlichen Motivationen heraus - ganz gut verkraften, werden die meisten Menschen es schwer haben, die höchste Polspannung der Manifestation bewußt auszuhalten. Allein schon um das zu üben, empfiehlt sich eine Reinkarnationstherapie oder der Tempelschlaf. Denn in Trance wird es möglich, auch solche Dinge zu leben oder zu erleben, zu denen im "richtigen Leben" der Mut fehlen würde, da sie nicht so recht in das gewohnte Konzept zu passen scheinen. Im Wassermannzeitalter muß das menschliche Bewußtsein lernen, "Fasching" auf einer mentalen Ebene zu feiern. Dann kann der Mensch jederzeit problemlos in fremde Rollen schlüpfen und er verliert seine Einseitigkeit. Was er dann macht, nennen die Inder "Weltessen". Der Mensch ißt seine Karmafrüchte auf, indem er die Pole durch Identifikation in die Balance bringt. Karmische Früchte entstehen nicht aus schlechten Taten allein. Karma entsteht genauso aus guten Taten. Der Mensch ist aber innerhalb der physikalischen Welt zur Handlung gezwungen. Aus diesem Dilemma bringt ihn nicht das ausweichende und scheinbar bequeme "Nichthandeln" heraus, sondern das bipolare Bewußtsein.

Das Horusbewußtsein setzt jedem Engel seinen Dämon gegenüber. Jeder Sephira ihre Kelippoth. Der Horus in uns denkt: Ich bin Bürger zweier Welten, also bin ich dual. Die Logik begrüßt die Unlogik als ebenbürtige Schwester. Der

Mensch wird ganz Wissenschaftler sein können *und* auch ganz Mystiker. Er wird endlich aufhören, das eine in das andere zwängen zu wollen, denn das ist purer Unsinn und entspringt der spirituellen Unmündigkeit einer rein waagerechten Denkweise. Das Horusbewußtsein aber denkt *sowohl* waagerecht in der Kausalität *als* auch senkrecht in Analogien.

Wie ein gescheiter Alchemist akzeptiert ein Mensch, der sich das Horusbewußtsein schon erarbeitet hat, zu Beginn seines Werkes die Separatio. Er weiß, er muß den Mut zum Trennungsstrich zwischen den Polen aufbringen. Dann mag es ihm endlich einleuchten, was die lange Kette der Hierophanten zu allen Zeiten gepredigt hat: die Unio Mystica oder die Erleuchtung kann niemals in der sichtbaren Form erreicht werden, sondern nur im "Königreich des Vaters", in dem der Königssohn mit Sneewittchen Hochzeit hält. Dieses Königreich liegt aber nicht innerhalb der Form. Es liegt auf einer Bewußtseinsstufe, in der die Pole derart harmonisch ausbalanciert sind, daß sie miteinander verschmelzen und sich nur noch als Einheit erkennen. Doch hört dann auch jede Form auf zu bestehen, denn die Form lebt allein durch die polbildende Spaltung. Wenn das endlich verinnerlicht wurde, hört das hintergrundlose Gerede von "praktizierter Spiritualität im Alltag" auf. Denn das Spirituelle ist das exakte Gegenteil des Alltags. Die "spirituelle" Weltrettungs-Szene wird endlich begreifen, daß es keinen spirituellen Grund gibt, die Welt zu retten. Wer wirklich "spirituell" ist, weiß, daß es keinen Sinn macht, einen Pol der irdischen Dualität zu negieren. Wer dies erkannt hat, meditiert nicht für den Weltfrieden, sondern für seinen inneren Frieden mit dem Krieg in der sichtbaren Welt, denn er ist unvermeidbar. Weiß der bipolare

Mensch doch, daß jedes Außen nur nach draußen gestülptes Innen ist, wodurch die Polarität von Himmel *und* Erde überhaupt erst entsteht. Es kann also niemals einen Himmel auf Erden geben! Was soll das sein? Es gibt den Himmel *und* die Erde. Wer als Mensch beides mischen möchte, muß sich schon die Mühe machen, das Menschsein an sich zu überwinden. Das ist aber nicht ganz so leicht, wie viele glauben, die von sich behaupten "erleuchtet" oder "bald schon mit dem Inkarnieren fertig" zu sein. Darum: Vorsicht! In der populären Schein-Esoterik lauert wieder einmal die gefürchtete Gegeninitiation, die anstelle des Erwachens nur *eine neue Form* der alten Schläfrigkeit setzt und heimlich kichernd auf der Bettkante sitzt.

Eine echte Bipolarität schaut auf die funktionsgebundenen Strukturen der Wissenschaft, und auf der anderen Seite der Medaille sieht sie ebenfalls die esoterischen Hintergründe des Weltgeschehens. Der Mensch verfügt dann einerseits über das äußere Wissen und andererseits über die innere Erkenntnis. Beide Pole kann er dann als seine vollständige Realität begreifen. Das muß sich allmählich auch auf die gesamte Begriffsdefinition auswirken. Die Menschheit bildet dann nicht mehr derart dumme Symbiosen wie z. B. das Wort "Religionswissenschaft", das es wirklich gar nicht geben kann. Mit einem wissenschaftlichen Denkansatz läßt sich Religion nicht ergründen. Religion braucht eine okkulte Schulung, sonst erfaßt man nur ihre Form, aber nicht ihre Kraft. In das funktionale Verstehen naturwissenschaftlicher Zusammenhänge dringt aber ein Mensch mit einem überwiegenden Hang zu religiösen Gleichnissen auch nicht ein, denn ihm fehlt die Fähigkeit der Spaltung, die intellektuelles Denken möglich macht. Der mythisch-magische Mensch "sieht" sozusagen zu viele feinstoffliche Bereiche, um sich nur auf die Materie konzentrieren zu können. Der neue Mensch mit dem Horusbewußtsein wird nicht mehr Religion und Wissenschaft *im Außen* verbinden wollen, sondern in sich selbst beide Pole vollständig ausbilden können. Heutzutage versucht man immer die Systeme zu mischen. Das macht keinen Sinn! Nicht die esoterischen Säulen und das materialistische Weltbild dürfen gemischt werden. Der einzelne konnte theoretisch die Meisterschaft in *beiden* Systemen erlangen oder akzeptieren, daß er sich momentan für die eine Hälfte entscheidet und die andere von einem anderen Menschen leben läßt. Das Ergebnis einer solchen Haltung kann nur eine echte Toleranz sein, die - fernab jeglicher Gleichgültigkeit - zu einer Freiheit und Großzügigkeit führt, die dem uranischen Influxus alle Ehren macht.

Die zwei Seiten einer Münze lassen sich auch nicht "mischen", sie sind ja schon Teile ein und desselben Körpers. Aber sie blicken in verschiedene Aspekte der Welt. Es bringt nicht viel, wenn der Kopf versucht über den Rand zu blicken, um der Zahl näherzukommen. Die beiden Seiten können sich nur rücklings aneinanderschmiegen, aber sich gegenseitig in die Augen sehen oder sich küssen, das können sie nicht. Wollte man es ihnen aus Mitleid ermöglichen, müßte die Münze zerstört werden, und die beiden wären auf andere Art um ihre Einheit gebracht. Die zwei Seiten der Münze gehören zusammen, sie sind eins, aber ihre Bipolarität ist der Unterpfand ihrer Existenz als Münze.

Aus dem Horusbewußtsein lassen sich viele neue Betrachtungsweisen ableiten. Zum Beispiel müssen Raum und Zeit neu definiert werden.

Hier möchte ich den Naturwissenschaftler Stephen Hawkins als wichtigen modernen Mythos bezeichnen, der den Menschenmassen mit seinem Bestseller "Eine kurze Geschichte der Zeit" in einer wissenschaftlichen Sprache ein Denkmodell unterbreitet hat, das im esoterischen Bereich schon seit eh und je selbstverständlich war. Hawkins wirft mutig die Möglichkeit in die erstaunten Köpfe, daß die Zeit unter bestimmten Bedingungen auch wieder rückwärts laufen könnte. Von dieser Theorie ist er selber überracht. Mich überrascht nur, daß er darüber so überrascht ist. Ein halber Nachmittag mit der Lektüre einiger ausgewählter Lehrbriefe des Golden Dawn, von AMORC, das Lesen eines Gustav-Meyrink - oder Franz Spunda - Romanes oder vierzehn Tage Tempelschlaf unter meiner Begleitung würden genügen, um seiner Theorie genügend Fundament für ihre Richtigkeit zu geben. Daß die Zeit auch rückwärts läuft, ist im Okkultismus weder Geheimnis noch Wunder, sondern eine erfahrbare Realität. Wer gelernt hat, das Sterben zu üben, erlebt die Zeit rückwärts. Es gibt eine ganze Reihe von okkulten Übungen, die auf dem Rücklauf der Zeit basieren. Aber Hawkins will diese Tatsache unbedingt in der physikalischen Form beweisen. Ohne es freilich zu wissen, wird er selbst zu einem adäquaten Mythologem. Er sucht außen. Aber seine Körperfunktionen geben ihm schon seit Jahrzehnten die Antwort, denn sie haben den Dienst beinahe eingestellt. Fast funktionieren allein noch sein Herz und sein Intellekt, und er verständigt sich nur über einen Computer. Damit zeigt es ihm sein eigener Körper überdeutlich: "Die Grenzen äußerer Suche sind erreicht. Pole um und gehe in die Gegenrichtung, damit du auch den okkulten Teil der Wirklichkeit begreifst."

Hawkins steht gemeinsam mit der ganzen Menschheit auf der Schwelle der Erkenntnis, daß die so begehrte "sichtbare Wirklichkeit" nur akustischer und optischer Nervenimpuls ist. Gleichnis. Fata Morgana. Märchen. Mythos. Zauber. Maya. Illusion. Wie läuft denn die Zeit im Traum: rückwärts oder vorwärts? Die Wirklichkeit ist nicht der Kreis, den wir sehen, die Wirklichkeit ist ein Punkt aus formloser Unvorstellbarkeit. Wir befinden uns nicht in Raum und Zeit, Raum und Zeit befindet sich in uns! Ursache, Wirkung und zeitliche Linearität sind Hilfskräfte unseres weltgebärenden Bewußtseins.

Wir inkarnieren nicht in eine vorhandene Welt. Die Welt entsteht bei unserer Inkarnation. Diese Anschauung ist keineswegs neu. Sie dringt seit Jahrtausenden aus Indien herüber und schwingt auch in der platonischen Weltverklärung mit. Wenn der Priester in dieser Weltbetrachtung nicht ankommt, hat er zu früh mit dem Studieren seiner Tradition aufgehört. Und wenn der Wissenschaftler in dieser Weltbetrachtung nicht ankommt, hat er zu früh mit dem Erforschen seiner Materie aufgehört. Denn eines ist gewiß, je mehr ein grübelnder Mensch das wahre Wesen der Welt erfassen will, um so mehr schmilzt ihm die Weltenstruktur zu einem Trugbild dahin. Und dann kommt er wie ein erschöpfter Wanderer in den verborgenen Reichen der Mythen an, kauert sich mit weit aufgerissenen Kinderaugen vor die Märchentanten der Völker und wird erahnen, daß diese schon immer dieselbe Wahrheit erzählt haben, die der Wissenschaftler des zwanzigsten Jahrhunderts nun auch endlich in seiner Materie gefunden hat. Die Märchentante lächelt freundlich und fragt den Menschen, was ihn daran denn so erstaunen würde, denn die Mythen und Märchen sagen doch nichts als die Wahrheit, und es sei schön, daß diese in der Grabkammer des Materialismus nun auch gefunden werden könne.

Jetzt erst hört der Mensch den Sinn durch die alten Worte klingen. Jetzt erst fallen die bekannten Sätze, die ihm einst so paradox und unwirklich erschienen, auf den bereiteten Boden: "Wer die Welt gewinnen will, muß sie erst verlieren." Oder: "Wer die Welt erkennen will, muß ihr entsagen, ohne sich von ihr abzuwenden". Jetzt erst schwingt sich sein Verstehen auf derartige Worte langsam wieder ein.

Und jetzt kann das Horusbewußtsein einkehren, das bewußt die schöpfungsbedingte Spaltung im eigenen Bewußtsein nachvollzieht und die Pole, die zusammengehören, sorgfältig trennt, um sie "in dem harten, klaren Licht wahrer Erkenntnis" sehen zu lernen. Dann verwandelt sich der Einheitsbrei der wabernden, lunaren Unbewußtheit in die gleißende Helligkeit eines erwachten solaren Geistes. Und für viele beginnt der Weg zurück in die Einheit. Osiris und Seth stehen dann als Mysterienbrüder nebeneinander und reichen sich aussöhnend die Hände. Hier und jetzt beginnt das Erlösungswerk, weil die Welt zu einem Tempel wird, in dem das Ritual des Lebens zelebriert wird.

Der Mensch transmutiert zu einem wahren Menschen und findet seinen wahren Willen. Denn wer nicht tut, was sein innerstes Gesetz ihm aufträgt, ist noch nicht richtig Mensch geworden. Ohne das Wissen um seine ureigenste Lebensthematik kann niemand ein brauchbarer Stein in dem Weltengebäude sein, und er vergeht sich sogar gegen das kosmische Gesetz.

Wie frei ist denn der Wille? Schauen wir von außen auf unser Leben, dann sind wir determiniert durch die Kausalketten von Ursache und Wirkung. Da gibt es Vererbung, Erziehung und ein Milieu, das abhängig macht. Doch betrachten wir unsere Lebensstruktur von innen, dann sind wir absolut frei. Denn das Leben ist nichts anderes als der Ausdruck des wahren Willens. "Tu was du willst" ist das Gesetz des Horusbewußtseins. Dieses verleiht allerdings keinen Freibrief für Willkür und Belieben. Der therionische Satz verpflichtet absolut zu esoterischer Arbeit und Verehrung, denn er verlangt von dem einzelnen, diesen wahren Willen zu suchen. Erst wenn der Mensch durch Introspektion sein Ur-und Grundgesetz findet, erwacht in ihm die göttliche Liebe, der jener wahre Wille mitleidlos unterstellt ist. Eine ganze Menschheit ist nun aufgerufen, die wenigen Worte "Tu was du willst, soll sein das ganze Gesetz" mit der Ergänzung "Liebe ist das Gesetz, Liebe unter Willen" zu einer neuen Weltreligion erblühen zu lassen. Und Horus wird den Allgeist des Osiris wieder in zwei Strömungen über die Erde schütten. Wer darüber mehr wissen will, sollte die Offenbarung des Johannes einmal lesen, ohne in den Fehler zu verfallen, diese grandiosen Bilder auf konkrete Weltuntergangsängste zu projizieren. In der Apokalypse steht kein Wort von äußeren Katastrophen, kein Wort von Greuel und Elend der Körperlichkeit, aber viele Worte über innerseelische Erfahrungsbereiche, die denjenigen heil und heilig machen können, der den Weg zur Selbsterkenntnis zu gehen bereit ist.

"Siehe, ich stehe vor Deiner Tür und klopfe" sagt Christus in der Offenbarung des Johannes. "Wenn jemand öffnet, werde ich hineingehen und das Abendmahl mit ihm halten." Im Abendmahl findet die Befruchtung der Isis durch Osiris statt. Das ist zu allen Zeiten der magische

Akt gewesen, und das muß zu allen Zeiten der magische Akt sein, der das Irdische wieder bewußt mit dem schöpferischen Geist in Kontakt bringt. Das Weib, das alle Weiber gleichzeitig ist, also die Materie, wird daraufhin mit der Morgensonne eines neuen Bewußtseins bekleidet. Das Weib tritt auf den Mond unter ihren Füßen, trägt auf dem Haupt eine Krone mit zwölf Sternen und wird zur Himmelskönigin. Sie gebiert einen Sohn, den der Schatten-Drache fressen will. Das Weib spannt ihre Flügel und flieht in die Wüste vor dem Drachen. Doch der sonnengeweihte Erzengel Michael bezwingt den Drachen und wirft ihn auf die Erde. Der Drachen speit einen Strom aus, damit das Weib ersäufe, aber die Erde verschluckt den Strom. Da geht der Drache besiegt davon, und das vergoldete Weib ist frei ...

... Wenn das rationale Weltbild seinen alleinigen Anspruch aufgibt, beginnt die goldene Morgendämmerung. Der alte Sonnenlogos offenbart sich als junger Horus und reicht der suchenden Seele die Hand ...

Bibliographie:

Das Ägyptische Totenbuch, O.W. Barth Verlag

Erik Hornung, Die Unterweltsbücher der Ägypter, Artemis-Verlag

Erik Hornung, Die Nachtfahrt der Sonne, Artemis und Winkler

Mircea Eliade, Das Erlebnis der Wiedergeburt, Insel Verlag

P. Andreas/R. L. Davies, Das verheimlichte Wissen, Ansata-Verlag

Eduard Schuré, Die Großen Eingeweihten, O. W. Barth-Verlag

Uwe Steffen, Drachenkampf, Kreuz-Verlag

Einblick, Zeitschrift für spirituelle Kunst und Kultur, Einblick-Verlag

Einblick - CD

TaroTheater

1. Die Mondenkraft befreit den Sonnenlogos

Diese CD wird Sie mit kultischer Sprache und schöner Musik in den Genuß einer besonderen Erfahrung bringen. Angelehnt an den Isis, Osiris und Horusmythos agieren auf dieser CD die ersten fünf Tarotsäulen und führen den Höhrer in ein tiefes Verständnis von ritueller Kraft und Energie. Ab August 1993 direkt beim Verlag für DM 32,- beziehbar!

Einblick-Verlag,
Max-Beckmann-Str. 10 A
60599 Frankfurt